徐在國 著

清華簡

文字聲系

(1~8)

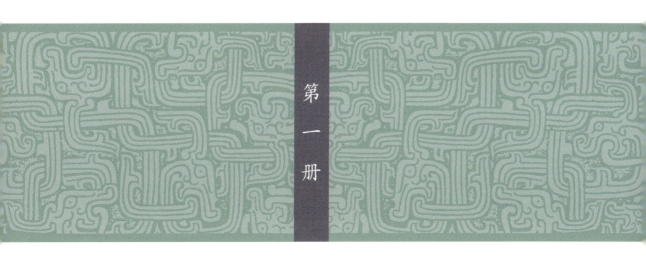

第一冊

北京師範大學出版集團
BEIJING NORMAL UNIVERSITY PUBLISHING GROUP
安徽大學出版社

圖書在版編目(CIP)數據

清華簡文字聲系:1～8/徐在國著.—合肥:安徽大學出版社,2023.7
ISBN 978-7-5664-2598-0

Ⅰ.①清… Ⅱ.①徐… Ⅲ.①簡(考古)－研究－中國－戰國時代 Ⅳ.①K877.54

中國國家版本館CIP數據核字(2023)第020835號

清華簡文字聲系(1～8)
QINGHUAJIAN WENZI SHENGXI

徐在國 著

出版發行:	北京師範大學出版集團
	安 徽 大 學 出 版 社
	(安徽省合肥市肥西路3號 郵編230039)
	www.bnupg.com
	www.ahupress.com.cn
印　　刷:	安徽新華印刷股份有限公司
經　　銷:	全國新華書店
開　　本:	787 mm×1092 mm　1/16
印　　張:	247.75
字　　數:	4186千字
版　　次:	2023年7月第1版
印　　次:	2023年7月第1次印刷
定　　價:	1260.00圓(全8册)

ISBN 978-7-5664-2598-0

策劃編輯:李　君　　　　　　　　　　　　　裝幀設計:王齊雲　李　軍
責任編輯:李　君　李加凱　陳宣陽　龔婧瑶　　美術編輯:李　軍
責任校對:張明舉　高婷婷　張文成　胡　旋　　責任印製:陳　如　孟獻輝

版權所有　侵權必究
反盜版、侵權舉報電話:0551－65106311
外埠郵購電話:0551－65107716
本書如有印裝質量問題,請與印製管理部聯繫調换。
印製管理部電話:0551－65106311

目　録

前言 …………………………………………………………………〔1〕

凡例 …………………………………………………………………〔1〕

正編·之部 …………………………………………………………〔1〕

正編·職部 …………………………………………………………〔517〕

正編·蒸部 …………………………………………………………〔617〕

正編·幽部 …………………………………………………………〔671〕

正編·覺部 …………………………………………………………〔831〕

正編·冬部 …………………………………………………………〔873〕

正編·宵部 …………………………………………………………〔919〕

正編·藥部 …………………………………………………………〔985〕

正編·侯部 …………………………………………………………〔1007〕

正編·屋部 …………………………………………………………〔1065〕

正編·東部 …………………………………………………………〔1117〕

正編·魚部 …………………………………………………………〔1237〕

正編·鐸部 …………………………………………………………〔1573〕

正編·陽部 …………………………………………………………〔1701〕

正編·支部 …………………………………………………………〔1937〕

正編·錫部 …………………………………………………………〔1995〕

正編・耕部	〔2027〕
正編・脂部	〔2163〕
正編・質部	〔2263〕
正編・真部	〔2389〕
正編・微部	〔2561〕
正編・物部	〔2661〕
正編・文部	〔2743〕
正編・歌部	〔2863〕
正編・月部	〔2993〕
正編・元部	〔3165〕
正編・緝部	〔3357〕
正編・侵部	〔3449〕
正編・葉部	〔3523〕
正編・談部	〔3543〕
合文	〔3577〕
研究論著目録	〔3629〕
清華簡文字聲首	〔3819〕
筆畫索引	〔3843〕
拼音索引	〔3895〕
後記	〔3943〕

前　言

　　2008年7月,清華大學從香港文物市場得到一批戰國楚簡,約2500枚。從2010年12月至2018年11月,中西書局先後出版了李學勤先生主編的《清華大學藏戰國竹簡》(以下簡稱"清華")(壹)—(捌)。具體篇目及整理注釋者爲:

《清華(壹)》:

《尹至》(李學勤);

《尹誥》(李學勤);

《程寤》(劉國忠);

《保訓》(李守奎);

《耆夜》(趙平安);

《金縢》(劉國忠);

《皇門》(李均明);

《祭公》(沈建華);

《楚居》(李守奎)。

《清華(貳)》:

《繫年》

第1—4章(李學勤);

第5—8章(趙平安);

第9—11章(沈建華);

第12—15章(李均明);

第16—19章(劉國忠);

第20—23章(李守奎)。

《清華(叁)》:

《說命上》（李學勤）；

《說命中》（李學勤）；

《說命下》（李學勤）；

《周公之琴舞》（李守奎）；

《芮良夫毖》（趙平安）；

《良臣》（沈建華）；

《祝辭》（李學勤）；

《赤鵠之集湯之屋》（劉國忠、邢文）。

《清華（肆）》：

《筮法》（李學勤）；

《別卦》（趙平安）；

《算表》（李均明、馮立昇）。

《清華（伍）》：

《厚父》（趙平安）；

《封許之命》（李學勤）；

《命訓》（劉國忠）；

《湯處於湯丘》（沈建華）；

《湯在啻門》（李守奎）；

《殷高宗問於三壽》（李均明）。

《清華（陸）》：

《鄭武夫人規孺子》（李均明）；

《管仲》（劉國忠）；

《鄭文公問太伯》（馬楠）；

《子儀》（趙平安）；

《子產》（李學勤）。

《清華（柒）》：

《子犯子餘》（陳穎飛）；

《晉文公入於晉》（馬楠）；

《趙簡子》（趙平安）；

《越公其事》（李守奎）。

《清華(捌)》：

《攝命》（馬楠）；

《邦家之政》（李均明）；

《邦家處位》（陳穎飛）；

《治邦之道》（劉國忠）；

《心是謂中》（沈建華）；

《天下之道》（程薇）；

《八氣五味五祀五行之屬》（趙平安）；

《虞夏殷周之治》（趙平安）。

已經公布的清華簡全部爲古書，内容涉及書類文獻、詩經、史書、儒家類文獻、筮法、算表等。2008年10月14日，清華大學邀請了李伯謙、裘錫圭等11位專家對這批竹簡進行觀察鑒定，專家一致認爲："從竹簡形制和文字看，這批竹簡應是楚地出土的戰國時代簡册，是十分珍貴的歷史文物，涉及中國傳統文化的核心内容，是前所罕見的重大發現，必將受到國内外學者重視，對歷史學、考古學、古文字學、文獻學等許多學科將會産生廣泛深遠的影響。"（李學勤：《清華簡及古代文明》，江西教育出版社2017年，第214頁。）

李學勤先生曾指出："《尚書》和類似《紀年》的史書，對於歷史研究的意義，是關注中國歷史文化的人們都知道的，其重要性確實難於估計……今天，幸能在清華簡中又看到了真正原本的古文《尚書》和近似《紀年》的史籍，給我們研究古代歷史和文化帶來了新的希望，也一定會在學術界造成深遠長久的影響。有關《尚書》《紀年》的一些懸疑不決的問題，很可能由於新的發現獲得解決。"（李學勤：《初識清華簡》，中西書局2013年，第3、6頁。）"這些新公布的清華簡，已經對中國經學史與上古史産生了重大影響，改變了許多傳統觀念，解決了許多學術疑案……這説明清華簡《尹誥》是秦始皇焚書前的古文《尚書》寫本，而偽古文《尚書》中的《咸有一德》確實係後人的偽作。"（李學勤：《清華簡及古代文明》，江西教育出版社2017年，第254-255頁。）

《清華簡文字聲系》擬窮盡式地搜集清華簡（壹）—（捌）文字資料，吸取學術界的最新成果，對清華簡（壹）—（捌）的字詞作全面系統的整理與研究。體例、編排大致按照《上博楚簡文字聲系》，即以韻部爲經，以聲紐爲緯，以聲首爲綱，以諧聲爲目，排列清華簡文字字形。按此體例排列字形，有利於文字的形體比較。

　　清華簡(壹)—(捌)輯的整理工作是在李學勤先生的主持下完成的,竹簡的編聯、釋文、注釋均屬一流,獲得了學術界的廣泛贊譽。《清華簡文字聲系》就是在他們的基礎上完成的,在此謹向整理者表示衷心感謝!

　　我曾在多個場合講過,出土文獻的整理是非常艱辛的,有許多困難是不足爲外人道的。"智者千慮,必有一失",在整理的過程中,肯定會留下些許遺憾的。清華簡(壹)—(捌)輯出版後,學者在不同的方面,從不同的角度做了相關研究。我們盡可能地吸取學術界的新成果,主要有:

1. 編聯方面

清華八·邦道14＋清華八·邦道1

亓(其)民愈(偷)敝(弊)以鄥(懈)息(怨),閲(託)固(痼)以不屭于上,命是以不行,進退不勈(稽),至(致)力【簡14】不孛(勉)。乃剌(斷)迀(奸)閈(杜)匱(㥜),以㝢(免)亓(其)殆(屠)。古(固)憲爲弱,以不廬(掩)于志,以至于邦豪(家)慇(昏)腏(亂),戕(䩱)少(小)刔(削)歔(損),以返(及)于身。凸(凡)皮(彼)刔(削)坽(邦)戕(戕)君,以返(及)祓(滅)由虛丘。【簡1】

清華九《治政之道》和清華八《治邦之道》應該是一篇。(賈連翔:《從〈治邦之道〉〈治政之道〉看戰國竹書"同篇異制"現象》,《清華大學學報(哲學社會科學版)》2020年第1期,第43—47頁。)

2. 斷句方面

清華六·子儀4—5"豊(禮)子義(儀),亡(無)豊(禮)嬜(隋)貨,以贛(贛)",從楊蒙生先生改讀爲"豊(禮)子義(儀)亡(舞),豊(禮)嬜(隨)貨以贛(贛)"。"禮子儀舞",以舞蹈厚待子儀。"舞",舞蹈。《詩·小雅·賓之初筵》:"籥舞笙鼓,樂既和奏。"(楊蒙生:《讀清華六〈子儀〉筆記五則》,清華大學出土文獻研究與保護中心網,2016年4月16日。)

清華六·太伯甲10"弱學(幼)而耆(滋)長,不能莫(慕)虘(吾)先君之武敢(徹)戕(莊)釭(功)",從王瑜楨先生改讀爲"弱學(幼)而耆(嗣),長不能莫(慕)虘(吾)先君之武敢(烈)戕(壯)釭(功)"。(王瑜楨:《清華大學藏戰國竹簡(陸)鄭國史料三篇研究》,台灣師範大學博士學位論文,2018年,第295—297頁。)

3. 字形方面

清華三·琴舞 10"命不彝箬（歇）"之"彝"作："[字形]"（書後《字形表》209 頁摹本作"[字形]"），主要説法如下：

整理者 2012：隸爲"㠯"，讀爲"夷"，認爲是句中助詞。

李守奎：隸爲"㠯"，讀爲"夷"，以爲或可訓爲"滅絶"。（李守奎：《〈周公之琴舞〉補釋》，《出土文獻研究》第 11 輯，中西書局 2012 年，第 5－23 頁。）

黄傑：提出"㠯"下部明顯還有"𢆶"形和"又"形的筆畫，以爲當釋寫爲"𢕌"，釋讀待考。（黄傑：《再讀清華簡（叁）〈周公之琴舞〉筆記》，簡帛網，2013 年 1 月 14 日。）

無語：以爲"彝"字變體，訓爲"常"。（無語：《清華簡〈周公之琴舞〉初讀》第 8 樓，簡帛論壇，2013 年 1 月 15 日。）

子居："夷"當讀爲"遲"，遲歇當即遲滯、止歇之意。（子居：《清華簡〈周公之琴舞〉解析》，孔子 2000 網，2014 年 1 月 4 日；又載《學灯》第 29 期。）

張崇禮：此字當據兩位網友的意見釋爲"彝"、讀爲"夷"，但應訓爲"平"。《說文》："夷，平也。"（張崇禮：《"𢆶"字解詁》，復旦大學出土文獻與古文字研究中心網，2015 年 1 月 26 日。）

按：黄傑先生對此字形體的分析、無語先生釋爲"彝"，可從。此字原簡不是很清楚，我們重新摹寫作"[字形]"。

4. 釋字方面

"竱"，作"[字形]"（清華五·湯丘 16）、"[字形]"（清華五·厚門 17），從程燕先生説，分析爲從"立"，"啻"聲，"啻"所從"甹""辛"均聲。楚文字"聲"作"[字形]"（上博三·周易 33）、"[字形]"（曾侯乙磬，《銘圖》19815）等可證。（程燕：《清華五札記二則》，《古文字研究》第 31 輯，中華書局 2016 年，第 367－369 頁。）

"䚻"，作"[字形]"，清華三·說命中 2"䚻各（格）女（汝）敚（說）"，整理者釋字爲"來"，從徐俊剛先生釋爲"䚻"，讀爲"咨"。斷句爲："䚻（咨）！各（格）女（汝）敚（說）。"（徐俊剛：《釋清華簡〈說命中〉的"䚻"字》，復旦大學出土文獻與古文字研究中心網,2013年3月29日。)

"履",作"㊙",清華五·三壽18"憙(喜)神而履(禮)人",整理者釋字爲"頋",從段凱先生釋爲"履",讀爲"禮"。《穀梁傳·僖公二十二年》:"禮人而不答,則反其敬;愛人而不親,則反其仁;治人而不治,則反其知。""禮",禮遇,厚待。《禮記·月令》:"(季春之月)聘名士,禮賢者。"《孟子·滕文公上》:"是故賢君必恭儉禮下,取於民有制。"《史記·孟嘗君列傳》:"於是嬰乃禮文,使主家,待賓客。"(段凱:《〈清華藏簡(伍)〉拾遺》,《簡帛》第14輯,上海古籍出版社2017年,第25—28頁。)

"麃",作"㊙",清華七·子犯11"若霂雨方奔之而麃雁(膺)女(焉)",從滕勝霖先生釋爲"麃",讀爲"庇"。(滕勝霖引孟蓬生先生說,詳參滕勝霖《〈清華大學藏戰國竹簡(柒)〉集釋》,西南師範大學出版社2021年,第57—58頁。)

"飻",作"㊙",清華五·湯丘15"飤(食)時不旨(嗜)飻",清華大學出土文獻讀書會讀爲"珍"(《清華簡第五册整理報告補正》,清華大學出土文獻研究與保護中心網,2015年4月8日。)王寧先生認爲是"飻"字或體,讀爲"珍"。(王寧:《讀清華五〈湯處於湯丘〉散札》,復旦大學出土文獻與古文字研究中心網,2015年4月21日。)《說文·食部》:"飻,貪也。从食,㐱省聲。《春秋傳》曰:'謂之饕飻。'""飻"與"飱"同。

"虞",作"㊙",清華六·子產1"昔之聖君取虞(獻)於身",清華六·子產14—15"身以虞(獻)之",清華六·子產26"是胃(謂)虞(獻)固",清華六·子產27"虞(獻)勛(損)和憙",從趙平安先生釋爲"虜"(所從"貝"乃"鬲"之訛),讀爲"獻"。(趙平安:《清華簡第六輯文字補釋六則》,《出土文獻》第9輯,中西書局2016年,第186—187頁。)

"圂",作"㊙",清華五·封許8"圂童才(在)惪(憂)",從蔡偉先生釋爲"圂",簡文"圂童",讀爲"圂湛"。(抱小:《〈攝命〉"湛圂在憂"與〈封許之命〉"圂童在憂"合證》,復旦大學出土文獻與古文字研究中心網,2018年11月22日。)

5. 釋義方面

清華七·越公 56"旦訏繺吴",從陳偉先生讀爲"夷譁蠻吴"。"訏",讀爲"譁",喧嘩義。《書·費誓》:"公曰:嗟!人無譁,聽命!"孔傳:"使無喧嘩,欲其靜聽誓命。"《詩·周頌·絲衣》:"不吴不敖,胡考之休。"毛傳:"吴,譁也。"(陳偉:《清華簡七〈越公其事〉校讀》,簡帛網,2017 年 4 月 27 日。)

6. 歷史地理方面

清華二·繫年 100"汝昜",讀爲"汝陽",今汝州、郟縣一帶的汝水之陽,並非《漢書·地理志》汝陽縣地(在今河南商水西北)。(吴良寶:《清華簡〈繫年〉"女陽"及相關問題研究》,《歷史地理》2016 年第 2 期,第 44－48 頁。)

清華六·太伯"鄝",讀爲"蓼",姬姓東蓼,今河南省固始縣東北有蓼城岡,即古蓼國之地。《左傳·文公五年》:"六人叛楚即東夷。秋,楚成大心、仲歸帥師滅六。冬,楚公子燮滅蓼。"杜預注:"蓼國,今安豐蓼縣。"在今河南固始縣。(吴良寶:《清華簡〈鄭文公問太伯〉"鄝"國補考》,《簡帛》第 14 輯,上海古籍出版社 2017 年,第 17－20 頁。)

7. 對爭議較大者的處理

清華四·筮法 61"日月又此",整理者讀作"日月有食";黄傑先生讀爲"日月有差",《後漢書·律曆中》:"兩儀相參,日月之行,曲直有差,以生進退。"《禮記·禮運》孔穎達疏:"若氣之不和,日月行度差錯,失於次序,則月生不依其時。"(暮四郎:《初讀清華簡(四)筆記》第 19 樓,簡帛論壇,2014 年 1 月 9 日。)或讀爲"日月有異""日月有食";(季旭昇主編:《清華大學藏戰國竹簡(肆)讀本》,萬卷樓圖書股份有限公司 2019 年,第 152－154 頁。)或讀爲"日月有疵"。(白於藍:《簡帛古書通假字大系》,福建人民出版社 2017 年,第 424 頁。)

類似這樣的字詞解釋,各家說法不一致,如何取捨得當,也是一個難題。我們盡可能不盲斷,擇善而從。不能決斷者,則是諸說並列。

8. 我們的一得之見

清華六·子儀 14－15"君欲汽(迄)丹才(在)公"

整理者:《詩·采蘩》"被之僮僮,夙夜在公",《經典釋文》:"僮僮,竦敬貌。""氣丹"大約指在公的狀態。

楊蒙生:整理報告讀汽爲氣,並斷六字一句,注四四云:"'氣丹'大約指在公的狀態。"引按:汽,疑讀爲餼,丹疑之丹心,亦即誠心。句意疑爲:君欲爲好於晉,此心誠在於公。這與陰陽相求一樣,是合乎民常的。(楊蒙生:《清華六〈子儀〉篇簡文校讀記》,清華大學出土文獻研究與保護中心網,2016年4月16日。)

　　我們認爲清華六·子儀14"汽",讀爲"迄",至、到。《爾雅·釋詁》:"迄,至也。"《詩·大雅·生民》:"后稷肇祀,庶無罪悔,以迄于今。"毛傳:"迄,至也。"趙壹《刺世疾邪賦》:"于兹迄今,情僞萬方。"《後漢書·黨錮列傳》:"自春迄冬,不蒙降恕,遐邇觀聽,爲之歎息。""丹",讀爲"旦",天亮。《書·太甲上》:"先王昧爽丕顯,坐以待旦。"簡文"汽丹",讀爲"迄旦",到天亮。《詩·召南·采蘩》:"被之僮僮,夙夜在公。"《詩·魯頌·有駜》:"有駜有駜,駜彼乘黃。夙夜在公,在公明明。"鄭玄箋:"夙,早也。言時臣憂念君事,早起夜寐,在於公之所。"簡文"迄旦在公"與《詩》"夙夜在公"義同。

　　以上我們均簡單地舉了幾個例子。我們在吸收諸家成果方面肯定會有所遺漏,限於學識、精力,書中存在的問題也不會少,敬祈專家指正!

凡 例

1.本書分"正編""合文""附録"三部分。"正編"依上古韻部繫字,凡三十部。每韻之下依上古聲紐繫字,凡十九紐。每聲首所繫諧聲字依形旁分類而排列,大致按"人""物"順序排列。"合文"前半部分依首字聲韻排列,其體例與"正編"相同。"附録"未按照古韻部繫字,索引中亦不收。

2.本書聲系韻部采王力先生三十部説。韻目及陰聲、入聲、陽聲對轉關係如下:

陰聲 之 幽 宵 侯 魚 支 脂 微 歌
入聲 職 覺 藥 屋 鐸 錫 質 物 月 緝 葉
陽聲 蒸 冬　東 陽 耕 真 文 元　侵 談

3.本書聲系聲紐采《戰國古文字典——戰國文字聲系》六類十九紐説。具體如下:

喉音:影、曉、匣(喻三)。
牙音:見、溪、疑。
舌音:端(知)、透(徹)、定(喻四)、泥(娘、日)、來。
齒音:精、清、從、心。
脣音:幫(非)、滂(敷)、並(奉)、明(微)。

4.同一韻部之聲首或有歸併,名準聲首。如灰爲又之準聲首,畜爲幺之準聲首。爲方便檢索,合併之準聲首仍保留其原來聲首位置。如"曉紐灰聲"之下標明"歸又聲","透紐畜聲"之下標明"歸幺聲"。

5.本書所收録資料均出自李學勤先生主編的《清華大學藏戰國竹簡》(壹)—(捌)。

6.每個字頭下,首列字形,次列出處,最後是辭例。所録辭例没有全部嚴格隸定,如"以""終"等。

7.所録字形均爲掃描剪切,以保證字形的清晰準確。但大小不一,未作統一調整。原則上所有的字形均予收錄（個別殘缺過甚、過於模糊者則未錄）。

8. 釋字、釋義盡可能吸收學術界已有的成果，限於學識，取捨未必得當，詳略也不一。徵引各家之說，多用括號，内表姓名，具體文章出處參書後所附"研究論著目錄"。

9. 分析聲首、準聲首形體結構之後，往往殿以《說文》原文。

10. 在分析字形時，字頭以"～"代替。

11. 索引有筆畫索引、拼音索引。

12. 涉相關字形及引文，保留部分異體字、古今字的使用。

13. 原篆下出處用簡稱：

集成：《殷周金文集成》
合集：《甲骨文合集》
新收：《新收殷周青銅器銘文暨器影彙編》
銘圖：《商周青銅器銘文暨圖像集成》
近出：《近出殷周金文集錄》
近二：《近出殷周金文集錄二編》
珍吳：《珍秦齋藏金·吳越三晉篇》
珍銅：《珍秦齋藏金·秦銅器篇》
貨系：《中國歷代貨幣大系(1)·先秦貨幣》
三晉：《三晉貨幣》
錢典：《古錢大辭典》
齊幣：《齊幣圖釋》
幣編：《古幣文編》
璽彙：《古璽彙編》
璽文：《古璽文編》
珍展：《珍秦齋古印展》
珍秦：《珍秦齋藏印·秦印篇》
珍戰：《珍秦齋藏印·戰國篇》
集粹：《中國璽印集粹》
鑒印：《鑒印山房藏古璽印菁華》
類編：《中國璽印類編》
秦風：《秦代印風》
璽考：《古璽彙考》

陝西:《陝西新出土古代璽印》
風過:《風過耳堂秦印輯録》
封成:《古封泥集成》
秦集:《秦封泥集》
新封:《新出封泥彙編》
陶彙:《古陶文彙編》
陶録:《陶文圖録》
歷博:《中國歷史博物館藏法書大觀第3卷:陶文、磚文、瓦文》
秦陶:《秦陶文新編》
齊陶:《新出齊陶文圖録》
新陶:《新出古陶文圖録》
新泰:《新泰出土田齊陶文》
燕齊:《戰國燕齊陶文》
遺珍:《步黟堂藏戰國陶文遺珍》
集存:《步黟堂古陶文集存》
信陽:《信陽楚墓》
包山:《包山楚簡》
望山:《望山楚簡》
曾乙:《曾侯乙墓》
新蔡:《新蔡葛陵楚墓》
郭店:《郭店楚墓竹簡》
安大一:《安徽大學藏戰國竹簡(一)》
上博一:《上海博物館藏戰國楚竹書(一)》
上博二:《上海博物館藏戰國楚竹書(二)》
上博三:《上海博物館藏戰國楚竹書(三)》
上博四:《上海博物館藏戰國楚竹書(四)》
上博五:《上海博物館藏戰國楚竹書(五)》
上博六:《上海博物館藏戰國楚竹書(六)》
上博七:《上海博物館藏戰國楚竹書(七)》
上博八:《上海博物館藏戰國楚竹書(八)》
上博九:《上海博物館藏戰國楚竹書(九)》
讀本一:《〈上海博物館藏戰國楚竹書(一)〉讀本》

讀本二:《〈上海博物館藏戰國楚竹書(二)〉讀本》
讀本三:《〈上海博物館藏戰國楚竹書(三)〉讀本》
讀本四:《〈上海博物館藏戰國楚竹書(四)〉讀本》
讀本九:《〈上海博物館藏戰國楚竹書(九)〉讀本》
雲夢:《秦簡牘合集・睡虎地秦墓簡牘》
關沮:《秦簡牘合集・周家臺秦墓簡牘》
里耶:《里耶秦簡》
嶽麓:《嶽麓書院藏秦簡》
古研:《古文字研究》

正編·之部

之 部

曉紐犛聲

穮

　　清華八·邦道 16 戎(農)獸(守)豕(稼)穮(穡)

～，從"力"，"犛"省聲。

清華八·邦道 16"豕穮"，讀爲"稼穡"。《詩·魏風·伐檀》："不稼不穡。"毛傳："種之曰稼，斂之曰穡。"

曉紐喜聲

憙

　　清華一·耆夜 10 不憙(喜)不藥(樂)

　　清華一·耆夜 12 不憙(喜)不藥(樂)

　　清華三·琴舞 12 思憙(喜)才(在)上

　　清華五·三壽 18 憙(喜)神而履(禮)人

清華六·子產 27 虞（獻）勛和悥（喜）

清華七·越公 45 王見丌（其）執事人則訋（怡）忩（豫）悥（憙）也

清華七·越公 60 王大悥（喜）

清華八·邦道 10 母（毋）悥（喜）懇（譽）

清華八·邦道 23 有所可悥（喜）

清華八·邦道 23 可悥（喜）弗悥（喜）

清華八·邦道 23 可悥（喜）弗悥（喜）

清華八·邦道 24 可悥（喜）乃悥（喜）

清華八·邦道 24 可悥（喜）乃悥（喜）

～，與𢝊（上博二·昔 3）同，從"心"，"喜"省聲，"憙"之異體。《說文·喜部》："憙，說也。从心从喜，喜亦聲。"

清華一·耆夜 10、12"不悥不藥"，讀爲"不喜不樂"，不歡樂，不高興。《詩·小雅·菁菁者莪序》："君子能長育人材，則天下喜樂之矣。"《淮南子·泰族》："（民）有喜樂之性，故有鐘鼓筦絃之音。"

清華三·琴舞 12"思悥才上"，讀爲"思喜在上"，意與"喜侃前文人"類同。"喜"，喜樂。

清華五·三壽 18"憙神而履人",讀爲"喜神而禮人"。

清華六·子產 27"和憙",讀爲"和喜",和洽喜悦。《史記·禮書》:"古者太平,萬民和喜。"《釋名·釋言語》:"安,晏也,晏晏然和喜無動懼也。"

清華七·越公 45"憙",即"憙",喜悦。《荀子·堯問》:"楚莊王以憂,而君以憙!"《史記·高祖本紀》:"諸所過毋得掠鹵,秦人憙,秦軍解,因大破之。"

清華七·越公 60"王大憙",讀爲"王大喜"。《吕氏春秋·壅塞》:"於是報於王曰:'殊不知齊寇之所在,國人甚安。'王大喜。"

清華八·邦道 10"母憙懇",讀爲"毋喜譽",不要喜歡贊譽之言。

清華八·邦道 23、24"可憙",讀爲"可喜"。"喜",喜悦。《禮記·禮運》:"何謂人情? 喜、怒、哀、懼、愛、惡、欲七者,弗學而能。"

曉紐灰聲歸又聲

匣紐亥聲

亥

 清華四·筮法 57 巳亥

清華四·筮法 57 巳亥

～,與 (九 A23)同。《説文·亥部》:"亥,荄也。十月,微陽起,接盛陰。從二,二,古文上字。一人男,一人女也。從乙,象裹子咳咳之形。《春秋傳》曰:'亥有二首六身。'凡亥之屬皆從亥。𠕻,古文亥爲豕,與豕同。亥而生子,復從一起。"

清華四·筮法 57"巳亥",配"四"。天水放馬灘秦簡《日書》乙 185"巳四金",191"亥四木"。

㐬

清華五·帝門01 貞(正)月己㐬(亥)

～，從"口"，"亥"聲。

清華五·帝門01"己㐬"，即"己亥"。《春秋·隱公八年》："夏六月己亥，蔡侯考父卒。"

賅

清華一·楚居03 晉(巫)兡(咸)賅亓(其)䏿(脅)以楚

清華六·管仲13 皮(罷)茖(落)賅成

～，從"貝"，"亥"聲。

清華一·楚居03"賅"，讀爲"結"，繫，紮縛。《楚辭·九歌·山鬼》："乘赤豹兮從文狸，辛夷車兮結桂旗。"洪興祖《補注》："以辛夷香木爲車，結桂枝以爲旌旗也。"《史記·張釋之馮唐列傳》："王生老人，曰'吾韤解'，顧謂張廷尉：'爲我結韤！'釋之跪而結之。"或讀爲"紾"，訓結。(宋華強)或讀爲"刻"，訓割。(王寧)

清華六·管仲13"賅"，完備，齊全。《莊子·齊物論》："百骸，九竅，六藏，賅而存焉。"成玄英疏："賅，備也。"

烖

清華七·越公66 吳帀(師)乃大烖(駭)

～，從"戈"，"亥"聲。

清華七·越公66"大烖"，讀爲"大駭"，非常害怕。《國語·吳語》："晉師大駭不出，周軍飭壘，乃令董褐請事。"

匣紐又聲

又

清華一・尹至 01 女(汝)亓(其)又(有)吉志

清華一・尹至 01 余兄(閱)亓(其)又(有)顕(夏)衆□吉好

清華一・尹至 02 亓(其)又(有)句(后)㲋(厥)志亓(其)倉

清華一・尹至 02 弗悬(虞)亓(其)又(有)衆

清華一・尹至 03 顕(夏)又(有)恙(祥)

清華一・尹至 03 亓(其)又(有)民衝(率)曰

清華一・尹至 05 𫝶(戡)亓(其)又(有)顕(夏)

清華一・尹誥 01 咸又(有)一惪(德)

清華一・尹誥 01 顕(夏)自䵷(竭)亓(其)又(有)民

清華一・尹誥 03 亓(其)又(有)顕(夏)之[金]玉田邑

清華一・程寤 06 引(矧)又勿亡𥄒(秋)明武禩(威)

清華一·保訓 05 氒(厥)又(有)攷(施)于上下遠埶(邇)

清華一·保訓 08 以叙(復)又(有)易

清華一·保訓 10 命未又所次(延)

清華一·保訓 10 亓(其)又(有)所鹵(由)矣

清華一·耆夜 07 王又(有)脂(旨)酉(酒)

清華一·耆夜 07 既醉又盍(侑)

清華一·耆夜 09 月又(有)城(成)

清華一·耆夜 09 戠(歲)又(有)剶行

清華一·金縢 01 王不瘝(豫)又(有)㞷(遲)

清華一·金縢 03 尔(爾)母(毋)乃又(有)備子之責才(在)上

清華一·金縢 04 尃(溥)又(有)四方

清華一·金縢 13 戠(歲)大又(有)年

清華一·金縢 14 (背)周武王又(有)疾

清華一·皇門01 穢(蔑)又(有)耆耇槀(慮)事鴄(屏)朕立(位)

清華一·皇門2 我酮(聞)昔才(在)二又(有)或(國)之折(哲)王

清華一·皇門02 气(迄)又(有)窑(寶)

清華一·皇門03 自釐(釐)臣至于又(有)貧(分)厶(私)子

清華一·皇門03 句(苟)克又(有)欨(諒)

清華一·皇門04 王用又(有)監

清華一·皇門04 用克和又(有)成

清華一·皇門05 先王用又(有)蓳(勸)

清華一·皇門06 王用能盍(奄)又(有)四叟(鄰)

清華一·皇門09 丌(其)由(猶)克又(有)䐺(獲)

清華一·皇門10 卑(譬)女(如)瞉(執-匹)夫之又(有)悉(媚)妻

清華一·皇門10 悉(媚)夫又(有)執(邇)亡(無)遠

清華一·皇門 11 乃隹(惟)又(有)奉俟(疑)夫

清華一·祭公 02 我餌(聞)且(祖)不余(豫)又(有)尼(遲)

清華一·祭公 05 我亦隹(惟)又(有)若且(祖)周公概(暨)且(祖)卲(召)公

清華一·祭公 07 我亦隹(惟)又(有)若且(祖)䢼(祭)公

清華一·祭公 15 乃又(有)顑(履)宗

清華一·祭公 21 維我周又(有)裳(常)型(刑)

清華一·楚居 02 季繦(連)餌(聞)亓(其)又(有)哼(聘)

清華二·繫年 003 十又四年

清華二·繫年 004 立卅=(三十)又九年

清華二·繫年 008 立廿=(二十)又一年

清華二·繫年 019 周惠王立十又七年

清華二·繫年 036 文公十又二年居翟(狄)

清華二·繫年 061 楚臧(莊)王立十又四年

清華二·繫年074 臧(莊)王立十又五年

清華二·繫年096 晉臧(莊)坪(平)公立十又二年

清華二·繫年096 楚康王立十又四年

清華二·繫年102 晉人旦(且)又(有)軛(范)氏与(與)中行氏之褐(禍)

清華二·繫年106 獻惠王立十又一年

清華二·繫年108 晉競(景)公立十又五年

清華二·繫年109 悼公立十又一年

清華二·繫年111 晉敬公立十又一年

清華二·繫年122 齊人旦(且)又(有)陳塵子牛之褐(禍)

清華三·說命下02 余罔又(有)斁(數)言

清華三·說命下05 亓(其)又廼司四方民不(丕)克明

清華三·說命下05 女(汝)隹(惟)又(有)萬壽才(在)乃政

清華三·說命下06 女(汝)亦隹(惟)又(有)萬福鐷=(業業)才

（在）乃備（服）

清華三·說命下 10 褱（欲）女（汝）亓（其）又（有）㫑（友）㫑（勑）

朕命촹（哉）

清華三·琴舞 03 嫋（弼）寺（持）亓（其）又（有）肩

清華三·琴舞 04 甬（用）戜（仇）亓（其）又（有）辟

清華三·琴舞 06 恋（戀）專（敷）亓（其）又（有）敓（悦）

清華三·琴舞 07 文=（文文）亓（其）又（有）豪（家）

清華三·琴舞 07 缶（保）藍（監）亓（其）又（有）逡（後）

清華三·琴舞 07 不（丕）宻（寧）亓（其）又（有）心

清華三·琴舞 09 桓（桓）禹（稱）亓（其）又（有）若（若）

清華三·琴舞 11 弋（式）克亓（其）又（有）辟

清華三·琴舞 12 思又（有）息

清華三·琴舞 12 不（丕）㬎（顯）亓（其）又（有）立（位）

清華三·琴舞 14 亓（其）又（有）心不易

清華三·琴舞 14 大亓（其）又（有）慕（謨）

清華三·芮良夫 01 周邦聚（驟）又（有）褐（禍）

清華三·芮良夫 04 厇（度）母（毋）又（有）諎（咎）

清華三·芮良夫 07 而亡（無）又（有）絽（紀）統（綱）

清華三·芮良夫 10 毆（繄）先人又（有）言

清華三·芮良夫 11 母（毋）又（有）相放（負）

清華三·芮良夫 11 恂求又忎（才）

清華三·芮良夫 12 幾（既）又（有）衆俑（庸）

清華三·芮良夫 13 罔又（有）肙（怨）誦（訟）

清華三·芮良夫 14 甬（用）又（有）聖政惪（德）

清華三·芮良夫 16 于可又靜（爭）

清華三·芮良夫 18 政（正）百又（有）司

清華三·芮良夫 21 政命惪（德）型（刑）各又（有）棠（常）弗（次）

清華三·芮良夫24 則女(如)禾之又(有)秜(稊)

清華三·芮良夫25 民亦又(有)言曰

清華三·良臣01 舜又(有)禹

清華三·良臣01 禹又(有)白(伯)㠯(夷)

清華三·良臣01 又(有)㠯(益)

清華三·良臣01 又(有)史皇

清華三·良臣01 又(有)咎䌛(繇)

清華三·良臣02 康(唐)又(有)伊𦘕(尹)

清華三·良臣02 又(有)伊陟

清華三·良臣02 又(有)臣𢒃(扈)

清華三·良臣02 武丁又(有)敄(傅)鳽(說)

清華三·良臣02 又(有)保臮(衡)

清華三·良臣 02 文王又(有)忎(閎)夭

清華三·良臣 02 又(有)🗚(泰)𩖗(顛)

清華三·良臣 03 又(有)柬(散)宜生

清華三·良臣 03 又(有)南宮适

清華三·良臣 03 又(有)南宮夭

清華三·良臣 03 又(有)邟(芮)白(伯)

清華三·良臣 03 又(有)白(伯)适

清華三·良臣 03 又(有)帀(師)上(尚)父

清華三·良臣 03 又(有)虜(虢)弔(叔)

清華三·良臣 04 武王又(有)君奭

清華三·良臣 04 又(有)君陣(陳)

清華三·良臣 04 又(有)君䶂(牙)

清華三·良臣04 又(有)周公旦

清華三·良臣04 又(有)邵(召)公

清華三·良臣04 晉文公又(有)子範(犯)

清華三·良臣05 又(有)子余(餘)

清華三·良臣05 又(有)咎範(犯)

清華三·良臣05 叴(後)又(有)弔(叔)向

清華三·良臣05 楚成王又(有)命(令)胥(尹)子蘁(文)

清華三·良臣05 楚韶(昭)王又(有)命(令)胥(尹)子西

清華三·良臣06 又(有)司馬子惎(期)

清華三·良臣06 又(有)邺(葉)公子嵩(高)

清華三·良臣06 齊桓(桓)公又(有)龠寺(夷)虘(吾)

清華三·良臣06 又(有)宵(賓)須亡

清華三·良臣06 又(有)至(隰)朋

清華三·良臣07 吳王光又(有)五(伍)之疋(胥)

清華三·良臣07 雩(越)王句賤(踐)又(有)大(舌)同(庸)

清華三·良臣07 又(有)䣈(范)羅(蠡)

清華三·良臣07 秦穆公又(有)㱿(殺)大夫

清華三·良臣08 宋又(有)左帀(師)

清華三·良臣08 魯哀公又(有)季孫

清華三·良臣08 又(有)孔𡋜(丘)

清華三·良臣09 奠(鄭)定公之相又(有)子皱(皮)

清華三·良臣09 又(有)子產

清華三·良臣09 又(有)子大弔(叔)

清華三·良臣11 楚恭(共)王又(有)邔(伯)州利(犁)

清華三·祝辭01 又(有)上亢=(茫茫)

清華三·祝辭01 又(有)下坙=(湯湯)

清華三·赤鵠01 曰故(古)又(有)赤鵠(鵠)

清華三·赤鵠06 顝(夏)句(后)又(有)疾

清華三·赤鵠14 又(有)二莁(陵)

清華四·筮法61 外又(有)叟(咎)

清華四·筮法61 內又(有)叟(咎)

清華四·筮法61 邦又(有)兵命

清華四·筮法61 日月又(有)此

清華五·厚父02 兹咸又(有)神

清華五·命訓01 大命又(有)棠(常)

清華五·命訓01 又(有)尚(常)則室(廣)

清華五·命訓 03 女（如）又（有）佴（恥）而亙（恆）行

清華五·命訓 05 正人莫女（如）又（有）亟（極）

清華五·命訓 05 道天又（有）亟（極）則不椉（威）

清華五·命訓 07 天又（有）命

清華五·命訓 07 又（有）福

清華五·命訓 07 又（有）褶（禍）

清華五·命訓 07 人又（有）佴（恥）

清華五·命訓 07 又（有）巿（黼）冒（冕）

清華五·命訓 07 又（有）鈙（斧）戉（鉞）

清華五·命訓 13 豊（禮）又（有）旹（時）

清華五·湯丘 01 取（娶）妻於又（有）郣（莘）

清華五·湯丘 01 又（有）郣（莘）之女飤（食）之

清華五·湯丘03 少(小)臣又(有)疾

清華五·湯丘04 是又(有)臺(臺)僕(僕)

清華五·湯丘04 今少(小)臣又(有)疾

清華五·湯丘06 子之員(云)先=(先人)又(有)言

清華五·湯丘12 又(有)顕(夏)之悳(德)可(何)若才(哉)

清華五·湯丘12 又(有)顕(夏)之悳(德)

清華五·湯丘14 句(后)牆(將)君又(有)虽(夏)才(哉)

清華五·湯丘16 不又(有)所蹯

清華五·湯丘17 遠又(有)所歐

清華五·湯丘18 袋(勞)又(有)所思

清華五·湯丘18 餡(饑)又(有)所飤(食)

清華五·啻門01 古之先帝亦又(有)良言青(情)至於今虎(乎)

清華五·畣門 02 又(有)才(哉)

清華五·畣門 02 女(如)亡(無)又(有)良言清(情)至於今

清華五·畣門 14 记(起)事又(有)穫(獲)

清華五·三壽 02 尔(爾)是智(知)二又(有)郉(國)之請(情)

清華五·三壽 24 弋(代)傑(桀)專(敷)又(佑)下方

清華五·三壽 27 民之又(有)晉(晦)

清華六·孺子 01 女(如)邦牁(將)又(有)大事

清華六·孺子 04 女(如)母(毋)又(有)良臣

清華六·孺子 06 門檻之外母(毋)敢又(有)智(知)女(焉)

清華六·孺子 12 乳=(孺子)母(毋)敢又(有)智(知)女(焉)

清華六·孺子 15 是又(有)臣而爲執(贄)辟(嬖)

清華六·管仲 14 毐(前)又(有)道之君可(何)以寚(保)邦

清華六·管仲 14 耑（前）又（有）道之君所以寔（保）邦

清華六·管仲 18 執事又（有）悇（餘）

清華六·管仲 21 又（有）攺不解（懈）

清華六·管仲 23 夫年（佞）又（有）利熨（氣）

清華六·管仲 25 此以又（有）或（國）

清華六·管仲 25 天下又（有）亓（其）幾（機）

清華六·管仲 25 以大又（有）求

清華六·太伯甲 01 太白（伯）又（有）疾

清華六·太伯甲 04 故（古）之人又（有）言曰

清華六·太伯乙 01 太白（伯）又（有）疾

清華六·子儀 04 女（如）權之又（有）加橈（翹）也

清華六·子儀 05 徒伃所遊又步里謱譨也

清華六·子儀 08 佰（宿）君又䚋（尋）言（焉）

清華六·子儀 12 先=（先人）又（有）言曰

清華六·子儀 14 臺（臺）上又（有）兔

清華六·子儀 15 乃又（有）見工（功）

清華六·子產 01 求訫（信）又（有）事

清華六·子產 02 思（懼）達（失）又戒

清華六·子產 04 堇（謹）訫（信）又（有）事

清華六·子產 05 勞（勉）政、利政、固政又（有）事

清華六·子產 05 㝸（掩）見（現）又（有）棶

清華六·子產 06 行豊（禮）徚（踐）政又（有）事

清華六·子產 06 所以智（知）自又（有）自喪也

清華六·子產 06 又（有）道樂才（存）

 清華六·子產 08 敓(損)難又(有)事

 清華六·子產 09 君人立(蒞)民又(有)道

 清華六·子產 09 臣人畏君又(有)道

 清華六·子產 11 又(有)道之君

 清華六·子產 12 和民又(有)道

 清華六·子產 13 又(有)以含(答)天

清華六·子產 13 又(有)以埜(徠)民

 清華六·子產 13 又(有)以尋(得)臤(賢)

清華六·子產 13 又(有)以御(禦)割(害)戠(傷)

清華六·子產 17 民又(有)怣(過)達(失)

清華六·子產 21 乃又(有)喪(桑)坣(丘)中(仲)尾(文)

 清華七·子犯 01 者(胡)晉邦又(有)褙(禍)

清華七·子犯 03 晉邦又（有）褔（禍）

清華七·子犯 04 不諯（蔽）又（有）善

清華七·子犯 04 必出又（有）惡

清華七·子犯 05 幸旻（得）又（有）利不忻蜀（獨）

清華七·子犯 05 事又（有）訛（過）女（焉）

清華七·子犯 06 句（苟）肂（盡）又（有）心女（如）是

清華七·子犯 08 割（曷）又（有）儓（僕）若是而不果以或（國）

清華七·晉文公 02 遹（滯）責母（毋）又（有）貴

清華七·趙簡子 01 女（如）又（有）訛（過）

清華七·趙簡子 02 女（如）又（有）訛（過）

清華七·趙簡子 02 女（如）又（有）訛（過）

清華七·趙簡子 06 皆又（有）繇（由）也

清華七·趙簡子07 掌又(有)二厇(宅)之室

　清華七·越公05 募(寡)人又(有)繡(帶)甲伞(八千)

　清華七·越公05 又(有)昫(旬)之糧

　清華七·越公11 今雩(越)公亓(其)故(胡)又(有)繡(帶)甲伞(八千)以臺(敦)刃皆(偕)死

　清華七·越公19 今厽(三)年亡(無)克又(有)奠(定)

　清華七·越公30 又(有)厶(私)舊(畦)

　清華七·越公31 王亓(其)又(有)縈(勞)疾

　清華七·越公33 亓(其)見又(有)戌(察)

　清華七·越公33 又(有)司及王左右

　清華七·越公34 乃亡(無)又(有)闋(閒)屮(草)

　清華七·越公35 人又(有)厶(私)舊(畦)

　清華七·越公39 凡鄥(邊)鄂(縣)之民及又(有)管(官)帀(師)

之人

清華七·越公 41 凡又(有)訊(獄)訟辜=(至于)王廷

清華七·越公 42 乃母(毋)又(有)貴賤

清華七·越公 47 又(有)贪(饢)戠(歲)

清華七·越公 47 又(有)賞罰

清華七·越公 57 王又(有)逹(失)命

清華八·攝命 04 雩(越)御事庶百又(有)告有酱

清華八·處位 10 亦亓(其)又(有)頽(美)而爲亞(惡)

清華八·處位 10 又(有)救於耑(前)甬(用)

清華八·處位 11 萁能又(有)氏(度)

清華八·邦道 12 母(毋)又(有)疋(疏)纇(數)

清華八·邦道 18 皮(彼)天下亡(無)又(有)闕(間)民

清華八·邦道 24 邦又(有)痢(癘)殁(疫)

清華八·心中 02 情母(毋)又(有)所至

清華八・心中03 人之又(有)爲

 清華八・心中04 而又(有)成攻(功)

 清華八・心中05 人又(有)天命

 清華八・心中05 亓(其)亦又(有)身命

 清華八・八氣01 二旬又五日

 清華八・八氣01 三旬又五日

 清華八・八氣02 二旬又五日

 清華八・八氣02 二旬又五日

 清華八・虞夏01 曰昔又(有)吴(虞)是(氏)用索(素)

 清華八・虞夏01 昏(海)外又(有)不至者

 清華八・虞夏02 教民以又(有)禕=(威威)之

 清華八・虞夏02 昏(海)內又(有)不至者

～,與 、同,象右手之形。《說文・又部》:"又,手也。象形。三指者,手之刌多略不過三也。凡又之屬皆從又。"

清華一·尹至 01"女亓又吉志",讀爲"汝其有吉志"。《禮記·禮運》:"大道之行也,與三代之英,丘未之逮也,而有志焉。"

清華一·尹至 01、05,尹誥 03"又顕",讀爲"有夏",夏代。"有",助詞。《書·召誥》:"我不可不監于有夏,亦不可不監于有殷。"《左傳·襄公四年》:"昔有夏之方衰也,后羿自鉏遷于窮石,因夏民以代夏政。"

清華一·尹至 02"弗悬亓又眾",讀爲"弗虞其有眾"。《書·泰誓上》:"予弗順天,厥罪惟鈞。予小子夙夜祇懼,受命文考,類於上帝,宜於冢土,以爾有眾,厎天之罰。"《吕氏春秋·慎大》云桀"不恤其眾"。

清華一·尹至 03"顕又恙",讀爲"夏有祥"。《書·咸有一德》:"伊陟相大戊,亳有祥,桑榖共生於朝。"

清華一·尹至 03、尹誥 01"又民",讀爲"有民"。

清華一·尹誥 01"咸又一悳",讀爲"咸有一德"。

清華一·保訓 08"又易",讀爲"有易"。見《山海經·大荒東經》:"有困民國,勾姓而食。有人曰王亥,兩手操鳥,方食其頭。王亥託于有易,河伯僕牛。有易殺王亥,取僕牛。河念有易,有易潛出,爲國于獸,方食之,名曰搖民。"郭璞注引《竹書》曰:"殷王子亥賓于有易而淫焉,有易之君緜臣殺而放之。是故殷主甲微假師于河伯以伐有易,滅之,遂殺其君緜臣也。"《楚辭·天問》:"昏微遵跡,有狄不寧。"王國維《卜辭中所見先公先王考》以爲昏微即上甲微,有狄即有易。

清華一·耆夜 07"既醉又盇",讀爲"既醉又侑",已經喝醉了還勸酒。

清華一·耆夜 09"月又壓散",或讀爲"月有盈缺",月有盈虧變化。《禮記·禮運》:"播五行於四時,和而後月生也。是以三五而盈,三五而闕。"或讀爲"月有成轍",月亮有它既定的軌轍。(郭永秉)

清華一·耆夜 09"哉又剝行",或讀爲"歲有歇行"。

清華一·金縢 01"王不瘳,又旦",讀爲"王不豫,有遲",不久於世。

清華一·金縢 03"尔(爾)母(毋)乃又(有)備子之責才(在)上",今本《書·金縢》作"是有丕子之責于天"。

清華一·金縢 04"尃又四方",讀爲"溥有四方"。今本《書·金縢》作"敷佑四方"。"溥有",猶廣有。"溥有四方"即《詩·大雅·皇矣》之"奄有四方",大盂鼎(《集成》02837)作"匍有四方"。

清華一·金縢 13"哉大又年",讀爲"歲大有年"。《穀梁傳·宣公十六年》:"冬,大有年。五穀大熟爲大有年。"

清華一·金縢14(背)"周武王又疾",讀爲"周武王有疾"。《書·金縢》作"武王有疾,周公作《金縢》"。

清華一·皇門01"穢(蔑)又(有)耆耇慮(慮)事鳴(屏)朕立(位)",今本《逸周書·皇門》作"下邑小國克有耇老據屏位"。

清華一·皇門02"我酮(聞)昔才(在)二又(有)或(國)之折(哲)王",今本《逸周書·皇門》作"我聞在昔有國誓王之不綏于卹",陳逢衡注:"在昔有國誓王,古我夏先后與殷先哲王也。""二有國",指夏、商二朝。

清華一·皇門02"乞(迄)又(有)窟(寶)",今本《逸周書·皇門》作"訖亦有孚"。

清華一·皇門03"自蠚(釐)臣至于又(有)貧(分)厶(私)子",今本《逸周書·皇門》作"其善臣以至于有分私子"。

清華一·皇門03"句(苟)克又(有)欨(諒)",今本《逸周書·皇門》作"苟克有常"。

清華一·皇門04"王用又(有)監",今本《逸周書·皇門》作"王用有監"。

清華一·皇門04"用克和又(有)成",今本《逸周書·皇門》作"用克和有成"。唐大沛注:"謂能和衷以相與有成也。"禹鼎(《集成》02833):"肆禹又(有)成。"《逸周書·度邑》:"天自幽,不享於殷,乃今有成。"朱右曾注:"冥冥中已不享殷,至今乃有成命也。"

清華一·皇門05"先王用又(有)蓳(勸)",今本《逸周書·皇門》作"先用有勸"。

清華一·皇門06"王用能盍(奄)又(有)四哭(鄰)",今本《逸周書·皇門》作"王用奄有四鄰"。

清華一·皇門09"亓(其)由(猶)克又(有)臒(獲)",今本《逸周書·皇門》作"其猶不克有獲"。

清華一·皇門10"卑(譬)女(如)䪞(匹)夫之又(有)悉(媚)妻",今本《逸周書·皇門》作"譬若匹夫之有婚妻"。

清華一·皇門10"悉(媚)夫又(有)埶(邇)亡(無)遠",今本《逸周書·皇門》作"媚夫有邇無遠"。

清華一·皇門11"乃隹(惟)又(有)奉矣(疑)夫",今本《逸周書·皇門》作"乃維有奉狂夫"。

清華一·祭公02"我酮(聞)且(祖)不余(豫)又(有)叚(遲)",今本《逸周書·祭公》作"我聞祖不豫有加"。

清華一·祭公 05"我亦隹（惟）又（有）若且（祖）周公概（暨）且（祖）卲（召）公"，今本《逸周書·祭公》作"我亦維有若文祖周公暨列祖召公"。

清華一·祭公 07"我亦隹（惟）又（有）若且（祖）䣛（祭）公"，今本《逸周書·祭公》作"我亦維有若祖祭公之埶和周國"。

清華一·祭公 15"乃又（有）頿（履）宗"，今本《逸周書·祭公》作"丕乃有利宗"。

清華一·祭公 21"維我周又（有）裳（常）型（刑）"，今本《逸周書·祭公》作"我周有常刑"。

清華三·說命下 02"余罔又（有）罤（斁）言"，《書·呂刑》："敬忌罔有擇言在身。"

清華三·琴舞 03"又肩"，讀爲"有肩"，有所承擔、擔負。《左傳·襄公二年》："鄭成公疾，子駟請息肩於晉。""息肩"，比喻卸除責任或免除勞役，與"有肩"意思相反。

清華三·琴舞 04、11"又"，讀爲"有"，詞頭。《爾雅·釋詁》："辟，君也。"簡文"用仇其有辟"與䰍尊（《集成》06014）"克仇文王"、牆盤（《集成》10175）"仇匹厥辟"等義近。

清華三·琴舞 06"又"，讀爲"有"，助詞。"敓"，通"悅"，訓樂。句意是說樂以播布天德。

清華三·琴舞 07、09、12、14"又"，讀爲"有"，詞頭。蔡侯申鐘（《集成》00210）："有虔不易。"

清華三·芮良夫 04"又咎"，讀爲"有咎"。《書·盤庚上》："非予有咎。"蔡沈《集傳》："咎，過也。"

清華三·芮良夫 10、清華五·湯丘 06"先人又（有）言"，《管子·大匡》："先人有言曰：'知子莫若父，知臣莫若君。'"

清華四·筮法 61"又叟"，讀爲"有吝"，有悔恨、遺憾。《易·繫辭上》："悔吝者，憂虞之象也。"韓康伯注："失得之微者，足以致憂虞而已。"

清華四·筮法 61"日月又此"，或讀爲"日月有差"，《後漢書·律曆中》："兩儀相參，日月之行，曲直有差，以生進退。"或讀爲"日月有異""日月有食""日月有疵"。

清華五·命訓 01"大命又（有）裳（常）"，今本《逸周書·命訓》作"大命有常"。

清華五·命訓 01"又（有）尚（常）則寅（廣）"，今本《逸周書·命訓》作"有常則廣"。

清華五·命訓 03"女（如）又（有）佴（恥）而亙（恆）行"，今本《逸周書·命訓》作"若有醜而競行不醜"。

清華五·命訓 05"正人莫女（如）又（有）亟（極）"，今本《逸周書·命訓》作"正人莫如有極"。

清華五·命訓 05"道天又（有）亟（極）則不櫐（威）"，今本《逸周書·命訓》作"道天有極則不威"。

清華五·命訓 07"天又（有）命"，今本《逸周書·命訓》作"天有命"。

清華五·命訓 07"又（有）福"，今本《逸周書·命訓》作"有福"。

清華五·命訓 07"又（有）禍（禍）"，今本《逸周書·命訓》作"有禍"。

清華五·命訓 07"人又（有）佴（恥）"，今本《逸周書·命訓》作"人有醜"。

清華五·命訓 07"又（有）市（黻）冒（冕）"，今本《逸周書·命訓》作"有紼絻"。

清華五·命訓 07"又（有）釿（斧）戉（鉞）"，今本《逸周書·命訓》作"有斧鉞"。

清華五·命訓 13"豊（禮）又（有）旹（時）"，今本《逸周書·命訓》作"禮有時"。

清華五·湯丘 01"又邿"，讀爲"有莘"，商湯娶有莘氏之女，即其國。故址在今河南省開封市，舊陳留縣東。一說在今山東省曹縣北。《史記·殷本紀》："伊尹名阿衡。阿衡欲奸湯而無由，乃爲有莘氏媵臣，負鼎俎，以滋味說湯，致於王道。"張守節《正義》引《括地志》："古莘國在汴州陳留縣東五里，故莘城是也。"《左傳·僖公二十八年》："晉侯登有莘之虛以觀師。"楊伯峻注："莘，舊國名……據《春秋輿圖》，有莘之虛在今山東省曹縣西北。"《呂氏春秋·本味》："有侁氏女子採桑，得嬰兒于空桑之中，獻之其君。其君令烰人養之，察其所以然，曰：其母居伊水之上，孕……故命之曰伊尹。"高誘注："侁，讀曰莘。"

清華五·三壽 02"二又邦"，讀爲"二有國"，指兩個朝代。即夏、商。

清華五·三壽 24"尃又下方"，讀爲"敷佑下方"，謂敷布德澤以佑助百姓。《書·金縢》："乃命於帝庭，敷佑四方。"或讀爲"敷有四方"。

清華六·鄭子 01"女邦牀又大事"，讀爲"如邦將有大事"。《周禮·天官·宮伯》："若邦有大事作宮眾，則令之。"

清華六·鄭子 15"是又臣而爲執辟"，讀爲"是有臣而爲摯嬖"。《荀子·法行》："有君不能事，有臣而求其使，非恕也。"

清華六·管仲 14"歬又道之君可以寴邦"，讀爲"前有道之君何以保邦"。《管子·君臣上》："是故有道之君，正其德以蒞民，而不言智能聰明。"

清華六·太伯甲 01、太伯乙 01"太白又疾"，讀爲"太伯有疾"。《書·金縢》："武王有疾，周公作《金縢》。"

清華六·太伯甲04"故之人又言曰",讀爲"古之人有言曰"。《禮記·檀弓上》:"古之人有言曰:'狐死正丘首。'仁也。"

清華六·子儀12"先₌又言曰",讀爲"先人有言曰"。《呂氏春秋·權勳》:"先人有言曰:'脣竭而齒寒。'"

清華六·子產01"又事",讀爲"有事",在此意類於"有道"。

清華六·子產02"又戒",讀爲"有戒",有所戒備。

清華六·子產06、09、11、12"又道",讀爲"有道",有才藝或有道德。《周禮·春官·大司樂》:"凡有道者,有德者,使教焉。"鄭玄注:"道,多才藝者。"《史記·遊俠列傳序》:"昔者虞舜窘於井廩,伊尹負於鼎俎……仲尼畏匡,菜色陳蔡。此皆學士所謂有道仁人也,猶然遭此菑,況以中材而涉亂世之末流乎?"

清華六·子產17"民又怣遱",讀爲"民有過失"。《周禮·地官·司救》:"其有過失者,三讓而罰,三罰而歸於圜土。"

清華七·子犯04"不諴又善,必出又惡",讀爲"不蔽有善,必出有惡"。"必出有惡"與"不諴有善"正反相對,意爲不棄善、必去惡。

清華七·趙簡子01、02"女又訛",讀爲"如有過"。《管子·四稱》:"君若有過,進諫不疑;君若有憂,則臣服之。"

清華七·越公05、11"募人又繡甲仐",讀爲"寡人有帶甲八千"。《國語·吳語》:"有帶甲五千人將以致死,乃必有偶。"

清華七·越公05"又昀之糧",讀爲"有旬之糧",指"有十日的軍糧"。

清華七·越公33"又戜",讀爲"有察",與"有司""有正"等結構相同,疑專指掌糾察之職官。

清華七·越公33"又司",讀爲"有司",官吏。古代設官分職,各有專司,故稱。胡匡衷《儀禮釋官》云:"有司有二義:一是事有常職者,謂之有司;一是事本無常職者,行禮時,特使人主其事者,亦目爲有司也。"

清華七·越公39"又管帀之人",讀爲"有官師之人",有所執掌的各級官吏。

清華七·越公41"又訬訟",讀爲"有獄訟"。《周禮·地官·大司徒》"凡萬民之不服教而有獄訟者,與有地治者聽而斷之,其附於刑者,歸於士。"

清華七·越公47"又賞罰",讀爲"有賞罰"。《韓非子·用人》:"故至治之國,有賞罰而無喜怒。故聖人極有刑法,而死無螫毒,故姦人服。"

清華八·邦道24"邦又倒殁",讀爲"邦有癘疫"。

清華八·心中03"又爲",讀爲"有爲",有作爲。《易·繫辭上》:"是以君子將有爲也。"

清華八·心中 05"人又天命",讀爲"人有天命"。《墨子·非命下》:"謂人有命,謂敬不可行,謂祭無益,謂暴無傷。"

清華八·虞夏 01"又吳是",讀爲"有虞氏",古部落名。傳說其首領舜受堯禪,都蒲阪。故址在今山西省永濟縣東南。"有",詞頭。《周禮·考工記序》:"有虞氏上陶,夏后氏上匠,殷人上梓,周人上輿。"《禮記·明堂位》:"有虞氏之兩敦,夏后氏之四連,殷之六瑚,周之八簋。"

清華八·虞夏 02"教民以又禥=之",讀爲"教民以有威威之"。《左傳·襄公三十一年》:"有威而可畏謂之威,有儀而可象謂之儀。"

清華八·虞夏 01、02"又不至者",讀爲"有不至者"。《禮記·坊記》:"以此坊民,婦猶有不至者。"

清華"十又四",即十四。"二旬又五日",即"二旬五日",副詞。表示整數之外再加零數。

清華"亡又",讀爲"無有",沒有。

清華"母又",讀爲"毋有",《管子·輕重己》:"終歲之罪,毋有所赦。"

清華"又禥",讀爲"有禍"。《左傳·哀公元年》:"今吳未有福,楚未有禍。"

其餘"又",讀爲"有",擁有,保有。與"無"相對。《詩·大雅·瞻卬》:"人有土田,女反有之。人有民人,女覆奪之。"《文子·守真》:"故能有天下者,必無以天下爲也。"

右

清華一·皇門 05 以瀕(賓)右(佑)于上

(師)

清華二·繫年 056 宋右帀(師)芋(華)孫兀(元)欲袭(勞)楚帀

清華二·繫年 057 奠(鄭)白(伯)爲右芋(盂)

清華二·繫年 088 王或(又)事(使)宋右帀(師)芋(華)孫兀

(元)行晉楚之成

 清華二·繫年135 三執珪之君與右尹卲(昭)之妃(竢)死女(焉)

 清華三·說命上03 尔(爾)右頴=(稽首)

 清華三·琴舞12 右帝才(在)茖(落)

 清華四·筮法04 參(三)左同右

 清華四·筮法05 參(三)右同左

 清華七·子犯04 母(毋)乃無良左右也虗(乎)

 清華七·子犯06 宔(主)女(如)此胃(謂)無良左右

 清華七·越公12 右我先王

 清華七·越公33 又(有)司及王左右

 清華七·越公35 凡王左右大臣

 清華七·越公43 𠱩(及)于左右

清華七·越公 45 訇(問)之于左右

清華七·越公 48 嵒(及)于左右

清華七·越公 50 居者(諸)左右

清華七·越公 52 訇(問)于左右

清華七·越公 64 右軍

清華七·越公 65 亦命右軍監(銜)桴(枚)渝江五里以須

清華七·越公 65 乃命左軍右軍涉江

清華七·越公 67 左軍右軍乃述(遂)涉

清華八·攝命 32 士妻右白(伯)䊜(攝)

～,與(上博三·周 11)、(上博七·武 6)同。"又""右"一字分化。《說文·口部》："右,助也。从口,从又。"又《說文·又部》："右,手口相助也。从又从口。"

清華一·皇門 05"以瀕(賓)右(佑)于上",今本《逸周書·皇門》作"先用有勸,永有□于上下"。

清華二·繫年 056、088"右帀",讀爲"右師",官名。《左傳·成公十五年》："於是華元爲右師,魚石爲左師,蕩澤爲司馬,華喜爲司徒,公孫師爲司城,向爲人爲大司寇,鱗朱爲少司寇,向帶爲大宰,魚府爲少宰。"

清華二·繫年057"奠白爲右芋",讀爲"鄭伯爲右盂"。《左傳·文公十年》:"宋公爲右盂,鄭伯爲左盂。"杜預注:"盂,田獵陳名。"

清華二·繫年135"右尹",楚職官。

清華三·說命上03"右",與"左"相對。右手。《書·牧誓》:"右秉白旄以麾。"《國語·越語下》:"范蠡乃左提鼓,右援枹,以應使者。"

清華七·越公12"右我先王",《左傳·襄公十四年》:"昔伯舅大公,右我先王,股肱周室,師保萬民,世胙大師,以表東海。"

清華七·子犯04、06,越公33、35、43、45、48、52"左右",近臣,侍從。《左傳·宣公十二年》:"(楚子)左右曰:'不可許也,得國無赦。'"

清華七·越公50"左右",左面和右面。《史記·孫子吳起列傳》:"汝知而心與左右手背乎?"

清華七·越公64、65"亦命右軍監(銜)桋(枚)渝江五里以須",《國語·吳語》:"亦令右軍銜枚踰江五里以須。"

清華七·越公65"乃命左軍右軍涉江",《國語·吳語》:"乃令左軍、右軍涉江,鳴鼓中水以須。"

清華七·越公67"左軍右軍乃述(遂)涉",《國語·吳語》:"越之左軍、右軍乃遂涉而從之。"周制,天子有三軍,稱中軍、左軍、右軍。亦泛指右翼部隊。《左傳·桓公五年》:"王爲中軍,虢公林父將右軍,蔡人、衛人屬焉;周公黑肩將左軍,陳人屬焉。"

清華八·攝命32"士疌右白(伯)巽(攝)",右者爲"士疌"。

有

清華七·越公21 君不尚(嘗)新(親)有募(寡)人

清華七·越公75 雩(越)公是聿(盡)既有之

清華八·攝命04 雩(越)御事庶百又(有)告有酱

清華八・攝命 05 有曰

清華八・攝命 07 有曰四方大贏(嬴)亡民

清華八・攝命 11 女(汝)有告于余事

清華八・攝命 12 女(汝)有命正

清華八・攝命 12 有即正

清華八・攝命 12 女(汝)有退進于朕命

清華八・攝命 13 女(汝)母(毋)敢有退于之

清華八・攝命 15 女(汝)有佳(唯)沖(沖)子

清華八・攝命 18 少(小)大乃有䎽(聞)智(知)醫(弼)恙(詳)

清華八・攝命 18 女(汝)其有䍝(斁)有甚(湛)

清華八・攝命 18 女(汝)其有䍝(斁)有甚(湛)

清華八・攝命 21 凡人有獄有䜌

清華八·攝命22 凡人有獄有訟

清華八·攝命24 有女(汝)由子

清華八·攝命26 民有曰之

清華八·攝命28 人有言多

清華八·攝命29 有女(汝)隹(唯)沖(沖)子

清華八·邦道03 而訐(信)有道

清華八·邦道08 幾(豈)有亙(恆)穜(種)才(哉)

清華八·邦道12 上亦蔑有咎女(焉)

清華八·邦道13 甬(用)是以有余(餘)

清華八·邦道15 上有悠(過)不加之於下

清華八·邦道15 下有悠(過)不敢以憮(誣)上

清華八·邦道21 民有甬(用)

清華八·邦道 22 民有甬(用)

 清華八·邦道 22 民有利

 清華八·邦道 23 洛(落)有常

 清華八·邦道 23 皮(彼)上有所可感

清華八·邦道 23 有所可憙(喜)

～，與 （上博五·三 6）、 （上博五·三 20）同，从"又"，从"肉"，會手持肉之意，"又"亦聲。《説文·月部》："有，不宜有也。《春秋傳》曰：'日月有食之。'从月，又聲。"

清華七·越公 21 "新有"，讀爲"親有"，親善。"有"，有"親""善"的意思，《左傳·昭公二十年》："是不有寡君也。"杜預注："有，相親有。"（王凱博）"有"，或讀爲"右"，佑助。《墨子·非命下》："天有顯德，其行甚章。"孫詒讓《墨子閒詁》引莊述祖曰："有當爲右，助也。"

清華八·攝命 04 "有酓"，或讀爲"有吝"，指處理爭訟。或説"有酓"讀爲"有嫌"，"酓明"讀爲"廉明"；（李學勤）或説"有酓"讀爲"有訟"，"酓明"讀爲"崇明"。（陳劍）

清華八·攝命 21 "凡人有獄有酓"，參上。

清華八·攝命 18 "少大乃有䜌智䚃恙"，讀爲"小大乃有聞知彌詳"。毛公鼎（《集成》02841）"引(矧)唯乃智(知)，余非墉(用)又(有)聞"。

清華八·攝命 18 "女其有䍺有甚"，讀爲"汝其有斁有湛"。

清華八·攝命 26 "民有曰之"，謂民有如此言者。

清華八·邦道 03 "有道"，謂政治清明。《論語·衛靈公》："邦有道，則仕；邦無道，則可卷而懷之。"

清華八·邦道 08 "幾有亙穜才"，讀爲"豈有恆種哉"。《史記·陳涉世

家》:"且壯士不死即已,死即舉大名耳,王侯將相寧有種乎!"

清華八·邦道12"蔑有",没有。《左傳·昭公元年》:"封疆之削,何國蔑有?"

清華八·邦道13"甬是以有余",讀爲"用是以有餘"。《老子·道經》:"衆人皆有餘,而我獨若遺。"

清華八·邦道15"下有怣不敢以憮上",讀爲"下有過不敢以誣上"。《禮記·檀弓下》:"寡人亦有過焉,酌而飲寡人。"

清華八·邦道22"民有利",民衆能够獲利。

清華八·邦道23"有所",《禮記·坊記》:"故貴賤有等,衣服有別,朝廷有位,則民有所讓。"

其餘"有",擁有。與"無"相對。《詩·大雅·瞻卬》:"人有土田,女反有之。人有民人,女覆奪之。"

盇

 清華七·晉文公01 母(毋)辡(辨)於姫(好)妝嬬盇皆見

~,从"女","盇"聲。

清華七·晉文公01"盇",或讀爲"醓",指醓人。《周禮·天官·冢宰》:"醓人:奄一人,女醓二十人,奚四十人。"《天官·醓人》:"醓人掌四豆之實。"《禮記·內則》:"女子十年不出,姆教婉娩聽從……觀於祭祀,納酒漿、籩豆、菹醓,禮相助奠。"(子居)或讀爲"斐""醜"。

醓

 清華七·越公31 乃以管(熟)飤(食)朣(脂)醓(醢)脀(脯)肶多從

~,从"酉","盇"聲,"醢"之異體。《説文·酉部》:"醢,肉醬也。从酉、盇。𩱖,籀文。"

清華七·越公31"醓",即"醢",肉醬。《周禮·天官·醓人》:"朝事之豆,其實韭葅、醓醢,昌本、麋臡,菁菹、鹿臡,茆菹、麋臡。"鄭玄注引鄭司農云:"有骨爲臡,無骨爲醢。"

峇

清華一·尹誥02 我克爕(協)我峇(友)

清華三·説命下10 褮(欲)女(汝)亓(其)又(有)峇(友)昏(勑)朕命捋(哉)

清華五·厚父11 引(矧)其能丁(貞)良于峇(友)人

清華五·三壽10 則若火=(小人)之瘨(寵)痓(狂)而不峇(友)

～,與 （上博一·緇23）、（上博八·命8）、（上博八·命10）同。"友"字古文,从二"又",會二人攜手爲友之意,"又"亦聲,贅加"甘"旁,遂爲《説文》古文所本。《説文·又部》:"友,同志爲友。从二又,相交友也。 ,古文友。 ,亦古文友。"

清華一·尹誥02、清華三·説命下10"峇",即"友"。《説文》:"友,同志爲友。"

清華五·厚父11"峇人",即"友人",朋友。《逸周書·鄭保》:"見親所親,勿與深謀,命友人疑。"

清華五·三壽10"不峇(友)",讀爲"不悔",不悔過,不改過。《禮記·中庸》:"君子依乎中庸,遯世不見知而不悔,唯聖者能之。"

蠢

清華一·耆夜07 既醉又蠢(侑)

清華五·三壽26 神民並蠢(尤)而九(仇)悁(怨)所聚

～，從"蚰"，"㕫"聲，"蛕"字異體。《說文·虫部》："蛕，腹中長蟲也。從虫，有聲。"

清華一·耆夜07"䗪"，即"蛕"，讀爲"侑"，勸飲。《詩·小雅·楚茨》："以爲酒食，以享以祀，以妥以侑，以介景福。"毛傳："侑，勸也。"孔穎達疏："爲其嫌不飽，祝以主人之辭勸之。"

清華五·三壽26"䗪"，讀爲"尤"。《左傳·襄公十七年》："尤其室。"杜預注："尤，責過也。"

懮

清華八·攝位05 攸（修）之者敚（微）丝（兹）母（毋）智（知）、母（毋）迮（效）二懮（尤）

～，從"心"，"尤"聲，"忧"字異體。楚文字或作（上博六·用4）、（上博八·志6）。《說文·心部》："忧，不動也。從心，尤聲，讀若祐。"

清華八·攝位05"懮"，讀爲"尤"。《詩·小雅·四月》："廢爲殘賊，莫知其尤。"鄭箋："尤，過也。"《論語·爲政》："多聞闕疑，慎言其餘，則寡尤。"

扷（肱）

清華六·太伯甲05 奮（奮）亓（其）胸（股）扷（肱）

清華六·太伯乙04 奮（奮）亓（其）肢（股）扷（肱）

～，與（包山44）、（包山183）同，從"手"，"厷"聲，"肱"字異體。《說文·又部》："厷，臂上也。從又，從古文厷。"，古文厷，象形。，厷或從肉。"以"肱"爲"厷"字或體。"厷"，甲骨文從"又"，在肱部位置加指事符號，"又"亦聲。

清華六·太伯"胸扷""肢扷"，即"股肱"，大腿和胳膊，比喻左右輔佐之臣。《書·說命下》："股肱惟人，良臣惟聖。"孔傳："手足具乃成人，有良臣乃成聖。"

《書·益稷》:"臣作朕股肱耳目。"《漢書·蘇武傳》:"上思股肱之美,乃圖畫其人於麒麟閣,法其形貌,署其官爵姓名。"

忞

 清華三·良臣 02 文王又(有)忞(閎)夭

～,從"心","厷"聲,上博四·曹 56 作 。

清華三·良臣 02"忞夭",讀爲"閎夭",輔佐姬昌的大臣。《書·君奭》:"惟文王尚克修和我有夏,亦惟有若虢叔,有若閎夭,有若散宜生,有若泰顛,有若南宮括。"《史記·殷本紀》:"西伯之臣閎夭之徒,求美女奇物善馬以獻紂,紂乃赦西伯。"

宏

 清華五·帝門 20 是胃(謂)九宏

 清華八·攝命 24 女(汝)亦引母(毋)好=(好好)、宏=(宏宏)

所從"厷"與 (包山 122"扡")所從同。《説文·宀部》:"宏,屋深響也。從宀,厷聲。"

清華五·帝門 20"九宏",九神,天神。

清華八·攝命 24"好=、宏=",讀爲"好好、宏宏",謂好己所好,宏己所宏。《詩·小雅·巷伯》:"驕人好好,勞人草草。"鄭箋:"好好者,喜讒言之人也。""宏",大、宏大。

宖

 清華八·攝命 02 宖(宏)辪(乂)亡諆(斁)

～,從"心","宏"聲。

44

清華八·攝命02"宖",讀爲"宏",大、宏大。《爾雅·釋詁》:"宏,大也。"《書·盤庚下》:"用宏茲賁。"蔡沈《集傳》:"亦惟欲宏大此大業爾。"

惥

 清華八·攝命08 今亦敢(肩)惥(肱)難(勤)乃事

～,从"心","弦"聲,"惥"字異體。

清華八·攝命08"肩惥",讀爲"肩肱",猶云"股肱",輔佐。"惥",或讀爲"兢",戒慎恐懼。《書·多方》有"克勤乃事"。

匣紐或聲

或

 清華一·耆夜08 周公或夜籩(爵)曷(酬)王

 清華一·皇門02 我酮(聞)昔才(在)二又(有)或(國)之折(哲)王

 清華二·繫年005 王或(又)叙〈取〉孚(褒)人之女

 清華二·繫年021 翟人或涉河

 清華二·繫年031 或譖(讒)惠公及文公

 清華二·繫年033 里之克或(又)殺悼子

 清華二·繫年077 亓(其)子墨(黑)要也或(又)室少盉(孟)

清華二·繫年080 吳人女(焉)或(又)服於楚

 清華二·繫年088 或(又)攸(修)成

 清華二·繫年088 王或(又)事(使)宋右帀(師)芋(華)孫兀(元)行晉楚之成

 清華二·繫年128 上或(國)之自(師)

 清華三·芮良夫10 或因斬椅(柯)

 清華三·芮良夫27 莫我或聖(聽)

 清華五·命訓02 或司不義而隆(降)之褐(禍)

 清華五·湯丘10 唯(雖)臣死而或(又)生

 清華五·湯丘10 此言弗或(又)可旻(得)而䚋(聞)巳(矣)

 清華五·湯丘11 湯或(又)䚋(問)於少(小)臣

 清華五·湯丘13 湯或(又)䚋(問)於少(小)臣

清華五·湯丘 14 湯或（又）䛑（問）於少（小）臣

清華五·湯丘 16 湯或（又）䛑（問）於少（小）臣

清華五·湯丘 17 湯或（又）䛑（問）於少（小）臣

清華五·湯丘 18 湯或（又）䛑（問）於少（小）臣

清華五·啻門 03 湯或（又）䛑（問）於少（小）臣曰

清華五·啻門 05 湯或（又）䛑（問）於少（小）臣曰

清華五·啻門 07 五月或（有）收（褎）

清華五·啻門 10 湯或（又）䛑（問）於少（小）臣

清華五·啻門 11 湯或（又）䛑（問）於少（小）臣

清華五·啻門 14 唯（雖）成或（又）澻（瀆）

清華五·啻門 17 湯或（又）䛑（問）於少（小）臣

清華五·啻門 19 湯或（又）䛑（問）於少（小）臣

清華五·三壽05 高宗乃或(又)䛑(問)於彭且(祖)曰

清華五·三壽09 既寋(回)或㱏(止)

清華五·三壽24 高宗或(又)䛑(問)於彭且(祖)曰

清華六·管仲02 趄(桓)公或(又)䛑(問)於箁(管)中(仲)曰

清華六·管仲03 趄(桓)公或(又)䛑(問)於箁(管)中(仲)曰

清華六·管仲05 趄(桓)公或(又)䛑(問)於箁(管)中(仲)曰

清華六·管仲07 趄(桓)公或(又)䛑(問)於箁(管)中(仲)曰

清華六·管仲08 趄(桓)公或(又)䛑(問)於箁(管)中(仲)曰

清華六·管仲11 趄(桓)公或(又)䛑(問)箁(管)中(仲)曰

清華六·管仲14 趄(桓)公或(又)䛑(問)於箁(管)中(仲)曰

清華六·管仲16 趄(桓)公或(又)䛑(問)於箁(管)中(仲)曰

清華六·管仲19 或(又)以民戲(害)

清華六·管仲 20 趄(桓)公或(又)嚻(問)於笑(管)中(仲)曰

清華六·管仲 24 趄(桓)公或(又)嚻(問)於笑(管)中(仲)曰

清華六·管仲 24 既年(佞)或(又)訫(仁)

清華六·管仲 27 然則或攸(弛)或張

清華六·管仲 27 然則或攸(弛)或張

清華六·管仲 27 或緩或經(急)

清華六·管仲 27 或緩或經(急)

清華六·管仲 27 趄(桓)公或(又)嚻(問)於笑(管)中(仲)

清華六·子產 28 可用而不勛(遇)大或(國)

清華五·三壽 28 唯(雖)佥(陰)或(又)明

清華六·子產 12 能攸(修)元(其)邦或(國)

清華六·子產 14 先聖君所以徣(達)成邦或(國)也

清華五·厚父 04 或祿(肆)祀三后

 清華六·孺子 11 乳₌(孺子)或延(誕)告

 清華六·孺子 15 或(又)辱虘(吾)先君

 清華六·孺子 17 或(又)再(稱)记(起)虘(吾)先君於大難之中

 清華六·管仲 22 四或(國)和同

 清華六·管仲 25 此以又(有)或(國)

 清華六·太伯甲 02 或爰(援)肰(然)

 清華六·太伯乙 02 或爰(援)然

 清華六·子儀 10 今茲之禣(臘)余或不與

 清華六·子產 29 邦或(國)

 清華七·子犯 08 殹(繄)或易成也

 清華七·晉文公 02 或朙(明)日朝

清華七·晉文公 03 或昷(明)日朝

清華七·晉文公 04 或昷(明)日朝

清華七·越公 06 三(四)方者(諸)侯亓(其)或(有)敢不賓于吳邦

清華七·越公 20 或䢕(抗)御(禦)募(寡)人之詞(辭)

清華七·越公 22 孤或(又)志(恐)亡(無)良儐(僕)馭(馭)猲火
於雩(越)邦

清華七·越公 39 或告于王廷

清華七·越公 60 母(毋)或(有)徍(往)埜(來)

清華八·攝命 12 則或即命朕

清華八·處位 04 或亞(惡)孳(哉)

清華八·處位 04 或顗(美)孳(哉)

清華八·處位 07 或信能攽佲(守)

清華八·處位07 或忍(恩)觀(寵)不巡(襲)

清華八·處位11 戠(豈)或求諆(謀)

清華八·邦道03 幾(豈)或才(在)刞(它)

清華八·邦道03 則或恥自縈(營)寢

清華八·邦道05 則或於弗智(知)

清華八·邦道05 則可(何)或(有)恭(益)

清華八·八氣02 或弌(一)旬日南〈北〉至

清華八·八氣02 或六旬白雺(露)降

清華八·八氣03 或六旬霜降

清華八·八氣03 或六旬日北〈南〉至

～，楚文字或作（上博五·三14）、（上博三·亙6）、（上博一·緇2）、（上博四·曹50）、（上博二·從甲12）、（上博六·用4）、（上博七·凡甲25）。《說文·戈部》："或，邦也。从囗，从戈，以守一。一，地也。域,或又从土。"

清華一·皇門02"二又或",讀爲"二有國",指夏、商二朝。

清華二·繫年128"上或",讀爲"上國"。《左傳·昭公十四年》:"楚子使然丹簡上國之兵於宗丘。"杜預注:"上國,在國都之西。西方居上流,故謂之上國。""上國"與"東國"對稱。一説"上國"是對北方列國的稱謂。《水經·濟水注》:"昔吳季札聘上國,至衛。"

清華三·芮良夫27"莫我或聖",讀爲"莫我或聽",即莫聽我。

清華五·湯丘10"唯臣死而或生",讀爲"雖臣死而又生"。《吕氏春秋·貴信》:"君寧死而又死乎? 其寧生而又生乎?"

清華五·湯丘"湯或餌",讀爲"湯又問"。《列子·湯問》:"湯又問曰。"王引之《經傳釋詞》卷三:"或,猶又也。《詩·賓之初筵》曰:'既立之監,或佐之史。'言又佐之史也。"

清華五·畣門07"五月或收",讀爲"五月有裦",五月枝葉生長。

清華五·三壽05"高宗乃或鬸於彭且曰",讀爲"高宗乃又問於彭祖曰"。《禮記·檀弓上》:"從者又問諸子游曰。"

清華五·三壽09"既……或……",同"既……又……"。簡文"既回又止",意指風起風止。

清華六·管仲27"或敓(弛)或張,或緩或綘(急)"之"或",連詞,表示選擇或列舉。《漢書·韓安國傳》:"吾勢已定,或營其左,或營其右,或當其前,或絶其後,單于可禽,百全必取。"

清華六·子產28"大或",讀爲"大國",古指大諸侯國。《詩·商頌·長發》:"玄王桓撥,受小國是達,受大國是達。"《公羊傳·隱公五年》:"諸侯者何? 天子三公稱公,王者之後稱公,其餘大國稱侯,小國稱伯、子、男。"何休注:"大國謂百里也。"

清華六·子產12、14、29"邦或",讀爲"邦國",國家。《詩·大雅·瞻卬》:"人之云亡,邦國殄瘁。"

清華五·厚父04"或禋祀三后",讀爲"或肆祀三后",以肆祭的形式來祭祀三后。

清華六·孺子11"或",猶若也。簡文"孺子或誕告",孺子屆時若告於先君。

清華六·管仲22"四或",讀爲"四國",四方鄰國。亦泛指四方,天下。《詩·大雅·崧高》:"揉此萬邦,聞於四國。"鄭箋:"四國,猶言四方也。"《左傳·襄公三十年》:"子大叔曰:'若四國何?'子產曰:'非相違也,而相從也,四國何尤焉!'"

清華六·管仲 25"此以又或",讀爲"此以有國",謂憑藉此來治國。

清華六·子儀 10"今兹之䄍(臘)余或不與"之"或",猶若也。簡文之意爲現在這個臘祭我如若不參加。

清華七·子犯 08"訐(信)難成,殹(繄)或易成也"之"或",或者,表示選擇。(鄭邦宏)

清華七·晉文公 02、03、04"或量(明)日朝"之"或",讀爲"又"。前文有"量(明)日朝",此處應指又一個明日的早晨。

清華七·越公 06"或",讀爲"有"。

清華七·越公 60"母或徍䇎",讀爲"毋有往來"。

清華八·攝命 12"則或即命朕"之"或",猶即也。與下文"即"同義連用。

清華八·處位 04"或亞孨",讀爲"或惡哉",與後文"或美哉"對比,陳述"不度政"下惡人和美人的不同境遇。

清華八·處位 07"或信能攼(守)"之"或",與下文"或恩寵不襲",分述兩種不同的情況。

䤈

清華二·繫年 044 獻楚俘䤈

清華二·繫年 124 晉公獻齊俘䤈於周王

《説文·耳部》:"聝,軍戰斷耳也。《春秋傳》曰:'以爲俘聝。'从耳,或聲。䤈,聝或从首。"

清華二·繫年"俘䤈",生俘的敵人和被殺的敵人的左耳。《左傳·僖公二十二年》:"丙子晨,鄭文夫人芊氏、姜氏勞楚子於柯澤。楚子使師縉示之俘䤈。"杜預注:"俘,所得囚;䤈,所截耳。"孔穎達疏:"俘者,生執囚之;䤈者,殺其人截取其左耳,欲以計功也。"也指被俘虜者。《左傳·成公三年》:"臣不才,不勝其任,以爲俘䤈。"

惑

 清華五·湯丘 12 史（使）貨（過）以惑

～，與（上博三·中 7）同，从"心"，"或"聲。《説文·心部》："惑，亂也。从心，或聲。"

清華五·湯丘 12"惑"，《説文》"亂也"。

郹

 清華一·祭公 04 庀（宅）下郹（國）

 清華三·芮良夫 14 燮（變）戠（仇）攷（啓）郹（國）

 清華五·三壽 02 尔（爾）是智（知）二又（有）郹（國）之請（情）

～，从"邑"，"或"聲，"國"字異體。

清華一·祭公 04"庀（宅）下郹（國）"，今本《逸周書·祭公》作"度下國"。"下國"，天下，下界。《詩·魯頌·閟宮》："奄有下國，俾民稼穡。"《史記·天官書》："五星皆從而聚於一舍，其下國可以禮致天下。"訶尊（《集成》06014）："余其庀（宅）兹中或（國）。"簡文"宅下國"，居下土。

清華三·芮良夫 14"攷郹"，即"啓國"，猶言建國。

清華五·三壽 02"二又郹"，讀爲"二有國"，指兩個朝代。

國

 清華六·太伯甲 07 繁厄（軛）鄧（鄾）、竽（邘）之國

 清華六·太伯乙 06 繁厄（軛）鄧（鄾）、竽（邘）之國

· 55 ·

～,楚文字或作、、、。李家浩認爲戰國楚簡文字中"國"與"或"在形體上有區别,左側豎筆超出上端横劃的應該釋"國",反之則應該釋"或",可備一説。《説文·口部》:"國,邦也。从口,从或。"

清華六·太伯"國",國家。《詩·小雅·節南山》:"秉國之均,四方是維。"

寈

　　清華六·子產07 子產不大宅寈(域)

　　清華七·子犯08 割(曷)又(有)儓(僕)若是而不果以寈(國)

～,與、同,从"宀","或"聲,"國"字異體。

清華六·子產07"寈",讀爲"域",塋地,墳地。《詩·唐風·葛生》:"葛生蒙棘,蘞蔓于域。"毛傳:"域,營域也。"《廣雅·釋丘》:"域,葬地也。"

清華七·子犯08"不果以寈",即"不果以國",即不果有國、不果得國。果得國,《左傳·僖公二十八年》:"晉侯在外,十九年矣,而果得晉國。"

棫

　　清華一·程寤01 憂=(化爲)松柏棫柞

　　清華一·程寤04 棫囊(覆)柞

　　清華一·程寤06 女(如)棫柞亡堇(根)

《説文·木部》:"棫,白桵也。从木,或聲。"

清華一·程寤"㭴",木名。即白桵。《詩·大雅·緜》:"柞棫拔矣。"鄭箋:"棫,白桵也。"《集韻·屋韻》:"㭴,木名,柞也。"

喻紐臣聲

姬

 清華二·繫年031 晉獻公之婢(嬖)妾曰驪姬

《說文·女部》:"姬,黃帝居姬水,以爲姓。从女,𦣝聲。"

清華二·繫年031"驪姬",得於驪戎的女子。《國語·晉語一》:"獻公伐驪戎,克之,滅驪子,獲驪姬以歸,立以爲夫人,生奚齊。"

洍

 清華八·邦道22 㙷(攝)洍(圯)梁

《說文·水部》:"洍,水也。从水,𦣝聲。《詩》曰:'江有洍。'"

清華八·邦道22"洍",讀爲"圯",《說文》:"東楚謂橋爲圯。"《史記·留侯世家》:"良嘗閒從容步遊下邳圯上。有一老父,衣褐,至良所,直墮其履圯下。"

埊

 清華二·繫年082 爲長澨(壍)而埊(洍)之

 清華二·繫年082 是雞父之埊(洍)

~,从"土","洍"聲,"洍"字異體。

清華二·繫年082"埊",即"洍",讀爲"汜"。《爾雅·釋丘》:"窮瀆,汜。"郭璞注:"水無所通者。"

見紐丌聲

丌

清華一・尹至 01 女(汝)丌(其)又(有)吉志

清華一・尹至 01 余兇(閔)丌(其)又(有)顕(夏)眾□吉好

清華一・尹至 02 丌(其)又(有)句(后)氒(厥)志丌(其)倉

清華一・尹至 02 氒(厥)志丌(其)倉

清華一・尹至 02 弗悲(虞)丌(其)又(有)眾

清華一・尹至 03 丌(其)又(有)民衛(率)曰

清華一・尹至 04 今丌(其)女(如)釢(台)

清華一・尹至 05 岑(戡)丌(其)又(有)顕(夏)

清華一・尹誥 01 顕(夏)自蔑(遏)丌(其)又(有)民

清華一・尹誥 03 句(后)丌(其)辇(賚)之

清華一・尹誥 03 丌(其)又(有)顕(夏)之[金]玉田邑

清華一·保訓 10 丌(其)又(有)所鹵(由)矣

清華一·耆夜 10 设(役)車丌(其)行

清華一·耆夜 12 日月丌(其)稢(邁)

清華一·金縢 01 我丌(其)爲王穆卜

清華一·金縢 05 周公乃内(納)丌(其)所爲玌

清華一·金縢 07 官(管)弔(叔)返(及)丌(其)群眛(兄)俤(弟)

清華一·金縢 12 隹(惟)余沖(沖)人丌(其)辟(親)逆公

清華一·皇門 09 丌(其)由(猶)克又(有)䑽(獲)

清華一·祭公 01 㚔(昧)丌(其)才(在)立(位)

清華一·祭公 02 公丌(其)告我归(懿)悳(德)

清華一·祭公 05 隹(惟)寺(時)皇上帝厇(宅)丌(其)心

清華一·祭公 05 卿(享)丌(其)明悳(德)

清華一·祭公 17 肰(然)莫血(恤)丌(其)外

清華一·祭公 17 亓(其)皆自寺(時)审(中)頁(乂)萬邦

清華一·祭公 20 女(汝)亓(其)敬孳(哉)

清華一·楚居 02 季繼(連)聑(聞)亓(其)又(有)䳯(聘)

清華一·楚居 03 䘳(巫)𩁹(咸)賅(結)亓(其)䭒(脅)以楚

清華一·楚居 05 悳(懼)亓(其)宔(主)

清華二·繫年 011 亓(其)大=(大夫)高之巨(渠)爾(彌)殺卲(昭)公

清華二·繫年 011 立亓(其)弟子釁(眉)壽

清華二·繫年 031 欲亓(其)子瓞(奚)脊(齊)之爲君也

清華二·繫年 032 亓(其)夫=(大夫)里之克乃殺瓞(奚)脊(齊)

清華二·繫年 033 而立亓(其)弟悼子

清華二·繫年 035 惠公女(焉)以亓(其)子襄(懷)公爲執(質)于秦

清華二·繫年 035 秦穆公以亓(其)子妻之

清華二・繫年 052 豫(舍)亓(其)君之子弗立

清華二・繫年 059 貤(奪)亓(其)玉帛

清華二・繫年 067 今萅(春)亓(其)會者(諸)侯

清華二・繫年 067 子亓(其)與臨之

清華二・繫年 067 齊旬(頃)公囟(使)亓(其)女子

清華二・繫年 075 陳公子誩(徵)余(舒)殺亓(其)君霝(靈)公

清華二・繫年 076 取亓(其)室以亝(予)繡(申)公

清華二・繫年 077 亓(其)子墨(黑)要也或(又)室少盇(孟)

清華二・繫年 081 亓(其)子五(伍)員與五(伍)之雞逃歸(歸)吳

清華二・繫年 092 焚亓(其)四章(郭)

清華二・繫年 095 齊裦(崔)芧(杼)殺亓(其)君臧(莊)公

清華二・繫年 104 囟(使)各返(復)亓(其)邦

清華二・繫年 131 聿(盡)逾奠(鄭)𠂤(師)與亓(其)四(將)軍

萬民於奠（鄭） 清華二·繫年132 楚人歸（歸）奠（鄭）之四將（將）軍與亓（其）

清華二·繫年135 楚人聿（盡）厽（棄）亓（其）旆（旗）、幕、車、兵

清華三·說命上04 我亓（其）殺之

清華三·說命上04 我亓（其）已（改）

清華三·說命上06 亓（其）隹（惟）敓（說）邑

清華三·說命下04 毕（厥）亓（其）悆（禍）亦羅于翼翼

清華三·說命下05 亓（其）又迺司四方民不（丕）克明

清華三·說命下10 襄（欲）女（汝）亓（其）又（有）𠭰（友）𠭰（勖）

朕挈（哉） 清華三·琴舞01 罔𩕳（墜）亓（其）考（孝）

清華三·琴舞02 劢（陟）隆（降）亓（其）事

清華三·琴舞03 孚（教）亓（其）光明

清華三·琴舞03 彌（彌）寺（持）亓（其）又（有）肩

清華三·琴舞04 甬(用)戠(仇)亓(其)又(有)辟

清華三·琴舞05 甬(用)求亓(其)定

清華三·琴舞06 恋(戀)尃(敷)亓(其)又(有)敓(悦)

清華三·琴舞06 裦(裕)亓(其)文人

清華三·琴舞07 文₌(文文)亓(其)又(有)豪(家)

清華三·琴舞07 缶(保)藍(監)亓(其)又(有)逡(後)

清華三·琴舞07 不(丕)盈(寧)亓(其)又(有)心

清華三·琴舞07 孿₌(懋懋)亓(其)才(在)立(位)

清華三·琴舞08 翄(遹)亓(其)㬎(顯)思

清華三·琴舞09 佢(桓)再(稱)亓(其)又(有)若(若)

清華三·琴舞10 亓(其)舎(余)酋(沖)人

清華三·琴舞11 弋(式)克亓(其)又(有)辟

清華三·琴舞12 不(丕)㬎(顯)亓(其)有立(位)

清華三・琴舞13 竺(篤)亓(其)諰(諫)卲(劭)

清華三・琴舞14 亓(其)又(有)心不易

清華三・琴舞14 大亓(其)又(有)慕(謨)

清華三・琴舞14 良惪(德)亓(其)女(如)紿(台)

清華三・琴舞16 弗亓(其)䪴(墜)孛(哉)

清華三・琴舞16 思豐亓(其)返(復)

清華三・芮良夫01 氒(厥)辟、钺(御)事各縈(營)亓(其)身

清華三・芮良夫06 亓(其)由不遫(攝)丁(停)

清華三・芮良夫10 不遠亓(其)惻(則)

清華三・芮良夫11 必采(探)亓(其)厇(宅)

清華三・芮良夫11 以晜(親)亓(其)痁(狀)

清華三・芮良夫12 以求亓(其)上

清華三・芮良夫12 甬(用)畫(建)亓(其)邦

清華三·芮良夫13 忑(恆)靜(爭)獻亓(其)力

清華三·芮良夫16 亓(其)尾(度)甬(用)逹(失)縈(營)

清華三·芮良夫19 反=(板板)亓(其)亡(無)成

清華三·芮良夫21 邦亓(其)康㝵(寧)

清華三·芮良夫22 曰亓(其)罰寺(時)堂(當)

清華三·芮良夫22 亓(其)惪(德)型(刑)義(宜)利

清華三·芮良夫23 而莫旻(得)亓(其)弟(次)

清華三·芮良夫24 窞(咎)可(何)亓(其)女(如)刟(台)孷(哉)

清華三·芮良夫25 我亓(其)言矣

清華三·芮良夫28 而邦受亓(其)[不]㝵(寧)

清華三·赤鵠01 我亓(其)盲(享)之

清華三·赤鵠02 句(后)亓(其)[殺]我

清華三·赤鵠04 少(小)臣受亓(其)余(餘)而嘗之

清華三·赤鵠 07 于飤（食）亓（其）祭

清華三·赤鵠 08 亓（其）下舍（舍）句（后）疾

清華三·赤鵠 08 亓（其）辵（上）K（刺）句（后）之體

清華三·赤鵠 12 亓（其）下舍（舍）句（后）疾

清華三·赤鵠 13 亓（其）辵（上）K（刺）句（后）之身

清華三·赤鵠 13 句（后）之疾亓（其）瘳

清華三·赤鵠 14 亓（其）一白兔不旻（得）

清華四·筮法 01 亓（其）瘜（病）哭死

清華四·筮法 11 亓（其）余（餘）

清華四·筮法 15 亓（其）徣（失）十三

清華四·筮法 39 乃以名亓（其）兇

清華四·筮法 40 虼（乾）、臾（坤）乃各佞（返）亓（其）所

清華四·筮法 41 亓（其）余（餘）佋（昭）穆

清華四·筮法 63 各堂（當）丌（其）卦（卦）

清華五·命訓 07 以丌（其）巿（黼）冒（冕）尚（當）天之福

清華五·命訓 07 以丌（其）斧戉（鉞）尚（當）天之禍（禍）

清華五·命訓 08 丌（其）亟（極）鼠-（一）

清華五·命訓 08 乃宔（曠）命以弋（代）丌（其）上

清華五·命訓 09 亟（極）賞則民賈丌（其）上

清華五·湯丘 06 民人舙（聞）之丌（其）胃（謂）

清華五·湯丘 06 能丌（其）事

清華五·湯丘 06 而旻（得）丌（其）飤（食）

清華五·湯丘 07 未能丌（其）事

清華五·湯丘 07 而旻（得）丌（其）飤（食）

清華五·湯丘 09 夫人母（毋）以我為訇（急）於丌（其）事虎（乎）

清華五·湯丘 09 我訇（急）於丌（其）事

清華五·湯丘 13 虽(夏)王不旻(得)亓(其)煮(圖)

清華五·啻門 06 亓(其)末燹(氣)

清華五·啻門 08 亓(其)燹(氣)晉鰥(解)妥(發)絅(治)

清華五·啻門 08 是亓(其)爲長虞(且)好才(哉)

清華五·啻門 08 亓(其)燹(氣)畬(奮)昌

清華五·啻門 09 是亓(其)爲竪(當)腴(壯)

清華五·啻門 09 是亓(其)爲力

清華五·啻門 10 燹(氣)逆踾(亂)以方是亓(其)爲疾央(殃)

清華六·孺子 03 亡(無)不盈(盈)亓(其)志於虐(吾)君之君弖(己)也

清華六·孺子 04 不見亓(其)邦

清華六·孺子 04 亦不見亓(其)室

清華六·孺子 05 亓(其)可(何)不寶(保)

清華六·孺子 05 亓(其)可(何)不述(遂)

清華六·孺子 07 娗(媚)妬之臣躳(躬)共(恭)亓(其)庽(顔)色

清華六·孺子08 盅(掩)於亓(其)考(巧)語

清華六·孺子08 乳₌(孺子)亓(其)童(重)旻(得)良臣

清華六·孺子10 亓(其)辠(罪)亦跂(足)婁(數)也

清華六·孺子12 各共(恭)亓(其)事

清華六·孺子15 曰是亓(其)聿(蓋)臣也

清華六·孺子17 幾(豈)孤亓(其)跂(足)爲免(勉)

清華六·管仲03 丌(其)從人之道可旻(得)䎽(聞)虎(乎)

清華六·管仲08 亓(其)会(陰)則晶(三)

清華六·管仲08 亓(其)昜(陽)則五

清華六·管仲12 既埶(設)亓(其)紀

清華六·管仲12 既訓(順)亓(其)經

清華六·管仲17 必智(知)亓(其)古(故)

清華六·管仲18 哉於亓(其)身

清華六·管仲 19 亓（其）童（動）亡（無）豊（禮）

清華六·管仲 19 亓（其）言亡（無）宜（義）

清華六·管仲 19 斁（乘）亓（其）欲

清華六·管仲 19 而絚（恆）亓（其）怠（過）

清華六·管仲 19 凡亓（其）民人

清華六·管仲 21 亓（其）即君管（孰）賜（彰）也

清華六·管仲 22 凡亓（其）民人

清華六·管仲 22 莫惡（愛）袤（勞）力於亓（其）王

清華六·管仲 25 天下又（有）亓（其）幾（機）

清華六·管仲 26 既昊（得）亓（其）利

清華六·太伯甲 05 故（鼓）亓（其）腹心

清華六·太伯甲 05 畬（奮）亓（其）胸（股）抾（肱）

清華六·太伯甲 09 亓（其）殹（抑）人也

清華六·太伯甲 11 敔（爲）大亓（其）宮

清華六·太伯乙04 故(鼓)亓(其)腹心

清華六·太伯乙04 奞(奮)亓(其)肰(股)抾(肱)

清華六·太伯乙08 亓(其)殹(抑)人也

清華六·太伯乙08 亓(其)爲是牢鼩(鼠)不能同穴

清華六·太伯乙09 欨(爲)大亓(其)宮

清華六·子儀01 亓(其)旦不櫚(平)

清華六·子儀06 亓(其)下之溼=(溼溼)

清華六·子儀08 亓(其)鹽(絶)也

清華六·子儀09 余愳(畏)亓(其)或(式)而不訫(信)

清華六·子儀17 歸女(汝)亓(其)可(何)言

清華六·子儀18 臣亓(其)歸而言之

清華六·子儀19 臣亓(其)歸而言之

清華六·子儀19 臣亓(其)歸而言之

清華六·子儀20 臣亓(其)遑(歸)而言之

清華六·子產 12 能攸（修）亓（其）邦或（國）

清華六·子產 14 歬（前）者之能𠭯（役）相亓（其）邦豪（家）

清華六·子產 16 毋兹愇（違）怫（拂）亓（其）事

清華六·子產 28 大或（國）古（故）肎（肯）复（作）亓（其）惎（謀）

清華六·子產 28 蜼（惟）能智（知）亓（其）身

清華六·子產 28 以能智（知）亓（其）所生

清華七·子犯 06 誠殹（繄）蜀（獨）亓（其）志

清華七·子犯 09 不鼓（穀）余敢䮗（問）亓（其）道絫（奚）女（如）

清華七·子犯 10 虐（吾）尚（當）觀亓（其）風

清華七·趙簡子 06 臣不旻（得）䎽（聞）亓（其）所繇（由）

清華七·趙簡子 06 臣亦不旻（得）䎽（聞）亓（其）所繇（由）

清華七·趙簡子 07 亓（其）所繇（由）豊（禮）可䎽（聞）也

清華七·趙簡子 10 妖（暖）亓（其）衣尚（裳）

清華七·趙簡子 10 孚（飽）亓（其）酓（飲）飤（食）

清華七·越公 06 孤亓(其)銜(率)雫(越)庶眚(姓)

清華七·越公 06 亖(四)方者(諸)侯亓(其)或敢不賓于吳邦

清華七·越公 07 余亓(其)必毀(滅)䀤(絕)雫(越)邦之命于天下

清華七·越公 09 孤亓(其)許之成

清華七·越公 09 王亓(其)勿許

清華七·越公 10 以刖(潰)去亓(其)邦

清華七·越公 10 君臣父子亓(其)未相旻(得)

清華七·越公 11 今雫(越)公亓(其)故(胡)又(有)繻(帶)甲𠦜(八千)以臺(敦)刃皆(偕)死

清華七·越公 11 夫=(大夫)亓(其)良煮(圖)此

清華七·越公 14 今皮(彼)新(新)去亓(其)邦而笁(篤)

清華七·越公 17 以民生之不長而自不終亓(其)命

清華七·越公 23 余亓(其)與吳科(播)弃(棄)悁(怨)晉(惡)于潽(海)潫(濟)江沽(湖)

清華七·越公 31 王亓(其)又(有)縈(勞)疾

清華七·越公 32 亓(其)見萛(農)夫老溺(弱)堇(勤)歷者

清華七·越公 32 亓(其)見萛(農)夫氏(稽)顁(頂)足見

清華七·越公 33 亓(其)見又(有)戠(察)

清華七·越公 38 因亓(其)貨(過)以爲之罰

清華七·越公 40 亓(其)才(在)邑司事及官帀(師)之人則發(廢)也

清華七·越公 41 乃亡(無)敢增歷亓(其)政以爲獻於王

清華七·越公 41 今不若亓(其)言

清華七·越公 45 亓(其)叚(句)者

清華七·越公 45 王見亓(其)執事人

清華七·越公 46 亓(其)荅(落)者

清華七·越公 46 王見亓(其)執事人

清華七·越公 48 方和于亓(其)埅(地)

清華七·越公 51 王曰侖(論)眚(省)亓(其)事

清華七·越公 63 雩(越)王乃中分亓(其)帀(師)

清華七·越公 64 以亓(其)厶(私)翠(卒)君子卒=(六千)以爲

中軍

清華七·越公 66 乃中分亓(其)帀(師)

清華七·越公 67 雩(越)王句戔(踐)乃以亓(其)厶(私)䘚(卒)

䇦=(六千)敵(竊)涉

清華七·越公 73 王亓(其)毋死

清華七·越公 73 亓(其)與幾可(何)

清華七·越公 73 不縠(穀)亓(其)牆(將)王於甬句重(東)

清華七·越公 75 雩(越)公亓(其)事

清華八·邦政 03 亓(其)器少(小)而餘(粹)

清華八·邦政 03 亓(其)豊(禮)肥(菲)

清華八·邦政 04 亓(其)未(味)不薺(齊)

清華八·邦政 04 亓(其)政坪(平)而不蠱(苛)

清華八·邦政 04 亓(其)立(位)受(授)能而不坒(外)

清華八·邦政 04 亓(其)分也均而不念(貪)

清華八·邦政 04 亓(其)型(刑)隉(易)

清華八·邦政 04 亓(其)[民]志僾(遂)而植(直)

清華八·邦政 05 亓(其)君子曼(文)而請(情)

清華八·邦政 05 亓(其)甕(喪)専(薄)而悥(哀)

清華八·邦政 05 亓(其)槑(鬼)神髥(寡)

清華八·邦政 05 亓(其)祭時而敤(敬)

清華八·邦政 05 亓(其)君執棟

清華八·邦政 06 則視亓(其)民必女(如)腸矣

清華八·邦政 06 下䁨(瞻)亓(其)上女(如)父母

清華八·邦政 07 亓(其)君聖(聽)訡(佞)而棘(速)兑(變)

清華八·邦政 07 亓(其)宮室愳(坦)大以高

清華八·邦政 07 亓(其)器大

清華八·邦政 07 亓(其)曼(文)璋(章)靐(縟)

清華八·邦政 08 亓(其)豊(禮)菜(采)

清華八·邦政 08 亓(其)樂蘇(繁)而訐(變)

清華八·邦政 08 亓(其)未(味)黻(雜)而黴(齊)

清華八·邦政 08 亓(其)櫐(鬼)神庶多

清華八·邦政 08 亓(其)祭弻(拂)以不時以婁(數)

清華八·邦政 08 亓(其)政䖝(苛)而不達

清華八·邦政 09 亓(其)型(刑)墊(陷)而枳(枝)

清華八·邦政 09 亓(其)立(位)用悉(愁)民

清華八·邦政 09 亓(其)民志慰(憂)

清華八·邦政 09 亓(其)君子尃(薄)於敫(教)而行懇(詐)

清華八·邦政 10 則視亓(其)民女(如)艸(草)薊(芥)矣

清華八·邦政 10 下賸(瞻)亓(其)上女(如)寇(寇)戳(讎)矣

清華八·邦政 11 亓(其)穎(類)不長虖(乎)

清華八·邦政 13 亓(其)則無熒(滅)、無璋(彰)

清華八·邦政 13 具尻亓(其)翼(昭)

清華八·處位 01 竝(傾)臮(側)亓(其)天命

清華八·處位 02 御必审(中)亓(其)備(服)

清華八·處位 05 人亓(其)曰

清華八·處位 06 愚(遇)亓(其)毀

清華八·處位 06 走(上)者亓(其)走(上)

清華八·處位 06 下者亓(其)下

清華八·處位 07 亓(其)勿氏(是)是難

清華八·處位 07 亓(其)諆(徵)而不竝(傾)臮(側)

清華八·處位 08 萁奠(定)亓(其)倉(答)

清華八·處位 08 亓(其)愚(遇)於異俸(進)

清華八·處位 10 亦亓(其)又(有)頶(美)而爲亞(惡)

清華八·邦道 01 以孚(免)亓(其)豬(屠)

清華八·邦道 05 既亓(其)不兩於煮(圖)

清華八·邦道 08 詰亓(其)行

清華八·邦道 08 忎(變)亓(其)正(政)

清華八·邦道 09 禹(稱)亓(其)行之厚泊(薄)以史(使)之

清華八·邦道 10 以弳(枉)亓(其)道

清華八·邦道 10 設(察)亓(其)訫(信)者以自改(改)

清華八·邦道 11 和亓(其)音㷎(氣)

清華八·邦道 11 與亓(其)㡿(顏色)以脜(柔)之

清華八·邦道 12 亓(其)旻(得)而備(服)之

清華八·邦道 12 厇(度)亓(其)力以史(使)之

清華八·邦道 12 和於亓(其)身

清華八·邦道 14 亓(其)型(刑)正(政)

清華八·邦道 14 亓(其)民愈(愈)幣(弊)以鄹〈解〉悥(怨)

清華八·邦道15 萬民斯樂亓（其）道

清華八·邦道15 以章（彰）亓（其）悳（德）

清華八·邦道15 以弃（抗）亓（其）攸（修）

清華八·邦道16 今夫逾人於亓（其）奮（勝）

清華八·邦道17 必筲（熟）䎽（問）亓（其）行

清華八·邦道17 女（焉）雚（觀）亓（其）貪（貌）

清華八·邦道17 女（焉）聖（聽）亓（其）訇（辭）

清華八·邦道17 既䎽（聞）亓（其）訇（辭）

清華八·邦道17 女（焉）少（小）榖（穀）亓（其）事

清華八·邦道17 以程（程）亓（其）攻（功）

清華八·邦道18 君以亓（其）所能衣飤（食）

清華八·邦道19 民非亓（其）所能

清華八·邦道19 皮（彼）士汲（及）攻（工）商、戎（農）夫之懇（惰）於亓（其）事

清華八·邦道20 悉（戀）於亓（其）力

清華八・邦道20 亓(其)正(政)事(使)臤(賢)、甬(用)能

清華八・邦道20 男女不逹(失)亓(其)時(時)

清華八・邦道23 皮(彼)幾(豈)亓(其)肰(然)才(哉)

清華八・邦道25 乃㦲(恤)亓(其)正(政)

清華八・邦道25 以禺(遇)亓(其)古(故)

清華八・邦道25 是亓(其)不均

清華八・邦道25 是亓(其)不甾(時)虖(乎)

清華八・邦道26 是亓(其)疾砥(重)虖(乎)

清華八・邦道26 亓(其)粟(粟)米六頪(擾)敗(敗)渫(竭)

清華八・邦道26 則賸(價)賈(賈)亓(其)臣筐(僕)

清華八・邦道26 價(贅)位亓(其)子弟

清華八・邦道26 以量亓(其)市(師)尹之誙(徵)

清華八・邦道27 曁(及)亓(其)坐(野)鄁(里)、四鄢(邊)

清華八·心中 03 爲君者亓(其)監(鑒)於此

清華八·心中 03 而不智(知)亓(其)稡(卒)

清華八·心中 05 亓(其)亦又(有)身命

清華八·心中 06 亓(其)亦達(失)才(在)心

清華八·心中 06 亓(其)母(毋)蜀(獨)忻(祈)

清華八·心中 06 亓(其)亦忻(祈)者(諸)□與身

清華八·天下 01 高亓(其)城

清華八·天下 01 深亓(其)洫

清華八·天下 01 而利亓(其)櫨階

清華八·天下 01 菩亓(其)飤(食)

清華八·天下 02 女(如)不旻(得)亓(其)民之情爲(僞)

清華八·天下 03 多亓(其)車兵

清華八·天下 03 至(臻)亓(其)橦(衝)階

清華八·天下 03 以戔(發)亓(其)一日之妾(怒)

清華八·天下 03 宪(乘)亓(其)民之心

清華八·天下05 以安亓(其)邦

清華八·天下05 脮(戾)亓(其)俏(脩)

清華八·天下05 以霚(纏)亓(其)衆

清華八·天下06 非戠(陳)亓(其)車徒

清華八·天下06 亓(其)民心是戠(陳)

清華八·天下07 邦豦(家)亓(其)矞(亂)

～，與丌(上博一·孔1)、大(上博三·周48)、亓(上博二·容5)、兂(上博八·子2)同。《說文·丌部》："丌，下基也。薦物之丌。象形。凡丌之屬皆从丌。讀若箕同。"

清華一·尹至02"弗悬亓又衆"，讀爲"弗虞其有衆"。《呂氏春秋·慎大》云桀"不恤其衆"。《書·盤庚中》："其有衆咸造，勿褻在王庭，盤庚乃登進厥民。"

清華一·尹至04、清華三·琴舞14、清華三·芮良夫24"亓女刽"，讀爲"其如台"。《書·湯誓》"夏罪其如台"、《書·盤庚上》"卜稽曰'其如台'"、《書·高宗肜日》"其如台"、《書·西伯戡黎》"今王其如台"，"如台"意爲奈何。

清華一·尹至01、02、03、05，清華一·尹誥01、03，清華一·保訓10"亓又"，讀爲"其有"。"其"，意同於作爲名詞前語助的"有"。

清華一·耆夜10"设車亓行"，讀爲"役車其行"，見《詩·唐風·蟋蟀》"役車其休"。

清華一·耆夜12"日月亓稘"，讀爲"日月其邁"，見《詩·唐風·蟋蟀》"日月其邁"。

清華一·金縢01"我亓(其)爲王穆卜"，今本《書·金縢》作"我其爲王穆卜"。

清華一·金縢05"周公乃內(納)亓(其)所爲劜",今本《書·金縢》作"公乃自以爲功"。

清華一·金縢07"官(管)弔(叔)返(及)亓(其)群𣅭(兄)俤(弟)",今本《書·金縢》作"管叔及其群弟乃流言於國"。

清華一·金縢12"隹(惟)余沖(沖)人亓(其)辟(親)逆公",今本《書·金縢》作"惟朕小子其新逆"。

清華一·皇門09"亓(其)由(猶)克又(有)膢(獲)",今本《逸周書·皇門》作"其猶不克有獲"。

清華一·祭公01"眜(昧)亓(其)才(在)立(位)",今本《逸周書·祭公》作"虔虔在位"。

清華一·祭公02"公亓(其)告我归(懿)𢛳(德)",今本《逸周書·祭公》作"公其告予懿德"。

清華一·祭公05"隹(惟)寺(時)皇上帝庑(宅)亓(其)心",今本《逸周書·祭公》作"維皇皇上帝度其心"。

清華一·祭公05"卿(享)亓(其)明𢛳(德)",今本《逸周書·祭公》作"寅之明德"。

清華一·祭公17"肰(然)莫血(恤)亓(其)外",今本《逸周書·祭公》作"汝無以家相亂王室而莫恤其外"。

清華一·祭公17"亓(其)皆自寺(時)审(中)𢖷(乂)萬邦",今本《逸周書·祭公》作"尚皆以時中乂萬國"。

清華一·祭公20"女(汝)亓(其)敬𢦏(哉)",今本《逸周書·祭公》作"汝其皇敬哉"。

清華一·楚居02"亓",讀爲"其",代詞,指妣隹。

清華一·楚居05"恖亓宔",讀爲"懼其主",害怕鄀人。

清華二·繫年"亓",讀爲"其",代詞。

清華三·説命上04"我其殺之","我其已,勿殺",是相對立的卜辭。

清華三·説命上04"我亓已",讀爲"我其改"。(李學勤)

清華三·琴舞02"勁隆亓事",讀爲"陟降其使",《詩·周頌·敬之》作"陟降厥士"。瘋鐘(《集成》00247):"大神其陟降。"

清華三·琴舞08"挽亓㬎思",讀爲"遹其顯思"。今本《詩·周頌·敬之》:"天維顯思。""其",句中語氣詞。

清華三·琴舞10"其",句首語氣詞。

清華三·芮良夫 10"不遠亓惻",讀爲"不遠其則"。《詩·豳風·伐柯》:"伐柯伐柯,其則不遠。""不遠其則"即"其則不遠"的倒裝。

清華三·芮良夫 21"邦亓康寍",讀爲"邦其康寧"。《書·洪範》:"無虐煢獨而畏高明,人之有能有爲,使羞其行,而邦其昌。"

清華三·赤鵠 01"我亓亯之",讀爲"我其享之"。《詩·周頌·維天之命》:"假以溢我,我其收之。"

清華五·命訓 07"以亓(其)市(黼)冒(冕)尚(當)天之福",今本《逸周書·命訓》作"以紼絻當天之福"。

清華五·命訓 07"以亓(其)斧戉(鉞)尚(當)天之褅(禍)",今本《逸周書·命訓》作"以斧鉞當天之禍"。

清華五·命訓 08"亓亟(極)鼠-(一)",今本《逸周書·命訓》作"其極一也"。

清華五·命訓 08"乃窒(曠)命以弋(代)亓(其)上",今本《逸周書·命訓》作"曠命以誡其上"。

清華五·命訓 09"亟(極)賞則民賈亓(其)上",今本《逸周書·命訓》作"極賞則民賈其上"。

清華五·湯丘 06、07"能亓事",讀爲"能其事"。《禮記·祭統》:"能其事者,臣也。不明其義,君人不全;不能其事,爲臣不全。"

清華六·孺子 05"亓可不寶",讀爲"其何不保"。《左傳·宣公十五年》:"率是道也,其何不濟?"

清華六·孺子 12"各共亓事",讀爲"各恭其事"。《韓詩外傳》卷四:"言其不恭其職事,而病其主也。"

清華六·管仲 17"必智亓古",讀爲"必知其故"。《呂氏春秋·審己》:"而不知其故,雖當,與不知同,其卒必困。"

清華六·太伯甲 11、太伯乙 09"大亓宮",讀爲"大其宮"。《管子·四稱》:"昔者無道之君,大其宮室,高其臺榭,良臣不使,讒賊是舍。"

清華七·趙簡子 10"妖亓衣尚,孚亓畬飤",讀爲"暖其衣裳,飽其飲食"。《國語·越語上》:"其達士,潔其居,美其服,飽其食,而摩厲之於義。"

清華七·越公 09"其",語氣副詞,表祈使。《書·堯典》:"帝曰:'我其試哉!'"

清華七·越公 09"其",語氣副詞,表命令。《書·湯誓》:"予其大賚汝。"

清華七·越公 17"終亓命",讀爲"終其命"。《文子·九守》:"以虛受實,必窮其節。恬愉虛靜,以終其命。"

清華七·越公 40"亓",讀爲"其",連詞,表假設。

清華七·越公 63、66"雩（越）王乃中分亓（其）帀（師）"，《國語·吳語》："越王乃中分其師，以爲左右軍。"

清華七·越公 64"以亓（其）厶（私）(卒)君子卒=（六千）以爲中軍"，《國語·吳語》："以其私卒君子六千人爲中軍。"

清華七·越公 75"雩公亓事"，讀爲"越公其事"。《國語·越語上》："寡人請死，余何面目以視於天下乎！越君其次也。"韋昭注："次，舍也。"或説"其"，助詞，相當於"之"，用於偏正短語之中。《書·康誥》："朕其弟，小子封。"《經傳釋詞》卷五："其，猶之也。"《韓非子·説林下》："舉蹞馬其一人。"王先慎《集解》："其，猶之也，古人其、之通用。"（魏棟）或説"越公其使"，意即越公你役使、驅使（我）吧，也就是任你處置的意思。"其"爲助詞；"使"省略賓語。（王輝）

清華八·邦政 03、07"亓器"，讀爲"其器"。《呂氏春秋·孟冬》："食黍與彘，其器宏以弇。"

清華八·邦政 04"亓未不齍"，讀爲"其味不齊"。《呂氏春秋·季春》："其味酸，其臭膻，其祀户，祭先脾。"

清華八·邦政 04"亓政坪"，讀爲"其政平"。《呂氏春秋·適音》："故治世之音安以樂，其政平也。"

清華八·邦政 06、10"則視亓民必女腸矣"，或讀爲"則視其民必如傷矣"。《左傳·哀公元年》："臣聞國之興也，視民如傷，是其福也。其亡也，以民爲土芥，是其禍也。"

清華八·邦道 11"和亓音燹與亓麃以頨之"，讀爲"和其音氣與其顏色以柔之"。《戰國策·齊三》："齊王和其顏色。"

清華八·邦道 15"萬民斯樂亓道"，讀爲"萬民斯樂其道"。《孟子·盡心上》："樂其道而忘人之勢，故王公不致敬盡禮，則不得亟見之。"

清華八·邦道 15"以章亓悳"，讀爲"以彰其德"。《楚辭·沈江》："修往古以行恩兮，封比干之丘壟。"王逸注："言武王修先古之法，敬愛賢能，克紂，封比干之墓以彰其德，宣示四方也。"

清華八·邦道 20"男女不達亓時"，讀爲"男女不失其時"。《管子·法法》："故農夫不失其時，百工不失其功，商無廢利，民無遊日，財無砥墆。"

清華八·邦道 27"曁亓坒鄨、四鄩"，讀爲"及其野里、四邊"。《周禮·秋官·司寇》："辨其國中與其都鄙及其郊野，異其男女，歲登下其死生。"

清華八·天下 01"高亓城"，讀爲"高其城"。《左傳·襄公三十一年》："是以令吏人完客所館，高其閈閎，厚其牆垣，以無憂客使。"

清華八·天下 01"深亓澀",讀爲"深其澀"。《左傳·莊公二十六年》:"夏,士蔿城絳,以深其宮。"

清華八·天下 01"而利亓(其)櫨䦡",《論語·衛靈公》:"工欲善其事,必先利其器。"

清華八·天下 01"菖亓飤",讀爲"享其食"。《國語·周語上》:"大臣享其禄,弗諫而阿之,亦必及焉。"或讀爲"芳其食"。

清華八·天下 03"多亓車兵",讀爲"多其車兵"。《戰國策·韓一》:"發信臣,多其車,重其幣,使信王之救已也。"

清華八·天下 03"以癹亓一日之妠",讀爲"以發其一日之怒"。《禮記·祭義》:"君子反古復始,不忘其所由生也,是以致其敬,發其情,竭力從事,以報其親,不敢弗盡也。"

清華八·天下 05"以安亓邦",讀爲"以安其邦"。《韓非子·姦劫弑臣》:"上不能説人主使之明法術度數之理以避禍難之患,下不能領御其衆以安其國。"

清華八·天下 07"邦豪亓舀",讀爲"邦家其亂"。《左傳·昭公十八年》:"周其亂乎!"

訮

 清華七·越公 38 訮(反)訮(背)訮(欺)巳(詒)

 清華七·越公 42 亡(無)敢反不(背)訮(欺)巳(詒)

～,與訮(上博五·三 2)同,从"言","亓"聲,"諆"字或體。《説文·言部》:"諆,欺也。从言,其聲。"

清華七·越公 38"訮訮訮巳",四十二號簡作"反不訮巳",疑讀爲"反背欺詒"。"訮""訮""訮""詒",均从"言",指言語不實,顛倒欺詐等。"訮巳",讀爲"欺詒"或"欺紿",欺騙。桓寬《鹽鐵論·褒賢》:"主父偃以口舌取大官,竊權重,欺紿宗室。"《列子·黄帝》:"既而狎侮欺詒。"殷敬順《釋文》引《方言》:"詒,相欺。"《説文》:"詒,相欺詒也。"

忎

清華一·程寤 08 不忎

清華三·良臣 06 又(有)司馬子忎(期)

清華四·筮法 61 鳶(褰)忎(怪)

清華五·湯丘 03 乃與少(小)臣忎(惎)惎(謀)鄝(夏)邦

清華七·越公 26 雩(越)王句戏(踐)牂(將)忎(惎)返(復)吳

～，與 （上博六·孔 13）、（上博八·志 3）同，从"心","丌"聲,"惎"字異體。《說文·心部》："惎,毒也。从心,其聲。《周書》曰：'來就惎惎。'"

清華一·程寤 08"忎"，疑爲"惎"。《說文》："惎,毒也。"《說文通訓定聲》："惎,憎惡也。"或疑"惡"字之省。或讀爲"忌"。（《讀本一》第 69 頁）

清華三·良臣 06"司馬子忎"，讀爲"司馬子期"，昭王兄，子西之弟。《荀子·非相》："然白公之亂也,令尹子西、司馬子期皆死焉。葉公子高入據楚,誅白公,定楚國,如反手爾,仁義功名善於後世。"

清華四·筮法 61"鳶忎"，讀爲"褰怪"，火災。或讀爲"慶忌"。

清華五·湯丘 03"乃與少(小)臣忎(惎)惎(謀)鄝(夏)邦"之"惎"，訓爲毒。《說文》："惎,毒也。"《左傳·定公四年》："管蔡啓商,惎間王室。"杜預注："惎,毒也。周公攝政,管叔蔡叔開道紂子禄父,以毒亂王室。"或讀爲"基"，《爾雅·釋詁》："基,謀也。"

清華七·越公 26"忎"，即"惎"，憎惡，怨恨。《左傳·哀公二十七年》："知伯不悛,趙襄子由是惎知伯。"或讀爲"期"，强烈地期望。

戜

　　清華七·越公 27 王乃不咎不戜（惎）

～，從"戈"，"忎"聲。

清華七·越公 27 "戜"，讀爲"惎"，憎惡，忌恨。參上。

昇

　　清華四·筮法 31 乃中昇（期）

～，與 、、同，從"日"，"丌"聲，"期"字異體。《說文·月部》："期，會也。從月，其聲。![]，古文期，從日、丌。"

清華四·筮法 31 "中昇"，即"中期"，指在所筮問的時限之中，或作"期中"，詞也見於天星觀、望山、包山、葛陵等簡。"期"，規定的時日，期限。《詩·王風·君子于役》："君子于役，不知其期。"

羿

清華七·晉文公 05 乃乍（作）爲羿（旗）勿（物）

清華七·晉文公 05 爲陞（升）龍之羿（旗）師以進

清華七·晉文公 05 爲降龍之羿（旗）師以退

清華七·晉文公 06 觠（角）龍之羿（旗）師以戜（戰）

清華七·晉文公06 爲交龍之羿(旗)師以豫(舍)

清華七·晉文公06 爲日月之羿(旗)師以舊(久)

清華七·晉文公06 爲熊羿(旗)夫₌(大夫)出

清華七·晉文公06 爲貀(豹)羿(旗)士出

清華七·晉文公06 爲蓃芇(採)之羿(旗)戠(侵)糧者出

清華七·晉文公07 乃爲三羿(旗)以成至

清華七·晉文公07 遠羿(旗)死

清華七·晉文公07 中羿(旗)荆(刑)

清華七·晉文公07 忻(近)羿(旗)罰

～，與 、、同，从"羽"，"亓"聲，"旗"字異體。《説文·㫃部》："旗，熊旗五游，以象罰星，士卒以爲期。从㫃，其聲。《周禮》曰：'率都建旗。'"

清華七·晉文公05"羿勿"，讀爲"旗物"，爲諸旗統稱，《周禮·夏官·大司馬》："辨旗物之用。"《地官·鄉師》四時之田"以司徒之大旗致衆庶，而陳之以旗物"，《春官·巾車》："掌公車之政令，辨其用與其旗物而等叙之。"《春官·司常》："及國之大閲，贊司馬頒旗物。"

清華七・晉文公 05“爲陞龍之羿”，讀爲“爲升龍之旗”，旗上單繪升龍或降龍。《儀禮・覲禮》：“天子乘龍，載大旆，象日月、升龍、降龍。”“侯氏裨冕，釋幣于禰”，賈公彦疏：“《傳》曰：‘天子升龍，諸侯降龍。’以此言之，上得兼下，下不得僭上，則天子升降俱有，諸侯直有降龍而已。”

清華七・晉文公 05“爲降龍之羿(旗)”，參上。

清華七・晉文公 06“𥻆龍之羿”，讀爲“角龍之旗”，畫二龍遘遇角鬬之旗。

清華七・晉文公 06“交龍之羿”，即“交龍之旗”。《周禮・春官・司常》：“日月爲常，交龍爲旂。”

清華七・晉文公 06“日月之羿”，即“日月之旗”。《周禮・春官・巾車》“建太常”，鄭玄注：“太常，九旗之畫日月者。”《釋名・釋兵》：“九旗之名日月爲常，畫日月於其端，天子所建，言常明也。”

清華七・晉文公 06“熊羿”，即“熊旗”。《釋名・釋兵》：“熊虎爲旗。旗，期也，言與衆期於下。軍將所建，象其猛如熊虎也。”《周禮・春官・司常》：“(九旗)日月爲常，交龍爲旂，通帛爲旜，雜帛爲物，熊虎爲旗，鳥隼爲旟，龜蛇爲旐，全羽爲旞，析羽爲旌。”

清華七・晉文公 06“𪕒羿”，即“豹旗”。天星觀楚簡中有“狐褐之旗”和“豹裏之旗”。

清華七・晉文公 06“蕘英之羿”，即“蕘採之旗”，軍出有刈草採薪之事。《左傳・昭公六年》楚公子棄疾過鄭，“禁芻牧採樵，不入田，不樵樹，不采蓺，不抽屋，不强匄”。

清華七・晉文公 07“羿”，即“旗”，旗幟。《禮記・月令》：“以爲旗章。”鄭玄注：“旗章，旌旗及章識也。”

坖

 清華五・三壽 20 内坖(基)而外比

～，與(上博五・三 5)、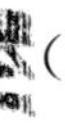(上博七・鄭甲 5)同，从“土”，“亓”聲，“基”字異體。《汗簡・土部》“基”字古文作坖。《説文・土部》：“基，牆始也。从土，其聲。”

清華五・三壽 20“坖”，即“基”。《詩・小雅・南山有臺》：“邦家之基。”毛

傳：“基，本也。”“内基”，以内爲本。

沂

 清華二·繫年018 壟（衛）人自庚（康）丘罨（遷）于沂（淇）壟（衛）

~，从"水"，"亓"聲，"淇"字異體。《説文·水部》："淇，水。出河内共北山，東入河。或曰出隆慮西山。从水，其聲。"

清華二·繫年018"沂壟"，即"淇衛"，即在淇水流域的朝歌，今河南淇縣。

見紐其聲

其

 清華五·厚父04 其才（在）寺（時）後（後）王之卿

 清華五·厚父05 隹（惟）曰其勴（助）上帝䡇（亂）下民

 清華五·厚父06 豻（失）其命

 清華五·厚父08 辭（肆）女（如）其若龜筮（筮）之言亦勿可遆（專）改

 清華五·厚父10 啟之民其亡瘝（諒）

 清華五·厚父11 引（矧）其能丁（貞）良于吝（友）人

 清華八·攝命04 今是亡其奔告

 清華八·攝命04 非女亡其鄹（協）

清華八·攝命 07 女（汝）其敬哉

 清華八·攝命 09 隹（雖）民卣（攸）歙（協）弗龏（恭）其魯（旅）

 清華八·攝命 09 亦勿敄（侮）其遆（童）

 清華八·攝命 13 其亦隹（唯）

 清華八·攝命 18 女（汝）其有罬（斁）有甚（湛）

 清華八·攝命 22 民其聖（聽）女（汝）

 清華八·攝命 24 隹（唯）余其卹

～，楚文字或作 、、。《説文·竹部》："箕，簸也。从竹；𠀠，象形；下其丌也。凡箕之屬皆从箕。![]，古文箕省。![]，亦古文箕。![]，亦古文箕。![]，籀文箕。![]，籀文箕。"

清華五·厚父 05"隹（惟）曰其勖（助）上帝䣛（亂）下民"，《孟子·梁惠王下》："《書》曰：'天降下民，作之君，作之師，惟曰其助上帝寵之。四方有罪無罪惟我在，天下曷敢有越厥志？'"

清華五·厚父 06"桅其命"，讀爲"失其命"，失去天命。《大學衍義補》："君失其命則不足以繼天，而君非君也。"

清華八·攝命 07"女（汝）其敬哉"，《書·洛誥》："汝其敬識百辟享，亦識其有不享。"

清華八·攝命 09"隹民卣歙弗龏其魯"，讀爲"雖民攸協弗恭其旅"。《韓詩外傳》卷四："言其不恭其職事，而病其主也。"

清華八·攝命 09"亦勿敄其遆"，讀爲"亦勿侮其童"。《新序·雜事》："虎會對曰：'爲人臣而侮其主者，死而又死。'"

清華八·攝命 18"女其有罬有甚"，讀爲"汝其有斁有湛"。《書·洛誥》："汝其敬識百辟享，亦識其有不享。"

清華八·攝命 22"民其聖(聽)女(汝)"之"其",加強肯定的語氣。
清華八·攝命 24"隹(唯)余其卹"之"其",句中語助詞。

期

 清華二·繫年 081 少币(師)亡(無)期(極)譖(讒)連尹䓊(奢)而殺之

～,从"丌","其"聲。

清華二·繫年 081"少币亡期",讀爲"少師無極"。《左傳·昭公十九年》："(太子建)及即位,使伍奢爲之師,費無極爲少師。""無極",《史記·楚世家》作"無忌"。

斯

 清華一·皇門 04 是人斯䈞(助)王共(恭)明祀

 清華一·皇門 05 是人斯既䈞(助)氒(厥)辟

 清華一·皇門 09 斯乃非休悳(德)以譍(應)

 清華一·皇門 09 是人斯廼訡(讒)惻(賊)□□

 清華八·邦道 15 萬民斯樂亓(其)道

 清華五·厚父 09 斯民心難測

 清華八·攝命 07 亦斯欽我御事

～，所從 ▧、▧、▧ 當是"齒"（徐寶貴），是在"其"字的簡體 ▧、▧ 之上加注了"齒"聲。"齒"爲昌紐之部字，"其"爲群紐之部字。《說文·斤部》："斯，析也。从斤，其聲。《詩》曰：斧以斯之。"

清華一·皇門04"是人斯藉（助）王共（恭）明祀"，今本《逸周書·皇門》作"人斯是助王恭明祀"。

清華一·皇門05"是人斯既藉（助）氒（厥）辟"，今本《逸周書·皇門》作"人斯既助厥勤勞王家"，唐大沛注："厥下疑脫辟字，上云'助厥辟勤王國王家'，此宜當然。"

清華一·皇門09"斯乃非休惪（德）以䧹（應）"，今本《逸周書·皇門》作"人斯乃非維直以應"。

清華一·皇門09"是人斯迺詀（讒）惻（賊）□□"，今本《逸周書·皇門》作"是人斯乃讒賊媢嫉"。

清華八·邦道15"斯樂"，參《後漢書·文苑列傳》："楚靈王既遊雲夢之澤，息於荆臺之上。前方淮之水，左洞庭之波，右顧彭蠡之陱，南眺巫山之阿。延目廣望，騁觀終日。顧謂左史倚相曰：'盛哉斯樂，可以遺老而忘死也！'"

清華五·厚父09"斯民心難測"之"斯"，語首語詞。一說此句"斯"從上讀，爲句末語氣詞。

清華八·攝命07"亦斯欽我御事"之"斯"，句中語氣詞。與《詩·魯頌·駉》"思馬斯臧"之"斯"用法相同。

斯

清華一·金縢08 褐（禍）人乃斯（斯）旻（得）

清華一·金縢09 禾斯（斯）宴（偃）

清華一·金縢09 大木斯（斯）䠱（拔）

清華一·金縢 13 禾斯(斯)記(起)

～，與 、同，是"斯"字的省文。

清華一·金縢 08"禂(禍)人乃斯(斯)旻(得)"，今本《書·金縢》作"則罪人斯得"。

清華一·金縢 09"禾斯(斯)旻(偃)"，今本《書·金縢》作"禾盡偃"。

清華一·金縢 09"大木斯(斯)蠥(拔)"，今本《書·金縢》作"大木斯拔"。

清華一·金縢 13"禾斯(斯)記(起)"，今本《書·金縢》作"禾則盡起"。

見紐己聲

己

 清華一·保訓 01 己丑昧[爽]

清華四·筮法 48 己

清華五·啻門 01 貞(正)月己奇(亥)

～，與 同。《說文·己部》："己，中宮也。象萬物辟藏詘形也。己承戊，象人腹。凡己之屬皆从己。"

清華一·保訓 01"己丑"，干支之一。《左傳·桓公五年》："五年春正月，甲戌，己丑，陳侯鮑卒，再赴也。於是陳亂，文公子佗殺大子免而代之。"

清華四·筮法 48"己"，天干，八卦"離"之象配"己"。

清華五·啻門 01"己奇"，即"己亥"，干支之一。《左傳·襄公元年》："元年春己亥，圍宋彭城。"

吕

清華二·繫年 027 䣕（蔡）侯智（知）賽（息）侯之誘吕（己）也

清華六·孺子 03 亡（無）不盈（盈）亓（其）志於虗（吾）君之君吕（己）也

清華六·子產 11 吕（己）之皋（罪）也

清華七·越公 41 昔日與吕（己）言員（云）

～，與 （上博四·內 8）、（上博六·用 13）同，从"口"，"己"聲。"己"字繁體。

清華二·繫年 027、清華六·子產 11、清華七·越公 41"吕"，即"己"，自己。

清華六·孺子 03"君吕"，即"君己"，以己為君。此云鄭國之人擁護武公。

侣

清華六·管仲 15 而侣（己）五女（焉）

清華六·管仲 15 而侣（己）四女（焉）

清華六·管仲 16 而侣（己）三女（焉）

～，从"人"，"吕"聲。

清華六·管仲"侣"，讀爲"己"，自身，自己。《書·大禹謨》："稽于衆，舍己從人。"《孫子·謀攻》："知彼知己者，百戰不殆。"《論語·顏淵》："克己復禮爲仁。"

紀

 清華六·管仲 10 正(政)五紀

 清華六·管仲 12 既埶(設)丌(其)紀

 清華六·管仲 22 爲民紀統(綱)

 清華三·芮良夫 07 亡(無)又(有)綿(紀)統(綱)

清華五·三壽 10 八綿(紀)則緐(絭)

清華七·越公 29 雩(越)王句戏(踐)女(焉)叴(始)复(作)綿(紀)五政之聿(律)

～，與 （上博四·曹 26）、 （上博二·子 7）同，所從"己"聲或加"口"。《說文·糸部》："紀，絲別也。从糸，己聲。"

清華六·管仲 10"五紀"，見於《書·洪範》："協用五紀"，"五紀：一曰歲，二曰月，三曰日，四曰星辰，五曰曆數。"《管子·幼官》："五紀不解，庶人之守也。"

清華三·芮良夫 07"綿統"、清華六·管仲 22"紀統"，均讀爲"紀綱"，指法度。崔瑗《座右銘》："世譽不足慕，唯仁爲紀綱。"

清華五·三壽 10、清華六·管仲 12"綿"，即"紀"，綱紀。《禮記·禮運》："以日星爲紀。"孔穎達疏："紀，綱紀也。"《黃帝內經·素問·陰陽應象大論第五》："天有八紀。"

清華七·越公 29"綿"，即"紀"，治理。《詩·大雅·棫樸》："綱紀四方。"鄭箋："理之爲紀。"《國語·周語上》："稷則徧誠百姓，紀農協功。"韋昭注："紀，謂綜理也。"

记

清華一・金縢 13 禾旉(斯)记(起)

清華一・祭公 20 余隹(惟)弗记(起)紾(朕)疾

清華一・楚居 10 若嚻(敖)记(起)禍

清華一・楚居 13 白公记(起)禍

清華一・楚居 16 审(中)磬(謝)记(起)禍

清華二・繫年 131 奠(鄭)大宰(宰)慭(欣)亦记(起)褟(禍)於

奠(鄭)

清華三・説命中 06 夂(且)隹(惟)口记(起)戎出好

清華三・芮良夫 17 自记(起)俴(殘)盧(虐)

清華三・赤鵠 10 少(小)臣乃记(起)而行

清華五・畬門 14 记(起)事又(有)穫(獲)

清華五・畬門 15 记(起)事亡(無)穫(獲)

清華五·箶門 15 记(起)设(役)時訓(順)

清華五·箶門 16 记(起)设(役)不時

清華五·三壽 10 豎(殷)邦之蚤(妖)童(祥)並记(起)

清華六·孺子 17 或(又)禹(稱)记(起)虐(吾)先君於大難之中

清華六·管仲 02 记(起)事之本糸(奚)從

清華七·子犯 14 欲记(起)邦糸(奚)以

清華七·子犯 14 女(如)欲记(起)邦

清華八·邦政 12 訋(始)记(起)旻(得)曲

清華八·邦政 12 訋(始)记(起)旻(得)植(直)

清華八·邦道 21 不记(起)事於戎(農)之厽(三)時

清華八·邦道 24 兵麈(甲)聚(驟)记(起)

～，與 ⿰⻌己 (上博四·內 8)、⿰⻌己 (上博六·競 12)同，"起"之古文。《說文·走部》：" 起，能立也。从走，巳聲。㠱，古文起从辵。"

清華一·金縢 13"禾斯（斯）記（起）"，今本《書·金縢》作"禾則盡起"。"起"，豎立，豎起。《韓非子·說林下》："人見蛇則驚駭，見蠋則毛起。"

清華一·祭公 20"余佳（惟）弗記（起）𦍚（朕）疾"，今本《逸周書·祭公》作"予維不起朕疾"。

清華一·楚居 10"記禍"，即"起禍"，引起禍害。《韓非子·難四》："鄭子都殺伯咺，而食鼎起禍。""若囂起禍"事見《左傳·宣公四年》："（楚莊王九年）秋七月戊戌，楚子與若敖氏戰于皋滸……遂滅若敖氏。"

清華一·楚居 13"白公記禍"，即"白公起禍"。"白公"，楚平王太子建之子，名勝，號白公。起禍事在楚惠王八年，《史記·楚世家》："白公勝怒，乃遂與勇力死士石乞等襲殺令尹子西、子綦於朝，因劫惠王，置之高府，欲弒之。惠王從者屈固負王亡走昭王夫人宮。白公自立爲王。月餘，會葉公來救楚，楚惠王之徒與共攻白公，殺之。惠王乃復位。"

清華二·繫年 131"記禍"，讀爲"起禍"，參上。

清華三·說命中 06"复隹口記戎出好"，讀爲"且惟口起戎出好"。《禮記·緇衣》引《說命》作："惟口起羞，惟甲胄起兵，惟衣裳在笥，惟干戈省厥躬。"《墨子·尚同中》："是以先王之書《術令》之道曰：'唯口出好興戎。'"孫詒讓《閒詁》已指出《術令》就是《說命》。

清華三·芮良夫 17、清華六·孺子 17"記"，即"起"，發生，興起。《吕氏春秋·直諫》："百邪悉起。"

清華三·赤鵠 10"少（小）臣乃記而行"之"記"，即"起"，起立，站起。《禮記·曲禮上》："燭至，起；食至，起；上客，起。"

清華五·厚門 14、15，清華六·管仲 02"記事"，即"起事"，行事。《管子·形勢》："解惰簡慢，以之事主則不忠，以之事父母則不孝，以之起事則不成。"

清華八·邦道 21"不記事於戎之厽時"，讀爲"不起事於農之三時"。"起事"，起兵，發動武裝鬥爭。《漢書·孔光傳》："《書》曰：'惟先假王正厥事'，言異變之來，起事有不正也。"

清華五·厚門 15、16"記役"，即"起役"，動工，開工。《吕氏春秋·分職》："衛靈公天寒鑿池，宛春諫曰：'天寒起役，恐傷民。'"

清華五·三壽 10"殹邦之蚤䖒並記"，讀爲"殷邦之妖祥並起"。《吕氏春秋·審分》："若此則百官恫擾，少長相越，萬邪竝起。"

清華七·子犯 14"记邦",即"起邦",興邦,與"亡邦"相對。

清華八·邦政 12"訇记昰曲",讀爲"始起得曲",開始興起時得到"曲"。

清華八·邦政 12"訇记昰植",讀爲"始起得直"。《論語·爲政》:"哀公問曰:'何爲則民服?'孔子對曰:'舉直錯諸枉,則民服;舉枉錯諸直,則民不服。'"

清華八·邦道 24"兵虐聚记",讀爲"兵甲驟起"。"起",出動,發動。《左傳·文公七年》:"訓卒利兵,秣馬蓐食,潛師夜起。"《史記·趙世家》:"燕卒起二軍,車二千乘,栗腹將而攻鄗,卿秦將而攻代。"

見紐龜聲

龜

清華五·厚父 08 肄(肆)女(如)其若龜筮(筮)之言亦勿可遄(專)改

清華六·孺子 02 恩(圖)所臤(賢)者女(焉)繡(申)之以龜筮(筮)

清華五·三壽 11 龜筮(筮)孚貣(忒)

~,與 (上博四·柬 1)、 (上博四·曹 52)同。《説文·龜部》:"龜,舊也。外骨内肉者也。从它,龜頭與它頭同。天地之性,廣肩無雄;龜鼈之類,以它爲雄。象足甲尾之形。 ,古文龜。"

清華五·厚父 08、清華六·孺子 02、清華五·三壽 11"龜筮",占卦。古時占卜用龜,筮用蓍,視其象與數以定吉凶。亦指占卦的人。《書·大禹謨》:"鬼神其依,龜筮協從。"蔡沈《集傳》:"龜,卜;筮,蓍。"

溪紐丘聲

丘

清華一・楚居 09 女(焉)改名之曰福丘

清華一・楚居 09 至臯(堵)囂(敖)自福丘遷(徙)袭(襲)箸(都)郢

清華二・繫年 018 乃先建㙹(衛)弔(叔)坿(封)于庚(康)丘

清華二・繫年 018 㙹(衛)人自庚(康)丘䙷(遷)于沂(淇)㙹(衛)

清華二・繫年 020 齊趄(桓)公會者(諸)侯以成(城)楚丘

清華二・繫年 021 伐衛于楚丘

清華二・繫年 021 衛人自楚丘䙷(遷)于帝丘

清華二・繫年 022 衛人自楚丘䙷(遷)于帝丘

清華二・繫年 115 城甕(雍)丘

清華二・繫年 124 母(毋)伐纑(廩)丘

 清華八・邦道 01 以返(及)祴(滅)由虛丘

 清華三・良臣 08 又(有)孔坓(丘)

 清華五・湯丘 01 湯屋(處)於湯(唐)坓(丘)

 清華六・子産 21 乃又(有)喪(桑)坓(丘)中(仲)彣(文)

 清華八・邦政 12 坓(丘)䎽(聞)之曰

～,與(上博一・孔 21)、(上博五・季 9)同,或贅加"土"旁。《説文・丘部》:"丘,土之高也,非人所爲也。从北,从一。一,地也,人居在丘南,故从北。中邦之居,在崐崘東南。一曰四方高、中央下爲丘。象形。凡丘之屬皆从丘。,古文从土。"

清華一・楚居 09"福丘",地名。包山三七號簡有地名"福昜",或疑與此地有關。

清華二・繫年 018"庚丘",即"康丘",其地應在殷故地邶、鄘、衛之衛範圍之中,故康叔也可稱衛叔封。

清華二・繫年 020、021"楚丘",地名,在今河南滑縣東。《左傳・僖公二年》:"二年春,諸侯城楚丘而封衛焉。"

清華二・繫年 021、022"帝丘",在今河南濮陽西南。《春秋・僖公三十一年》:"狄圍衛。十有二月,衛遷于帝丘。"《史記・衛康叔世家》《集解》引《世本》"成公徙濮陽","濮陽"即帝丘。

清華二・繫年 115"雝丘",即雍丘,本鄭地,此時已屬韓,在今河南杞縣。《史記・韓世家》:"景侯元年,伐鄭,取雍丘。"《鄭世家》:"繻公十五年,韓景侯伐鄭,取雍丘。鄭城京。"

清華二・繫年 124"寡丘",即"廩丘",地名。《水經注・瓠子水》引《竹書

紀年》:"晉烈公十一年,田悼子卒。田布殺其大夫公孫孫。公孫會以廩丘叛于趙。田布圍廩丘,翟角、趙孔屑、韓師救廩丘,及田布戰於龍澤,田布敗逋。"《史記·田敬仲完世家》:"莊子卒,子太公和立。田太公相齊宣公。宣公四十八年,取魯之郕。明年,宣公與鄭人會西城。伐衛,取毌丘。宣公五十一年卒,田會自廩丘反。"

清華八·邦道 01"祓由虛丘",讀爲"滅由虛丘",指國家被夷滅而成廢墟。

清華三·良臣 08"孔至",指孔子,名丘,字仲尼。春秋末年魯國人。

清華五·湯丘 01"湯丘",讀爲"唐丘",地名,疑即殷墟卜辭中的"唐土"。《英藏》一一〇五云:"作大邑于唐土。"鄭玄《詩譜》:"唐者,帝堯舊都。"在山西翼城西。

清華六·子産 21"喪至中髳",讀爲"桑丘仲文",人名。

清華八·邦政 12"至",即"丘",指孔子,名丘。參上。

疑紐牛聲

牛

　清華二·繫年 122 齊人旻(且)又(有)陳廛子牛之禍(禍)

牛　清華七·晉文公 03 命肥豢羊牛、豢犬豕

~,與 牛(上博三·周 22)同。《説文·牛部》:"牛,大牲也。牛,件也;件,事理也。象角頭三、封尾之形。"

清華二·繫年 122"陳廛子牛",即項子牛,見《墨子·魯問》:"齊將伐魯,子墨子謂項子牛曰。"孫詒讓《墨子閒詁》:"項子牛,蓋田和將。"《淮南子·人間》有牛子,當係一人。《人間》云:"三國伐齊,圍平陸。括子以報於牛子曰:'三國之地,不接於我,踰鄰國而圍平陸,利不足貪也。然則求名於我也。請以齊侯往。'牛子以爲善。括子出,無害子入,牛子以括子言告無害子,無害子曰:'異乎臣之所聞。'牛子曰:'國危而不安,患結而不解,何謂貴智?'無害子曰:'臣聞之,有裂壞土以安社稷者,聞殺身破家以存國者,不聞出其君以爲封疆者。'牛子不聽無害子之言,而用括子之計,三國之兵罷,而平陸之地存。"

清華七·晉文公 03"命肥豢羊牛、豢犬豕",參《墨子·天志上》:"故昔三代聖王禹、湯、文、武,欲以天之爲政於天子,明說天下之百姓,故莫不犓牛羊、豢犬豨,絜爲粢盛酒醴,以祭祀上帝鬼神,而求祈福於天。"

牧

清華五·命訓 11 以牧䪴(萬)民

清華五·三壽 10 九牧九矣(有)牆(將)芒(喪)

清華五·三壽 22 牧民而馭(御)王

清華六·子產 17 以勛(助)上牧民

～,與 ![] (上博四·相 1)、![] (上博七·吳 5)同。《說文·攴部》:"牧,養牛人也。从攴,从牛。《詩》曰:'牧人乃夢。'"

清華五·命訓 11"以牧䪴(萬)民",今本《逸周書·命訓》:"古之明王,奉此六者以牧萬民,民用而不失。""牧",統治,駕馭。《書·呂刑》:"四方司政典獄,非爾惟作天牧?"孫星衍疏:"言惟汝非爲天牧民乎?"

清華五·三壽 22、清華六·子產 17"牧民",治民。《國語·魯語上》:"且夫君也者,將牧民而正其邪者也,若君縱私回而棄民事,民旁有慝,無由省之,益邪多矣。"

清華五·三壽 10"九牧九矣",讀爲"九牧九有"。"九牧",九州之牧。《左傳·宣公三年》:"貢金九牧。"杜預注:"使九州之牧貢金。""九有",指九州。《詩·商頌·玄鳥》:"方命厥后,奄有九有。"毛傳:"九有,九州也。"《荀子·解蔽》楊倞注:"九有,九牧,皆九州也。撫有其地則謂之九有,養其民則謂之九牧。"

疑紐眘聲歸子聲

端紐止聲

止

清華二·繫年 009 止于成周

清華二·繫年 015 止于成周

清華二·繫年 119 晉公止會者(諸)侯於邙(任)

清華六·孺子 14 母(毋)作(措)手止

清華六·管仲 03 止(趾)則心之本

清華六·管仲 04 止(趾)不正則心卓(逴)

～，像腳趾形，"趾"之初文。《説文·止部》："止，下基也。象艸木出有址，故以止爲足。凡止之屬皆从止。"

清華二·繫年 009、015"止"，居住。《詩·商頌·玄鳥》："邦畿千里，維民所止。"鄭箋："止，猶居也。"

清華二·繫年 119"晉公止"，《史記·晉世家》："魏文侯以兵誅晉亂，立幽公子止，是爲烈公。"《索隱》引《世本》云："幽公生烈公止。"

清華六·孺子 14"母作手止"，讀爲"毋措手趾"。"止"，即"趾"字初文。《爾雅·釋言》："趾，足也。"《論語》："則民無所措手足。"

清華六·管仲 03"止則心之本"，即"趾則心之本"。

清華六·管仲 04"止不正則心卓"，讀爲"趾不正則心逴"，應作"心不正則趾逴"。《廣雅·釋詁》："逴，蹇也。""逴"，即跛足。

· 107 ·

岙

清華三·芮良夫 04 甬（用）莫能岙（止）欲

清華五·三壽 09 既𩁰（回）或岙（止）

清華八·八氣 07 水曰隹（唯）攸母（毋）岙（止）

～，與 ☒（上博四·昭 2）、☒（上博四·曹 21）同，從"之""止"，均爲聲符，雙聲符字。

清華三·芮良夫 04"岙欲"，讀爲"止欲"。《吕氏春秋·情欲》："天生人而使有貪有欲。欲有情，情有節。聖人修節以止欲，故不過行其情也。"

清華五·三壽 09"岙"，讀爲"止"，停，《廣雅·釋詁》："止，逗也。"簡文"既回或止"，指風起風止。

清華八·八氣 07"岙"，讀爲"止"，阻止，制止。《史記·廉頗藺相如列傳》："臣嘗有罪，竊計欲亡走燕，臣舍人相如止臣。"

扯

清華二·繫年 011 齊襄公會者（諸）侯于首扯（止）

～，從"爿"，"止"聲。

清華二·繫年 011"首扯"，讀爲"首止"，地名。《左傳·桓公十八年》："秋，齊侯師于首止，子亹會之，高渠彌相。七月戊戌，齊人殺子亹而轘高渠彌。"

之

清華一·尹誥 01 尹念天之敗（敗）西邑䪨（夏）

清華一·尹誥 02 民綔(復)之甬(用)麗(離)心

清華一·尹誥 03 句(后)亓(其)琗(賚)之

清華一·尹誥 03 亓(其)又(有)顗(夏)之[金]玉田邑

清華一·尹誥 04 舍(予)之吉言

清華一·保訓 01 王念日之多鬲(歷)

清華一·保訓 03 必受之以詞

清華一·保訓 04 女(汝)以箸(書)受之

清華一·保訓 05 不諱(違)于庶萬眚(姓)之多欲

清華一·保訓 06 測会(陰)鴋(陽)之勿(物)

清華一·保訓 07 甬(用)乍(作)三隆(降)之悳(德)

清華一·保訓 07 帝堯嘉之

清華一·保訓 07 𩑺(祇)之才(哉)

清華一・耆夜 01 大畡(戡)之

 清華一・耆夜 02 夋(作)策牷(逸)爲東尚(堂)之客

 清華一・耆夜 05 殹(繄)民之秀

 清華一・耆夜 08 臨下之光

 清華一・耆夜 11 是隹(惟)良士之迈

 清華一・耆夜 13 是隹(惟)良士之思=(懼懼)

 清華一・耆夜 14 是隹(惟)良士之思=(懼懼)

 清華一・金縢 03 尔(爾)母(毋)乃又(有)備子之責才(在)上

 清華一・金縢 05 尔(爾)之訢(許)我

 清華一・金縢 06 自以弋(代)王之敚(說)于金紟(縢)之匱

 清華一・金縢 06 金紟(縢)之匱

 清華一・金縢 07 我之□□□□亡以遠(復)見於先王

 清華一・金縢 10 以肞(啓)金紟(縢)之匱

 清華一・金縢 10 王旻(得)周公之所自以爲玒(功)以弋(代)武

王之敓（説）

　清華一·金縢 10 以弋（代）武王之敓（説）

　清華一·金縢 12 我邦豪（家）豊（禮）亦宜之

　清華一·金縢 13 二公命邦人聿（盡）返（復）坅（築）之

　清華一·金縢 14（背）周公所自以弋（代）王之志

　清華一·皇門 02 隹（惟）莫叚（開）余嘉悳（德）之兑（説）

　清華一·皇門 02 我餌（聞）昔才（在）二又（有）或（國）之折（哲）王

　清華一·皇門 04 王用能承天之魯命

　清華一·皇門 07 孫＝（子孫）用穮（末）被先王之耿光

　清華一·皇門 07 廼弗肎（肯）用先王之明荆（刑）

　清華一·皇門 08 不肎（肯）惠聖（聽）亡（無）皋（罪）之訽（辭）

　清華一·皇門 09 卑（俾）王之亡（無）依亡（無）勴（助）

　清華一·皇門 10 卑（譬）女（如）鴷（匹）夫之又（有）悉（媚）妻

　清華一·皇門 13 母（毋）隹（惟）尔（爾）身之嘼（閱）

　清華一·皇門 13 既告女（汝）悉（元）悳（德）之行

清華一·祭公02 余畏天之复（作）畏（威）

清華一·祭公04 朕（朕）之皇且（祖）周文王

清華一·祭公05 甬（用）纏（膺）受天之命

清華一·祭公06 孳（兹）由（迪）巡（襲）孝（學）于文武之曼惪（德）

清華一·祭公08 以余少（小）子颺（揚）文武之剌（烈）

清華一·祭公08 颺（揚）城（成）、康、卲（昭）宔（主）之剌（烈）

清華一·祭公10 皇天改大邦壓（殷）之命

清華一·祭公10 隹（惟）周文王受之

清華一·祭公10 隹（惟）武王大敗（敗）之

清華一·祭公11 隹（惟）天奠（定）我文王之志

清華一·祭公11 逵之甬（用）畏（威）

清華一·祭公12 敬龏（恭）之

清華一·祭公12 我亦走（上）下卑于文武之受命

清華一·祭公13 不（丕）隹（惟）周之旁（旁）

清華一·祭公 13 不（丕）隹（惟）句（后）襁（稷）之受命是羕（永）
舄（厚）

清華一·祭公 14 不（丕）隹（惟）周之舄（厚）芦（屏）

清華一·祭公 14 藍（監）于頣（夏）商之既敗（敗）

清華一·祭公 14 參舒（叙）之

清華一·祭公 15 不（丕）隹（惟）文武之由

清華一·祭公 18 尃（敷）求先王之共（恭）明惪（德）

清華一·祭公 20 康孖（慈）之

清華一·祭公 20 㥯（蠶）怀（負）之

清華一·祭公 21 𥙴（祭）公之賵（顧）命

清華一·楚居 01 見盤庚之子

清華一·楚居 02 及之盤（泮）

清華一·楚居 03 乃妻之

清華一·楚居 04 無以内之

清華一·楚居 04 乃䄈（竊）若（鄀）人之犝（犝）以祭

清華一·楚居 08 乃渭（圍）疆浧之波（陂）而宇人女（焉）

清華一·楚居 09 女（焉）改名之曰福丘

清華一·楚居 10 遱（徙）居同宮之北

清華一·楚居 10 女（焉）遱（徙）居承（烝）之埜（野）

清華一·楚居 11 至需（靈）王自爲郢遱（徙）居秦（乾）溪之上

清華一·楚居 12 獻居秦（乾）溪之上

清華一·楚居 12 至卲（昭）王自秦（乾）溪之上

清華一·楚居 13 女（焉）返（復）遱（徙）居秦（乾）溪之上

清華一·楚居 13 改爲之

清華二·繫年 001 昔周武王監觀商王之不龏（恭）帝=（上帝）

清華二·繫年 001 名之曰千畮（畝）

清華二·繫年 005 王或（又）叝〈取〉孚（褒）人之女

清華二·繫年 007 邦君者（諸）正乃立幽王之弟舍（余）臣于虢

（虢）

清華二·繫年009 立之于京𠂤（師）

清華二·繫年010 奠（鄭）武公亦政東方之者（諸）侯

清華二·繫年011 亓（其）大=（大夫）高之巨（渠）爾（彌）殺卲
（昭）公而立亓（其）弟子釁（眉）壽

清華二·繫年012 車戰（轄）高之巨（渠）爾（彌）

清華二·繫年015 西𨕖（遷）商盍（蓋）之民于邾虗

清華二·繫年015 以御奴虘之戎

清華二·繫年016 以戰（守）周之坴（墳）蘽（墓）

清華二·繫年017 乃肯（追）念覤（夏）商之亡由

清華二·繫年018 以侯殷之㑲（餘）民

清華二·繫年024 以同生（姓）之古（故）

清華二·繫年024 鄝（蔡）哀侯妻之

清華二·繫年025 君女（焉）敗之

清華二・繫年026 文王敗(敗)之於新(莘)

 清華二・繫年027 鄒(蔡)侯智(知)賽(息)侯之誘忌(己)也

 清華二・繫年027 賽(息)侯之妻甚娩(美)

 清華二・繫年027 君必命見之

 清華二・繫年028 文王命見之

 清華二・繫年028 王固命見之

 清華二・繫年028 既見之

 清華二・繫年028 克之

 清華二・繫年031 晉獻公之婢(嬖)妾曰驪姬

 清華二・繫年031 欲亓(其)子鄔(奚)脊(齊)之爲君也

 清華二・繫年031 乃諰(譖)大子龔(共)君而殺之

 清華二・繫年032 亓(其)夫=(大夫)里之克乃殺鄔(奚)脊(齊)

清華二·繫年033 里之克或(又)殺悼子

清華二·繫年035 秦穆公以亓(其)子妻之

清華二·繫年036 翟(狄)甚善之

清華二·繫年036 齊人善之

清華二·繫年036 宋人善之

清華二·繫年037 亦莫之能内(入)

清華二·繫年038 囟(使)衺(襲)裹(懷)公之室

清華二·繫年039 遲(徙)之审(中)城

清華二·繫年041 晉文公囟(思)齊及宋之慁(德)

清華二·繫年042 伐䧹(衛)以敓(脱)齊之戍及宋之回(圍)

清華二·繫年042 宋之回(圍)

清華二·繫年043 命(令)尹子玉述(遂)衒(率)奠(鄭)、䧹(衛)、陳、䣄(蔡)及群䜌(蠻)㠯(夷)之自(師)以交文公

清華二·繫年044 文公衒(率)秦、齊、宋及群戎之自(師)以敗

（敗）楚自（師）於城僛（濮）

清華二·繫年045 鄭人敔（屬）北門之筦（管）於秦之戍人

清華二·繫年045 秦之戍人

清華二·繫年046 我既旻（得）奠（鄭）之門筦（管）巳（已）

清華二·繫年046 坙（來）䛑（襲）之

清華二·繫年046 奠（鄭）之賈人弦高酒（將）西市

清華二·繫年047 遇之

清華二·繫年047 乃以奠（鄭）君之命裞（勞）秦三衛（帥）

清華二·繫年047 取之

清華二·繫年048 大敗之

清華二·繫年051 卲（召）襄公之弟癰（雍）也于秦

清華二·繫年051 襄天〈夫〉人䎽（聞）之

清華二·繫年052 豫（舍）亓（其）君之子弗立

清華二·繫年052 乃䐗（皆）北（背）之曰

清華二·繫年053 我莫命卲(招)之

清華二·繫年054 敗之于瞗〈驪〉酓(陰)

清華二·繫年055 秦公以戬(戰)于驪酓(陰)之古(故)

清華二·繫年055 銜(率)𠂤(師)爲河曲之戬(戰)

清華二·繫年057 穆王思(使)驅(驅)祟(孟)者(諸)之麋

清華二·繫年057 㠯(徙)之徒薔(林)

清華二·繫年057 繡(申)公弔(叔)侯智(知)之

清華二·繫年058 宋公之車夢(暮)䇂(駕)

清華二·繫年058 用脆(拽)宋公之馭(御)

清華二·繫年064 㚇(席)于楚軍之門

清華二·繫年065 楚人被䇂(駕)以自(追)之

清華二·繫年066 公命邭(駒)之克先喓(聘)于齊

清華二·繫年066 旻(且)卲(召)高之固曰

清華二·繫年067 子亓(其)與臨之

清華二·繫年067 郘(駒)之克

清華二·繫年068 郘(駒)之克隆(降)堂而折(誓)曰

清華二·繫年069 高之固至莆池

清華二·繫年070 郘(駒)之克

清華二·繫年071 郘(駒)之克

清華二·繫年071 以鞍骼玉笲(爵)與臺(淳)于之田

清華二·繫年072 郘(駒)之克

清華二·繫年072 齊侯之繡(帶)

清華二·繫年072 獻之競(景)公

清華二·繫年072 齊侯之㳓(來)也

清華二·繫年073 老夫之力也

清華二·繫年076 連尹襄老與之爭

清華二·繫年076 敓之少孟（孟）

清華二·繫年079 女（焉）訂（始）週（通）吳晉之洛（路）

清華二·繫年080 爲南深（懷）之行

清華二·繫年081 少帀（師）亡（無）期（極）讒（讒）連尹䓖（奢）

而殺之

清華二·繫年081 亓（其）子五（伍）員與五（伍）之雞逃歸（歸）吳

清華二·繫年082 爲長澈（壑）而汪（洍）之

清華二·繫年082 是雞父之汪（洍）

清華二·繫年083 是教吳人反楚邦之者（諸）侯

清華二·繫年085 爲沭（沈）之自（師）

清華二·繫年087 競（景）公史（使）翟（糴）之伐（茷）甹（聘）於楚

清華二·繫年088 行晉楚之成

清華二·繫年089 者(諸)侯之夫=(大夫)

 清華二·繫年089 爾(弭)天下之虢(甲)兵

 清華二·繫年092 爲坪(平)会(陰)之𠂤(師)以回(圍)齊

 清華二·繫年094 以遆(復)坪(平)会(陰)之𠂤(師)

 清華二·繫年095 以遆(復)朝訶(歌)之𠂤(師)

 清華二·繫年096 者(諸)侯之夫=(大夫)

 清華二·繫年097 爾(弭)天下之虢(甲)兵

 清華二·繫年097 者(諸)侯之夫=(大夫)

 清華二·繫年099 爲南深(懷)之行

 清華二·繫年102 楚卲(昭)王戠(侵)尹(伊)、洛以遆(復)方城之𠂤(師)

 清華二·繫年102 晉人旻(且)又(有)軋(范)氏与(與)中行氏之褐(禍)

 清華二·繫年104 改邦陳、鄁(蔡)之君

清華二·繫年 105 䎽（縣）之

清華二·繫年 108 女（焉）訋（始）逋（通）吳晉之迮（路）

清華二·繫年 111 戉（越）人因衺（襲）吳之與晉爲好

清華二·繫年 111 伹（趙）起（桓）子會［諸］侯之夫=（大夫）

清華二·繫年 112 自南山逗（屬）之北洍（海）

清華二·繫年 113 晉𠂤（師）閔（門）長城句俞之門

清華二·繫年 114 告以宋司城疲之約（弱）公室

清華二·繫年 115 遉逋而歸之於楚

清華二·繫年 116 以返（復）黃池之𠂤（師）

清華二·繫年 120 以建昜（陽）、邔陵之田

清華二·繫年 121 明（盟）于魯稷門之外

清華二·繫年 122 晉𠂤（師）达（逐）之

清華二·繫年122 齊人旻（且）又（有）陳塵子牛之禍（禍）

 清華二·繫年123 晉三子之夫=（大夫）内（入）齊

 清華二·繫年123 明（盟）陳和與陳淏於溋門之外

 清華二·繫年128 腸（陽）城洹（桓）惎（定）君衒（率）犢闈（關）之自（師）

 清華二·繫年128 與上或（國）之自（師）

 清華二·繫年128 以迖之

 清華二·繫年128 與之戡（戰）於珪（桂）陵

 清華二·繫年128 競（景）之賈與嚭（舒）子共戠（止）而死

 清華二·繫年130 牆（將）與之戡（戰）

 清華二·繫年131 楚自（師）回（圍）之於鄭

 清華二·繫年132 楚人歸（歸）奠（鄭）之四牆（將）軍與亓（其）萬民於奠（鄭）

 清華二·繫年133 克之

清華二・繫年 133 以返(復)長陵之𠂤(師)

 清華二・繫年 134 以返(復)鄭(郜)之𠂤(師)

 清華二・繫年 134 與晉𠂤(師)戩(戰)於武昜(陽)之城下

 清華二・繫年 135 三執珪之君

 清華二・繫年 135 與右尹卲(昭)之妃(溾)死女(焉)

 清華三・說命上 02 氒(厥)敚(說)之䁹(狀)

 清華三・說命上 04 我亓(其)殺之

 清華三・說命上 06 一豕坙(地)审(中)之自行

 清華三・說命上 06 是為赤(赦)敀(俘)之戎

 清華三・說命上 06 才(在)北昏(海)之州

 清華三・說命上 07 (背)專(傳)敚(說)之命

 清華三・說命中 02 浾(漸)之于乃心

 清華三・說命中 03 隹(惟)庶㥋(相)之力竸(勝)

 清華三・說命中 03 敬之摯(哉)

清華三·說命中 05 女(汝)隹(惟)孳(兹)敓(說)砥(底)之于乃心

 清華三·說命中 06 敬之孳(哉)

 清華三·說命中 07 𡴎(志)之于乃心

 清華三·說命中 07 (背)尃(傅)敓(說)之命

 清華三·說命下 07 敬之孳(哉)

 清華三·說命下 08 天章之甬(用)九惪(德)

 清華三·說命下 09 虘(吾)乃尃(敷)之于百青(姓)

 清華三·說命下 09 余隹(惟)弗逛(雍)天之叚(嘏)命

 清華三·說命下 10 尃(敷)之于朕政

 清華三·說命下 10 (背)尃(傅)敓(說)之命

 清華三·琴舞 01 (背)周公之琞(琴)蘁(舞)

 清華三·琴舞 02 元內(納)启(啟)曰：敬=之=(敬之敬之)

 清華三·琴舞 03 敬(儆)之,日臺(就)月痂(將)

 清華三·琴舞 03 貼(示)告舍(余)㬎(顯)惪(德)之行

清華三・琴舞04 叚(假)才(哉)古之人

 清華三・琴舞04 思型之

 清華三・琴舞05 思甾繡(伸)之

 清華三・琴舞06 敬之

 清華三・琴舞06 殹(緊)莫肎(肯)曹(造)之

 清華三・琴舞08 皇天之杠(功)

 清華三・琴舞08 晝之才(在)視日

 清華三・琴舞08 夜之才(在)視晨(辰)

 清華三・琴舞09 迖(逐)思沓(忱)之

 清華三・琴舞11 天之不易

 清華三・琴舞12 寺(持)佳(惟)文人之若(若)

 清華三・琴舞13 畏天之載

 清華三・琴舞13 勿請福之侃(愆)

清華三・琴舞15 罔克甬(用)之

清華三・琴舞16 訖(遹)我敬之

清華三・芮良夫01(背)周公之頌志(詩)

清華三・芮良夫02 邦之不窑(寧)

清華三・芮良夫02 敬之孳(哉)君子

清華三・芮良夫03 龏(恭)天之畏(威)

清華三・芮良夫03 載聖(聽)民之繇(繇)

清華三・芮良夫05 君子而受秉萬民之窑(咎)

清華三・芮良夫05 卑(譬)之若童(重)載以行隋(嶠)噲(險)

清華三・芮良夫06 莫之敊(扶)道(導)

清華三・芮良夫06 畏天之隆(降)載(災)

清華三・芮良夫06 卹邦之不狽(臧)

清華三・芮良夫07 民之俴(賤)矣

清華三·芮良夫08 心之懇(憂)矣

清華三·芮良夫10 則畏(威)盧(虐)之

清華三·芮良夫12 身與之語

清華三·芮良夫18 天之所躉(壞)

清華三·芮良夫19 莫之能枳(支)

清華三·芮良夫19 天之所枳(支)

清華三·芮良夫20 民之闌(關)閟(閉)

清華三·芮良夫24 則女(如)禾之又(有)秅(穮)

清華三·芮良夫25 我之不言

清華三·芮良夫25 則畏天之發幾(機)

清華三·芮良夫26 莫之能惻(測)

清華三·芮良夫27 戾之不□□

清華三·芮良夫27 虐(吾)丞(恐)辠(罪)之□身

清華三・芮良夫28 我之不□

清華三・赤鵠01 集于湯之厇(屋)

清華三・赤鵠01 發(射)之

清華三・赤鵠01 臒(獲)之

清華三・赤鵠01 脂(旨)盥(羹)之

清華三・赤鵠01 我亓(其)言(享)之

清華三・赤鵠02 少(小)臣既盥(羹)之

清華三・赤鵠04 紝亢受少(小)臣而嘗之

清華三・赤鵠04 四亢(荒)之外

清華三・赤鵠04 少(小)臣受亓(其)余(餘)而嘗之

清華三・赤鵠04 四晉(海)之外

清華三・赤鵠05 湯乃袴(祓)之

清華三・赤鵠06 衆鶩(烏)牆(將)飤(食)之

清華三・赤鵠07 顗(夏)句(后)之疾女(如)可(何)

清華三·赤鵠07 帝命二黃它(蛇)與二白兔尻句(后)之歸(寢)

清華三·赤鵠08 室之棟

清華三·赤鵠08 共尻句(后)之牀下

清華三·赤鵠09 亓(其)走(上)𠂊(刺)句(后)之體

清華三·赤鵠09 是思(使)句(后)之身䗩(痾)䖒

清華三·赤鵠09 晉(巫)鷔(烏)乃歙(歠)少(小)臣之胸(喉)渭(胃)

清華三·赤鵠11 我智(知)之

清華三·赤鵠11 尻句(后)之歸(寢)

清華三·赤鵠12 室之棟

清華三·赤鵠12 共尻句(后)之牀下

清華三·赤鵠13 亓(其)走(上)𠂊(刺)句(后)之身

清華三·赤鵠13 句(后)之疾其瘳

清華三·赤鵠14 頣(夏)句(后)乃從少(小)臣之言

清華三・赤鵠14 乃斬之

 清華三・赤鵠15（背）赤鷈之集湯之屋（屋）

清華三・赤鵠15（背）赤鷈之集湯之屋（屋）

 清華三・良臣01 黃帝之帀（師）

 清華三・良臣01 堯之相舜

 清華三・良臣07 吳王光又（有）五（伍）之疋（胥）

 清華三・良臣08 奠（鄭）桓（桓）公與周之遺老

 清華三・良臣09 奠（鄭）定公之相又（有）子皵（皮）

 清華三・良臣09 子產之帀（師）

 清華三・良臣10 子產之輔

清華三・良臣10 富之庋（鞭）

清華三・祝辭03 引虘（且）言之

清華三・祝辭04 引虞（且）言之

清華三・祝辭05 引虞（且）言之

清華四・筮法09 四正之

清華四・筮法11 尻之

清華四・筮法14 尻之

清華四・筮法20 弌（一）刲（卦）亢之

清華四・筮法25 乃旻（得）之

清華四・筮法27 軏（乾）之卒（萃）

清華四・筮法27 臾（坤）之卒（萃）

清華四・筮法27 乃旻（得）之

清華四・筮法29 乃旻（得）之

清華四・筮法32 君之立（位）也

清華四・筮法32 身之立（位）也

清華四・筮法32 門之立（位）也

清華四・筮法32 室之立（位）也

清華四·筮法 33 弟(次)於四立(位)之中

清華四·筮法 33 上軍之立(位)

清華四·筮法 33 中軍之立(位)

清華四·筮法 33 子眚(姓)之立(位)

清華四·筮法 33 躬身之立(位)

清華四·筮法 34 乃曰爭之

清華四·筮法 35 妻之立(位)也

清華四·筮法 35 臣之立(位)也

清華四·筮法 35 外之立(位)也

清華四·筮法 36 下軍之立(位)

清華四·筮法 36 弟(次)軍之立(位)

清華四·筮法 36 臣妾之立(位)

清華四·筮法 36 大夫之立(位)

清華四·筮法 36 宮廷之立(位)

清華四·筮法 39 乃螝(惟)兇之所集於四立(位)是視

清華四・筮法 39 臾（坤）䀨（晦）之日逆虱（乾）以長（當）巽

清華四・筮法 43 肴（淆）乃父之不㧾=（葬死）

清華四・筮法 44 胃（謂）之䨻（震）

清華四・筮法 44 爰（奚）古（故）胃（謂）之兌

清華四・筮法 48 是古（故）胃（謂）之䨻（震）

清華四・筮法 48 是古（故）胃（謂）之兌

清華四・筮法 51 夫天之道

清華四・筮法 55 爰（奚）古（故）胃（謂）之袋（勞）

清華四・筮法 55 爰（奚）古（故）胃（謂）之羅（離）

清華四・筮法 58 四之象爲墜（地）

清華四・筮法 59 是古（故）胃（謂）之袋（勞）

清華四・筮法 59 是古（故）胃（謂）之羅（離）

清華四・筮法 63 乃力（扐）占之

清華五・厚父 01 繇（問）前文人之龏（恭）明惪（德）

清華五・厚父 02 乃降之民

清華五・厚父 02 帝亦弗叕（鞏）啓（啓）之經惪（德）

清華五・厚父02 乎(呼)命咎(皋)繇(繇)下爲之卿事

清華五・厚父03 智(知)天之鬼(威)弋(哉)

清華五・厚父03 䚻(問)民之若否

清華五・厚父03 才(在)頻(夏)之劀(哲)王

清華五・厚父03 廼嚴寅畏皇天上帝之命

清華五・厚父04 以庶民隹(惟)政(政)之觀(恭)

清華五・厚父04 其才(在)寺(時)偣(後)王之卿

清華五・厚父05 复(作)之君

清華五・厚父05 复(作)之帀(師)

清華五・厚父05 之匿(慝)王廼渴(竭)㳄(失)其命

清華五・厚父06 弗甬(用)先劀(哲)王孔甲之典荆(刑)

清華五・厚父07 隹(惟)寺(時)下民帷帝之子

清華五・厚父07 咸天之臣民

清華五・厚父07 欽之弋(哉)

清華五·厚父 08 隹(惟)寺(時)余經念乃高且(祖)克甝(憲)皇天之政工(功)

清華五·厚父 08 辪(肆)女(如)其若龜筮(筮)之言亦勿可叀(專)改

清華五·厚父 09 兹少(小)人之惪(德)

清華五·厚父 10 隹(惟)所役之司民

清華五·厚父 10 启(啓)之民其亡欹(諒)

清華五·厚父 10 亦隹(惟)歇(禍)之卣(攸)及

清華五·厚父 10 隹(惟)司民之所取

清華五·厚父 12 女(如)玉之才(在)石

清華五·厚父 12 女(如)丹之才(在)朱

清華五·厚父 12 氒(厥)徆(徵)女(如)有(佐)之服于人

清華五·厚父 13 隹(惟)神之卿(饗)

清華五·封許 02 古(故)天藿(勸)之乍〈亡〉臭(斁)

清華五·封許 08 余既監于殷之不若

清華五·封許 09（背）諱（封）鄦（許）之命

清華五·命訓 01 立明王以愻（訓）之

清華五·命訓 02 而易（賜）之福

清華五·命訓 02 或司不義而墜（降）之禍（禍）

清華五·命訓 03 壴（上）以明之

清華五·命訓 04 上以穀（穀）之

清華五·命訓 04 上以㮰（畏）之

清華五·命訓 06 功墬（地）以利之

清華五·命訓 07 人之佴（恥）

清華五·命訓 07 天之命

清華五·命訓 07 以亓（其）帀（䋺）冒（冕）尚（當）天之福

清華五·命訓 07 以亓（其）斧戉（鉞）尚（當）天之禍（禍）

清華五·命訓 10 正（政）之所歾（殆）

清華五·命訓 11 秅（撫）之以季（惠）

清華五·命訓 11 和之以均

清華五·命訓 11 䶂（斂）之以哀

清華五·命訓 11 吴（娛）之以樂

清華五·命訓 12 悠（訓）之以豊（禮）

清華五·命訓 12 教之以敎（藝）

清華五·命訓 12 正之以政

清華五·命訓 12 童（動）之以事

清華五·命訓 12 懽（勸）之以賞

清華五·命訓 12 喿（畏）之以罰

清華五·命訓 12 霝（臨）之以中

 清華五·命訓 12 行之以尚=（權，權）不龏（法）

 清華五·命訓 13 勿（物）氐（厥）尚（權）之樞（屬）也

 清華五·湯丘 01 亯（烹）之和

 清華五·湯丘 01 又（有）莘（莘）之女

 清華五·湯丘 01 飤（食）之

 清華五·湯丘 02 湯亦飤（食）之

 清華五·湯丘 04 方惟䎽（聞）之乃緘（箴）

 清華五·湯丘 05 朝而䚈（訊）之

 清華五·湯丘 05 繡（適）奉（逢）道迯（路）之袾（祟）

 清華五·湯丘 06 民人䎽（聞）之亓（其）胃（謂）

 清華五·湯丘 06 子之員（云）

 清華五·湯丘 08 以攸（修）四時之正（政）

清華五·湯丘 08 以埶(設)九事之人

 清華五·湯丘 08 虗(吾)此是爲見之

 清華五·湯丘 10 君天王之言也

 清華五·湯丘 10 子之鼎(云)也

 清華五·湯丘 11 唯(雖)余孤之與卡=(上下)交

 清華五·湯丘 12 又(有)顕(夏)之惪(德)可(何)若才(哉)

 清華五·湯丘 12 又(有)顕(夏)之惪(德)

 清華五·湯丘 14 傑(桀)之疾

 清華五·畬門 01 古之先帝亦有良言青(情)至於今虎(乎)

清華五·畬門 04 惪(德)以光之

清華五·畬門 04 五以䏌(相)之

 清華五·畬門 05 六以行之

清華五·䈞門06 唯皮(彼)五味之燹(氣)

清華五·䈞門10 五以㾗(相)之

清華五·䈞門11 五以相之

清華五·䈞門15 民長萬(賴)之

清華五·䈞門18 五以䢃(將)之

清華五·䈞門18 五以䢃(將)之

清華五·䈞門19 六以行之

清華五·䈞門20 六以行之

清華五·䈞門21 唯古之先帝之良言

清華五·䈞門21 則可(何)以改之

清華五·三壽01 高宗觀於匋(洹)水之上

清華五·三壽02 尔(爾)是智(知)二又(有)邦(國)之請(情)

清華五·三壽 09 則若㕦=（小人）之癰（寵）痤（狂）而不吝（友）

清華五·三壽 10 殹（殷）邦之蚤（妖）菫（祥）並记（起）

清華五·三壽 10 四晦（海）之㠯（夷）則复（作）

清華五·三壽 12 而不智（知）邦之牆（將）芒（喪）

清華五·三壽 12 敢𦖞（問）先王之遺忑（訓）

清華五·三壽 14 𦖞（聞）天之棠（常）

清華五·三壽 14 𦘔（祇）神之明

清華五·三壽 14 辵（上）卲（昭）忑（順）穆而敬（警）民之行

清華五·三壽 15 邋（邇）則文之㥅（化）

清華五·三壽 15 尃（輔）民之㥅（化）

清華五·三壽 16 冒神之福

清華五·三壽 16 同民之力

清華五·三壽 22 寺（是）名曰贘（叡）信之行

清華五·三壽 23 䪜（診）頇（夏）之遄（歸）商

清華五·三壽 27 民之有昬₌(晦,晦)而本由生光

清華五·三壽 28 天暴(顧)逯(復)之甬(用)休

清華六·鄭子 01 北(必)再三進夫₌(大夫)而與之虜(偕)㥯
(圖)

清華六·鄭子 02 既旻(得)㥯(圖)乃爲之毀

清華六·鄭子 02 㥯(圖)所臤(賢)者女(焉)繡(申)之以龜筮
(筮)

清華六·鄭子 03 亡(無)不盈(盈)亓(其)志於虐(吾)君之君吕
(己)也

清華六·鄭子 04 虐(吾)君函(陷)於大難之中

清華六·鄭子 05 虐(吾)先君之棠(常)心

清華六·鄭子 06 誫(屬)之夫₌(大夫)

清華六·鄭子 06 老婦亦牆(將)丩(糾)攸(修)宮中之正(政)

清華六·鄭子 06 門檻之外母(毋)敢又(有)智(知)女(焉)

清華六·鄭子 07 以䏶(兄)弟昏(婚)因(姻)之言

清華六·鄭子 07 以䯒(亂)夫₌(大夫)之正(政)

清華六·孺子07 娩（媚）妬之臣躳（躬）共（恭）亓（其）㚔（顔）色

清華六·孺子08 以翻（亂）夫=（大夫）之正（政）

清華六·孺子08 幸果善之

清華六·孺子09 归（抑）杲（早）毒（前）句（後）之以言

清華六·孺子10 邦人既肀（盡）䎽（聞）之

清華六·孺子11 以定奠（鄭）邦之社禝（稷）

清華六·孺子12 諬（屬）之夫=（大夫）及百執事

清華六·孺子13 女（汝）訢（慎）鉒（重）君娩（葬）而舊（久）之於上三月

清華六·孺子14 远=女=（惶惶焉，焉）宵（削）昔（錯）器於巺（選）贊（藏）之中

清華六·孺子15 幾（豈）既臣之䐒（獲）皋（罪）

清華六·孺子16 虐（吾）先君智（知）二三子之不忘=（二心）

清華六·孺子16 甬（用）厤（歷）受（授）之邦

清華六·孺子17 或（又）禹（稱）记（起）虐（吾）先君於大難之中

清華六·孺子 18 归（抑）亡（無）女（如）虖（吾）先君之惥（憂）可（何）

 清華六·管仲 02 記（起）事之本系（奚）從

清華六·管仲 03 丌（其）從人之道可旻（得）矞（聞）虖（乎）

清華六·管仲 03 從人之道

清華六·管仲 03 止（趾）則心之本

清華六·管仲 04 手則心之枳（枝）

清華六·管仲 04 目、耳則心之末

清華六·管仲 04 口則心之交（窽）

清華六·管仲 05 言則行之首

清華六·管仲 05 事之本也

清華六·管仲 05 尚廛（展）之

清華六·管仲 05 尚詻（格）之

清華六·管仲 05 尚勿（勉）之

清華六·管仲 06 埶（設）承女（如）之可（何）

清華六·管仲 06 立桮（輔）女（如）之可（何）

清華六·管仲 07 它（施）正（政）之道糸（奚）若

清華六·管仲 08 僉（斂）之晶（三）

清華六·管仲 08 尃（博）之以五

清華六·管仲 08 隹（惟）邦之窑（寶）

清華六·管仲 09 千犝（乘）之都

清華六·管仲 10 敢䎽（問）苛（前）文句（后）爲之奴（如）可（何）

清華六·管仲 10 妏（文）之以色

清華六·管仲 10 均之以音

清華六·管仲 10 和之以味

清華六·管仲 10 行之以行

清華六·管仲 11 坓(匡)之以厽(三)

清華六·管仲 11 厇(度)之以五

清華六·管仲 13 百官之典

清華六·管仲 14 耂又(有)道之君可(何)以寁(保)邦

清華六·管仲 14 耂又(有)道之君所以寁(保)邦

清華六·管仲 15 天子之明者

清華六·管仲 15 者(諸)侯之明者

清華六·管仲 15 夫=(大夫)之明者

清華六·管仲 16 臼(舊)天下之邦君

清華六·管仲 17 臣䎽(聞)之

清華六·管仲 17 湯之行正

清華六・管仲17 少(小)大之事

清華六・管仲18 及句(后)辛之身

清華六・管仲20 忎(恐)皋(罪)之不塎(竭)

清華六・管仲20 而型(刑)之方(放)

清華六・管仲21 臣之䎽(聞)之也

清華六・管仲21 臣之䎽(聞)之也

清華六・管仲23 及學(幽)王之身

清華六・管仲24 今夫年(佞)者之利斞(氣)亦可曼(得)而䎽
(聞)虖(乎)

清華六・管仲25 疋(胥)舍(舍)之邦

清華六・管仲25 夫年(佞)者之事君

清華六・管仲30 余日三陞之

清華六・管仲30 夕三陞之

清華六·太伯甲 01 吝(文)公逪(往)舖(問)之

清華六·太伯甲 04 故(古)之人又(有)言曰

清華六·太伯甲 06 女(如)容袿(社)之凥(處)

清華六·太伯甲 06 亦虐(吾)先君之力也

清華六·太伯甲 07 縈厄(軛)郢(蔦)、竿(邗)之國

清華六·太伯甲 08 乃東伐齊蘁之戎為敵(徹)

清華六·太伯甲 10 長不能莫(慕)虐(吾)先君之武敵(烈)戒(壯)釭(功)

清華六·太伯甲 11 君而虢(狎)之

清華六·太伯甲 11 逮(佚)之旦(夷)

清華六·太伯甲 11 帀(師)之佢鹿

清華六·太伯甲 11 皇之俞珊(彌)

清華六·太伯甲 12 君女(如)是之不能茅(懋)

清華六·太伯甲 12 則卑(譬)若疾之亡瘟(醫)

清華六·太伯甲 12 君之亡(無)舖(問)也

清華六·太伯甲13 君之亡（無）出也

清華六·太伯甲13 戒之㦤（哉）

清華六·太伯乙01 吝（文）公逪（往）訇（問）之

清華六·太伯乙06 女（如）容祙（社）之凥（處）

清華六·太伯乙06 亦虡（吾）先君之力也

清華六·太伯乙06 縈厄（軛）邥（蔫）、竽（邢）之國

清華六·太伯乙07 乃東伐齊䕽之戎爲敽（徹）

清華六·太伯乙09 長不能莫（慕）虡（吾）先君之武敽（烈）戚（壯）釭（功）

清華六·太伯乙10 君而虤（狎）之

清華六·太伯乙10 逹（佚）之旦（夷）

清華六·太伯乙10 帀（師）之佢鹿

清華六·太伯乙10 㿝之俞珊（彌）

清華六·太伯乙11 君女是之不能茅（戀）

清華六·太伯乙11 則卑（譬）若疾之亡瘖（醫）

清華六·太伯乙 11 君之亡（無）餂（問）也

清華六·太伯乙 11 君之亡（無）出［也］

清華六·子儀 01 忎（恐）民之大貥（方）迻（移）易

清華六·子儀 01 三旾（謀）埠（輔）之

清華六·子儀 02 垊（耄）勠（幼）旾（謀）慶而賞之

清華六·子儀 02 乃关（券）冊秦邦之孯（賢）余（餘）

清華六·子儀 03 女（如）權之又（有）加橈（翹）也

清華六·子儀 04 乃張大㡀於東奇之外

清華六·子儀 06 亓（其）下之湙＝（湙湙）

清華六·子儀 06 此悥（慍）之易（傷）僮

清華六·子儀 07 是尚求弔（戚）易（惕）之怍

清華六·子儀 08 楚樂和之曰

清華六·子儀 08 余可（何）䢍以遉（就）之

清華六·子儀 08 余隼（誰）思（使）于告之

清華六·子儀09 矰追而稛(集)之

清華六·子儀09 余隼(誰)思(使)于脅之

清華六·子儀09 昔之禓(臘)可(兮)余不與

清華六·子儀10 今茲之禓(臘)余或不與

清華六·子儀10 攸(奪)之練(績)可(兮)而勴(奮)之

清華六·子儀10 攸(奪)之練(績)可(兮)而勴(奮)之

清華六·子儀10 織紝之不成

清華六·子儀11 以不敎(穀)之攸(修)遠於君

清華六·子儀11 辟(譬)之女(如)兩犬豩(延)河致(啜)而㘁

(猒)

清華六·子儀12 救兄弟以見東方之者(諸)侯

清華六·子儀12 敼(豈)曰奉晉軍以相南面之事

清華六·子儀13 昔鴍(質)之埊(來)也

清華六·子儀13 不敎(穀)佰(宿)之靁(靈)岙(陰)

清華六·子儀13 厭(期)年而見之

清華六·子儀13 亦唯咎（舅）之古（故）

清華六·子儀14 祀（竢）客而諴（翰）之

清華六·子儀15 降上品之

清華六·子儀16 公及三方者（諸）邘（任）君不賠（瞻）皮（彼）泲（沮）漳之川屏（開）而不盧（闔）殹（也）

清華六·子儀16 仁之櫨（楷）也

清華六·子儀16 昔馬（質）之行

清華六·子儀18 臣亓（其）歸而言之

清華六·子儀19 臣亓（其）歸而言之

清華六·子儀19 翯（翌）明而反（返）之

清華六·子儀19 臣亓（其）歸而言之

清華六·子儀20 君不尚芒鄙王之北昊（沒）

清華六·子儀20 迥（通）之于虘（殷）道

清華六·子儀20 臣亓（其）遝（歸）而言之

清華六·子產 01 昔之聖君取虞（獻）於身

清華六·子產 01 民用詢（信）之

清華六·子產 11 弖（己）之皋（罪）也

清華六·子產 12 又（有）道之君

清華六·子產 14 耑（前）者之能迓（役）相亓（其）邦豪（家）

清華六·子產 15 身以虞（獻）之

清華六·子產 15 用身之道

清華六·子產 17 悎（更）則任之

清華六·子產 19 此胃（謂）民詢（信）志之

清華六·子產 19 古之性（狂）君

清華六·子產 19 窂（卑）不足先善君之憯（驗）

清華六·子產 20 善君必豚（循）昔耑（前）善王之鴋（法）

清華六·子產 20 隶叔（求）嫷（蓋）之臤（賢）

清華六·子產21 子產用叕(尊)老先生之㱃(俊)

 清華六·子產22 佮(富)之攴(鞭)

 清華六·子產24 班羞(好)勿(物)㱃(俊)之行

 清華六·子產24 乃隸(肆)參(三)邦之命(令)

 清華六·子產24 道(導)之以孚(教)

 清華六·子產25 隸(肆)參(三)邦之型(刑)

 清華六·子產27 以勳(助)政直(德)之固

 清華六·子產27 以成政悳(德)之忎(愛)

 清華七·子犯01 若公子之良庶子

 清華七·子犯02 走去之

 清華七·子犯02 誠女(如)宔(主)君之言

 清華七·子犯02 古(故)走去之

 清華七·子犯03 若公子之良庶子

清華七·子犯 04 而走去之

清華七·子犯 04 誠女（如）宔（主）之言

清華七·子犯 04 虗（吾）宔（主）之弍（二）晶（三）臣

清華七·子犯 05 欲皆僉之

清華七·子犯 05 必身麎（擔）之

清華七·子犯 06 而走去之

清華七·子犯 07 乃各賜之鐱（劍）縌（帶）衣常（裳）

清華七·子犯 07 而歔之

清華七·子犯 07 夫公子之不能居晉邦

清華七·子犯 08 才（在）上之人

清華七·子犯 09 昔之舊聖折（哲）人

清華七·子犯 09 之埤（敷）政命（令）荆（刑）罰

清華七·子犯 10 猷（猶）叕（叔）是䎽（聞）遺老之言

清華七·子犯 11 若霏（望）雨方奔之而麗（鹿）雁（膺）女（焉）

清華七·子犯 12 寧君之後（後）殜（世）

清華七·子犯 12 矗（就）受（紂）之身

清華七·子犯 12 殺某（梅）之女

清華七·子犯 12 磬（殷）邦之君子

清華七·子犯 13 方走去之

清華七·子犯 14 天下之君子

清華七·子犯 15 亦備才（在）公子之心巳（已）

清華七·晉文公 01 以孤之舊（久）不叟（得）

清華七·晉文公 02 攸（修）晉邦之政

清華七·晉文公 02 四坓（封）之內皆肰（然）

清華七·晉文公 02 以孤之舊不叟（得）

清華七·晉文公 03 以攸（修）晉邦之祀

 清華七·晉文公03 四圅(封)之內皆肰(然)

清華七·晉文公04 四圅(封)之內皆肰(然)

清華七·晉文公04 以虗(吾)晉邦之閵(間)

清華七·晉文公04 凥(處)戜(仇)戜(讎)之閵(間)

清華七·晉文公04 命蒍(蒐)攸(修)先君之䡊(乘)貣(式)車輅

(甲) 清華七·晉文公04 四圅(封)之內皆肰(然)

清華七·晉文公05 爲陞(升)龍之羿(旗)師以進

清華七·晉文公05 爲降龍之羿(旗)師以退

清華七·晉文公06 爲觠(角)龍之羿(旗)師以戜(戰)

清華七·晉文公06 爲交龍之羿(旗)師以豫(舍)

清華七·晉文公06 爲日月之羿(旗)師以舊(久)

 清華七·晉文公06 爲蕰芺(採)之羿(旗)戜(侵)糧者出

清華七·晉文公07 成之以兔于蒿（郊）三

 清華七·晉文公08 反奠（鄭）之厡（陣）

 清華七·晉文公08 九年大旻（得）河東之者（諸）侯

 清華七·趙簡子01 昔虐（吾）子之牂（將）方少

 清華七·趙簡子01 則非子之咎

 清華七·趙簡子02 帀（師）保之皋（罪）也

 清華七·趙簡子02 毫（就）虐（吾）子之牂（將）倀（長）

 清華七·趙簡子02 則非子之咎

 清華七·趙簡子02 娉（傅）母之皋（罪）也

 清華七·趙簡子03 則非人之皋（罪）

 清華七·趙簡子03 牂（將）子之咎

 清華七·趙簡子05 陳是（氏）旻（得）之

清華七·趙簡子05 敢䚺（問）齊君逢（失）之系（奚）繇（由）

清華七·趙簡子05 陳是（氏）旻（得）之系（奚）繇（由）

清華七·趙簡子 06 陳是(氏)旻(得)之

清華七·趙簡子 06 昔之

清華七·趙簡子 06 旻(得)之

清華七·趙簡子 06 遙(失)之

清華七·趙簡子 07 掌又(有)二厇(宅)之室

清華七·趙簡子 08 亦智(知)者(諸)侯之㥺(謀)

清華七·趙簡子 09 河淒(濟)之閒(間)

清華七·趙簡子 09 之矞(亂)

清華七·趙簡子 11 不智(知)周室之

清華七·趙簡子 11 酓(儉)之㣎(侈)

清華七·趙簡子 11 㣎(侈)之酓(儉)虖(乎)

清華七·越公 01 赶堡(登)於會旨(稽)之山

清華七·越公 03 丁(當)孤之殜(世)

清華七·越公 04 辱於募(寡)人之䣂=(敝邑)

清華七・越公 04 君之武礪(勵)

 清華七・越公 04 兵甲之鬼(威)

 清華七・越公 05 又(有)昀(旬)之糧

 清華七・越公 05 交(徼)天陞(地)之福

 清華七・越公 05 母(毋)盬(絶)雩(越)邦之命于天下

 清華七・越公 07 余亓(其)必戰(滅)盬(絶)雩(越)邦之命于天下

 清華七・越公 08 王辟(親)鼓之

 清華七・越公 08 以觀句㗇(踐)之以此伞(八千)人者死也

 清華七・越公 09 吳王酓(聞)雩(越)徥(使)之柔以罡(剛)也

 清華七・越公 09 思道逄(路)之攸(修)隥(險)

 清華七・越公 09 孤亓(其)許之成

 清華七・越公 10 雩(越)邦之利

 清華七・越公 12 唯皮(彼)鷄(雞)父之遠刧(荊)

 清華七・越公 12 虘(吾)先王䢔(逐)之走

清華七·越公 13 凡吳之善士

清華七·越公 16 兹（使）虔（吾）弍（二）邑之父兄子弟朝夕栈（殘）

清華七·越公 17 孤疾痌（痛）之

清華七·越公 17 以民生之不長而自不終亓（其）命

清華七·越公 20 或航（抗）御（禦）募（寡）人之訡（辭）

清華七·越公 23 今夫=（大夫）嚴（儼）狀（然）監（銜）君王之音

清華七·越公 24 孤之恋（願）也

清華七·越公 26 以忻（祈）民之窟（寧）

清華七·越公 28 不再（稱）貣（貸）設（役）濔塗洵（溝）隥（塘）之㝅（功）

清華七·越公 28 王趴亡（無）好攸（修）于民厽（三）工之堵

清華七·越公 29 五政之聿（律）

清華七·越公 30 五政之初

清華七·越公 31 王䎹（聞）之

清華七·越公32 王必酓（飲）飤（食）之

清華七·越公33 王亦酓（飲）飤（食）之

清華七·越公33 王必與之巠（坐）飤（食）

清華七·越公37 凡群厇（度）之不厇（度）

清華七·越公37 群采勿（物）之不繢（對）

清華七·越公38 則劼（詰）訐之

清華七·越公38 戠（察）之而訐（孚）

清華七·越公38 則劼（詰）訐之

清華七·越公39 因亓（其）貨（過）以爲之罰

清華七·越公39 鄥（邊）鄹（縣）之民

清華七·越公39 又（有）管（官）帀（師）之人

清華七·越公40 王必辟（親）見〈視〉而聖（聽）之

清華七·越公40 戠（察）之而訫（信）

清華七·越公40 官帀（師）之人

清華七·越公40 成(城)邑之司事

清華七·越公40 官市(師)之人

清華七·越公42 王必辟(親)聖(聽)之

清華七·越公42 旨(稽)之而訐(信)

清華七·越公44 睛(省)成(城)市鄢(邊)還(縣)尖=(小大)遠邇(邇)之𠣞(句)、荅(落)

清華七·越公45 翩(問)之于左右

清華七·越公45 王既戠(察)智(知)之

清華七·越公45 王必辟(親)聖(聽)之

清華七·越公46 則必酓(飲)飤(食)賜叁(予)之

清華七·越公46 王既必(比)聖(聽)之

清華七·越公49 四方之民

清華七·越公49 雩(越)堕(地)之多飤(食)

清華七·越公49 乃波徍(往)遏(歸)之

清華七·越公50 凡五兵之利

清華七·越公50　王曰忎（甚）之

　清華七·越公50　凡金革之攻

　清華七·越公51　以䚔（問）五兵之利

清華七·越公51　鄥（邊）鄗（縣）成（城）市之多兵、亡（無）兵者

清華七·越公53　王寠（訊）之

清華七·越公53　則賞敔（穀）之

清華七·越公54　王寠（訊）之

清華七·越公54　則穋（戮）殺之

清華七·越公55　穟（唯）立（位）之宋（次）尻、備（服）衸（飾）、群勿（物）

　清華七·越公55　品采之侃（愆）于者（故）裳（常）

　清華七·越公56　及風音誦詩訶（歌）謠（謠）之非郬（越）裳（常）聿（律）

　清華七·越公56　王乃徹（趣）羣＝（至于）洶（溝）隓（塘）之工（功）

　清華七·越公59　王監雩（越）邦之既苟（敬）

清華七·越公 60 鼓而退之

清華七·越公 60 女(焉)司(始)醓(絕)吳之行李(李)

清華七·越公 61 以交(邀)之

清華七·越公 66 酒(將)以御(禦)之

清華七·越公 67 不鼓不喿(噪)以淊(侵)攻之

清華七·越公 67 戎(攻)之

清華七·越公 71 人之幣(敝)邑

清華七·越公 75 雩(越)公是聿(盡)既有之

清華八·攝命 02 甚余我邦之若否

清華八·攝命 06 則由譏(勸)女(汝)訓言之譔

清華八·攝命 08 女(汝)隹(唯)言之司

清華八·攝命 10 勿繇(繇)之庶不訓(順)

清華八·攝命 12 亦若之頌(庸)弗羕

清華八·攝命 13 女(汝)母(毋)敢有退于之

清華八·攝命 13 女(汝)亦母(毋)敢遬(洪)于之

清華八·攝命19 智(知)佳(唯)子不佳(唯)之頌(庸)

 清華八·攝命20 乃克甬(用)之彝

 清華八·攝命26 民有曰之

 清華八·攝命26 不則戠(職)智(知)之䎽(聞)之言

 清華八·攝命26 不則戠(職)智(知)之䎽(聞)之言

 清華八·邦政11 邦豪(家)之政

 清華八·邦政12 㞷(丘)䎽(聞)之曰

 清華八·邦政13 愍(改)人之事

 清華八·處位03 君乃無從䢓(規)下之蟲□

 清華八·處位05 印(抑)逡(後)之爲敞(端)

 清華八·處位05 攸(修)之者

 清華八·處位06 須事之禺(遇)幾(機)

 清華八·處位08 史(使)人未智(知)㝵(得)啟(度)之蹟(踐)

清華八·處位 11 政是道(導)之

清華八·邦道 02 □□〔瀘〕(廢)罌(興)之不尼(度)

清華八·邦道 02 古(故)昔之盟(明)者

清華八·邦道 02 曇(早)智(知)此惫(患)而遠之

清華八·邦道 02 隹(唯)道之所才(在)

清華八·邦道 02 貴俴(賤)之立(位)

清華八·邦道 03 貴之則貴

清華八·邦道 03 俴(賤)之則俴(賤)

清華八·邦道 04 正(政)惪(德)之晉(晦)明

清華八·邦道 04 古(故)昔之明者旻(得)之

清華八·邦道 04 古(故)昔之明者旻(得)之

清華八·邦道 04 惥(愚)者迷(失)之

清華八·邦道 04 以時(待)明王聖君之立

清華八·邦道05 皮（彼）天下之籲（銳）士

 清華八·邦道05 皮（彼）天下之籲（銳）士之銮（遠）才（在）下立（位）而不由者

 清華八·邦道05 會（愈）自固以悲愈（怨）之

 清華八·邦道06 皮（彼）聖士之不由

 清華八·邦道06 卑（譬）之獣（猶）戕（歲）之不甞（時）

 清華八·邦道06 卑（譬）之獣（猶）戕（歲）之不甞（時）

 清華八·邦道06 水覃（旱）、雨雱（露）之不厇（度）

 清華八·邦道06 皮（彼）萅（春）頙（夏）眯（秋）冬之相受既巡（順）

 清華八·邦道07 古（故）卑（譬）之人屮（草）木

 清華八·邦道07 皮（彼）善人之欲達

 清華八·邦道07 亦若上之欲善人

清華八·邦道07 侯〈医〉䚈（亂）正（政）是御之

清華八·邦道08 唯上之流是從

清華八·邦道08 句（苟）王之慾（訓）斅（教）

清華八·邦道08 卑（譬）之若溪浴（谷）

清華八·邦道09 事必自智（知）之

清華八·邦道09 爯（稱）亓（其）行之厚泊（薄）

清華八·邦道09 以史（使）之

清華八·邦道10 煮（圖）終之以祍（功）

清華八·邦道10 憎而遠之

清華八·邦道11 母（毋）以一人之口毀懇（譽）

清華八·邦道11 湟（徵）而僊（察）之

清華八·邦道11 和亓（其）音㷱（氣）與亓（其）𢉖（顏色）以脜（柔）之

清華八·邦道 11 斅(教)以罼(舉)之

 清華八·邦道 11 唯皮(彼)瀍(廢)民之不脰(循)教者

 清華八·邦道 12 丌(其)旻(得)而備(服)之

 清華八·邦道 12 貴戔(賤)之立(位)者(諸)同雀(爵)者

 清華八·邦道 12 鼠-(一)之則亡(無)弌(二)心

 清華八·邦道 12 乇(度)其(其)力以史(使)之

 清華八·邦道 13 是以尃(敷)均於百眚(姓)之溓(兼)厲而愨(愛)者

 清華八·邦道 13 古(故)四垰(封)之审(中)亡(無)堇(勤)袭(勞)

 清華八·邦道 14 不恁(謀)初悡(過)之不立

 清華八·邦道 15 殣(殣)疠(病)之人

 清華八·邦道 15 上有悡(過)不加之於下

 清華八·邦道 15 遙(失)之所才(在)

清華八·邦道 15 譽(皆)智(知)而賜(更)之

 清華八·邦道 16 此之曰攸(修)

 清華八·邦道 18 則可以智(知)之

 清華八·邦道 18 皮(彼)智(知)上之請(情)之不可以幸

 清華八·邦道 18 皮(彼)智(知)上之請(情)之不可以幸

 清華八·邦道 19 皮(彼)士返(及)攻(工)商、戎(農)夫之㥯(惰)於亓(其)事

 清華八·邦道 21 不記(起)事於戎(農)之厽(三)時

 清華八·邦道 22 此絧(治)邦之道

 清華八·邦道 22 智者智(知)之

 清華八·邦道 22 夫邦之弱張

 清華八·邦道 23 卑(譬)之若日月之俆(敘)

 清華八·邦道 23 日月之俆(敘)

清華八·邦道24 皮（彼）上之所感

清華八·邦道25 䏌（靖）㤅（𢐅）以智（知）之于百眚（姓）

清華八·邦道26 以量亓（其）帀（師）尹之諐（徵）

清華八·邦道27 晦（每）弋（一）之癹（發）也

清華八·邦道27 以事之于邦

清華八·心中01 尻（處）身之中以君之

清華八·心中01 尻（處）身之中以君之

清華八·心中02 心欲見之

清華八·心中02 目古（故）視之

清華八·心中02 心欲䎽（聞）之

清華八·心中02 耳古（故）聖（聽）之

清華八·心中02 心欲道之

清華八·心中02 口古（故）言之

清華八·心中02 心欲甬（用）之

清華八·心中 02 纏(肢)古(故)與(舉)之

清華八·心中 03 人之又(有)爲

清華八·心中 04 名之曰幸

清華八·心中 04 智(知)事之采(卒)

清華八·心中 04 寍(寧)心愳(謀)之

清華八·心中 04 旨(稽)之

清華八·心中 05 氐(度)之

清華八·心中 05 監(鑒)之

清華八·心中 05 才(在)善之麿(廬)

清華八·心中 05 心女(焉)爲之

清華八·天下 01 天下之道

清華八·天下 01 弌(一)者獸(守)之=(之之)器

清華八·天下 01 弍(一)者攻之=(之之)器

清華八·天下 01 今之獸(守)者

清華八·天下 01 是非獸(守)之道

清華八·天下 02 昔天下之獸（守）者

清華八·天下 02 女（如）不旻（得）亓（其）民之情爲（僞）

清華八·天下 03 今之攻者

清華八·天下 03 以癹（發）亓（其）一日之妾（怒）

清華八·天下 03 是非攻之道也

清華八·天下 03 堯（乘）亓（其）民之心

清華八·天下 04 女（如）不旻（得）□□之青（情）

清華八·天下 05 昔三王者之所以取之＝（之之）器

清華八·天下 05 昔三王者之所以取之＝（之之）器

清華八·天下 05 遑（歸）之以中

清華八·天下 05 遑（歸）之昏（謀）人以敓（奪）忎＝（之心）

清華八·天下 06 昔三王之所胃（謂）戟（陳）者

清華八·天下 06 弌（一）曰礪（勵）之

清華八·天下 06 弌（二）曰慫（勸）之

清華八·天下 06 三曰駜（懋）之

清華八·天下 06 四曰戁（壯）之

清華八·天下 06 五曰戁（鬭）之

清華八·天下 07 乃速用之

清華八·天下 07 女（如）不旻（得）用之

清華八·天下 07 乃募（顧）僕（察）之

清華八·八氣 01 自癹（發）燹（氣）之日

清華八·八氣 01 自渴（竭）之日

清華八·八氣 02 自降之日

清華八·八氣 02 自耑（草）燹（氣）渴（竭）之日

清華八·八氣 05 司兵之子

清華八·虞夏 01 頤（夏）后受之

清華八·虞夏 01 殷人弋（代）之以晶（三）

清華八·虞夏 02 教民以又（有）禔=（威威）之

清華八·虞夏 02 周人弋(代)之用兩

清華八·虞夏 03 昏(海)外之者(諸)侯逞(歸)而不巫(來)

～,與 ✗(上博一·孔 4)、✗(上博二·從甲 17)同。《說文·之部》："之,出也。象艸過屮,枝莖益大,有所之。一者,地也。凡之之屬皆从之。"

清華一·尹誥 01"尹念天之敗(敗)西邑顕(夏)",《禮記·緇衣》："《尹吉》曰:'惟尹躬天見于西邑夏,自周有終,相亦惟終。'"鄭玄注:"《尹吉》,亦《尹誥》也……見或爲敗。邑或爲予。"

清華一·尹誥 02"之",指代夏。

清華一·尹誥 03"摯之",讀爲"賚之",賜之,"之"指代商民。(廖名春)

清華一·尹誥 04"舍之",讀爲"予之","之"指代商民。

清華一·保訓 03、04"之",代指武王。

清華一·保訓 05"不諱(違)于庶萬眚(姓)之多欲",《左傳·襄公八年》:"謀之多族,民之多違,事滋無成。"

清華一·保訓 06"侌昜之勿",讀爲"陰陽之物",《禮記·祭統》:"昆蟲之異,草木之實,陰陽之物備矣。"

清華一·保訓 07"三降之德",傳世文獻多云"三德",如《書·洪範》:"三德,一曰正直,二曰剛克,三曰柔克。"

清華一·保訓 07"之",代指舜。

清華一·保訓 07"祇之才",讀爲"祇之哉",意即敬之哉。《逸周書·文儆》:"嗚呼,敬之哉!"

清華一·耆夜 01"大戜(戡)之"之"之",代詞。《書·西伯戡黎》:"西伯既戡黎,祖伊恐,奔告于王。"

清華一·耆夜 02"東尚之客",讀爲"東堂之客",即東堂客。

清華一·耆夜 05"殷民之秀",讀爲"緊民之秀"。《全後漢文·汝南周勰碑》:"宣所謂天民之秀也。"

清華一·耆夜 08"臨下之光",用偉大的光芒照臨四方。

清華一·耆夜 13、14"是佳良士之愳",讀爲"是惟良士之懼"。《詩·唐風·蟋蟀》作"良士瞿瞿"。

清華一·金縢 03"尔(爾)母(毋)乃又(有)備子之責才(在)上",今本

《書·金縢》作"是有丕子之責于天"。

清華一·金縢 05"尔(爾)之訏(許)我"之"之",助詞,取消句子獨立性。今本《書·金縢》作"爾之許我"。

清華一·金縢 06"自以弋(代)王之敓(說)于金銚(縢)之匱",今本《書·金縢》作"乃納册于金縢之匱中"。

清華一·金縢 07"我之□"之"之",助詞。今本《書·金縢》作"我之弗辟"。

清華一·金縢 10"以攴(啓)金銚(縢)之匱",今本《書·金縢》作"以啓金縢之書"。

清華一·金縢 10"王旻(得)周公之所自以爲红(功)以弋(代)武王之敓(說)",今本《書·金縢》作"乃得周公所自以爲功代武王之説"。

清華一·金縢 12"我邦(家)豊(禮)亦宜之",今本《書·金縢》作"我國家禮亦宜之"。

清華一·金縢 13"二公命邦人聿(盡)返(復)竺(築)之",今本《書·金縢》作"盡起而築之"。

清華一·皇門 02"隹(惟)莫覑(開)余嘉悳(德)之兑(說)",今本《逸周書·皇門》作"維其開告于予嘉德之説"。

清華一·皇門 02"我䎽(聞)昔才(在)二又(有)或(國)之折(哲)王",今本《逸周書·皇門》作"我聞在昔有國誓王之不綏于卹"。

清華一·皇門 04"王用能承天之魯命",今本《逸周書·皇門》作"用能承天嘏命"。

清華一·皇門 07"孫=(子孫)用穅(末)被先王之耿光",今本《逸周書·皇門》作"萬子孫用末被先王之靈光"。

清華一·皇門 07"廼弗肎(肯)用先王之明荆(刑)",今本《逸周書·皇門》作"弗見先王之明刑"。

清華一·皇門 08"不肎(肯)惠聖(聽)亡(無)辠(罪)之訽(辭)",今本《逸周書·皇門》作"無辜之亂辭是羞于王"。

清華一·皇門 09"卑(俾)王之亡(無)依亡(無)勴(助)",今本《逸周書·皇門》作"俾無依無助"。

清華一·皇門 10"卑(譬)女(如)䟽(匹)夫之又(有)悉(媢)妻",今本《逸周書·皇門》作"譬若匹夫之有婚妻"。

清華一·皇門 13"母(毋)隹(惟)尔(爾)身之䚘(閲)",今本《逸周書·皇門》作"無維乃身之暴皆卹"。

清華一·皇門 13"忑悳之行",讀爲"元德之行"。《詩·大雅·抑》:"其維哲人,告之話言,順德之行。"

清華一·祭公 02"余畏天之复(作)畏(威)",即畏天作威。今本《逸周書·祭公》作"予畏天威"。

清華一·祭公 04"朕(朕)之皇且(祖)周文王",今本《逸周書·祭公》作"朕皇祖文王、烈祖武王"。

清華一·祭公 05"甬(用)纏(膺)受天之命",今本《逸周書·祭公》作"用應受天命"。

清華一·祭公 06"孳(兹)由(迪)遛(襲)孝(學)于文武之曼悳(德)",今本《逸周書·祭公》作"兹申予小子追學於文、武之蔑"。

清華一·祭公 08"以余少(小)子颺(揚)文武之剌(烈)",今本《逸周書·祭公》作"以予小子揚文、武大勳"。

清華一·祭公 08"颺(揚)城(成)、康、邵(昭)宔(主)之剌(烈)",今本《逸周書·祭公》作"弘成、康、昭考之烈"。

清華一·祭公 10"皇天改大邦壓(殷)之命",今本《逸周書·祭公》作"皇天改大殷之命"。

清華一·祭公 10"隹(惟)周文王受之",今本《逸周書·祭公》作"維文王受之"。

清華一·祭公 10"隹(惟)武王大敗(敗)之",今本《逸周書·祭公》作"維武王大尅之"。

清華一·祭公 11"隹(惟)天奠我文王之志",今本《逸周書·祭公》作"維天貞文王之重用威"。

清華一·祭公 11"達之甬(用)畏(威)",今本《逸周書·祭公》作"維天貞文王之重用威"。

清華一·祭公 12"敬龏(恭)之",今本《逸周書·祭公》作"敬恭承之"。

清華一·祭公 12"我亦走(上)下卑于文武之受命",今本《逸周書·祭公》作"辟于文、武,文、武之子孫"。

清華一·祭公 13"不(丕)隹(惟)周之旁(旁)",今本《逸周書·祭公》作"丕維周之基"。

清華一·祭公 13"不(丕)隹(惟)句(后)稷(稷)之受命是羕(永)叴(厚)",今本《逸周書·祭公》作"丕維后稷之受命"。

清華一·祭公14"不(丕)隹(惟)周之䈞(厚)芇(屏)",今本《逸周書·祭公》作"丕維周之始并"。

清華一·祭公14"藍(監)于(夏)商之既敗(敗)",今本《逸周書·祭公》作"監于夏商之既敗"。

清華一·祭公14"參舒(叙)之",今本《逸周書·祭公》作"守序終之"。

清華一·祭公15"不(丕)隹(惟)文武之由",今本《逸周書·祭公》作"丕維文王由之"。

清華一·祭公18"先王之共明悳",讀爲"先王之恭明德"。《左傳·僖公二十二年》:"先王之明德,猶無不難也,無不懼也,況我小國乎!"

清華一·楚居01"見盤庚之子",見到盤庚的子孫。

清華一·楚居02"從,及之",就去追她,結果追上她。

清華一·楚居03"之",指妣㽅。

清華一·楚居09、清華二·繫年001"名之",稱之爲,取名作。《韓非子·和氏》:"悲夫!寶玉而題之以石,貞士而名之以誑。"

清華一·楚居10"承之埜",讀爲"烝之野",即"烝野"。楊伯峻《春秋左傳注》引顧棟高説在今湖北江陵,又沈欽韓説即今河南新野。《左傳·宣公四年》:"子越又惡之,乃以若敖氏之族圄伯嬴於轑陽而殺之,遂處烝野,將攻王。王以三王之子爲質焉,弗受,師于漳澨。秋七月戊戌,楚子與若敖氏戰于皋滸……遂滅若敖氏。"

清華一·楚居11、12、13"秦溪之上",讀爲"乾溪之上",水名。《韓非子·十過》:"靈王南遊,群臣從而劫之。靈王餓而死乾溪之上。"

清華二·繫年005"孚人之女",讀爲"褒人之女"。《國語·晉語一》:"周幽王伐有褒,褒人以褒姒女焉,褒姒有寵,生伯服,于是乎與虢石甫比,逐太子宜臼而立伯服。"

清華二·繫年009"之",指平王。

清華二·繫年010"東方之者(諸)侯",《穀梁傳·哀公十三年》:"吳,東方之大國也,累累致小國以會諸侯,以合乎中國。"

清華二·繫年015"西覺商盍之民于邾虐",讀爲"西遷商蓋之民于邾圉"。《左傳·定公四年》:"因商奄之民,命以伯禽,而封於少皞之虛。"

清華二·繫年018"殷之佘(餘)民",指《左傳·定公四年》所述殷民七族。

清華二·繫年024"鄦(蔡)哀侯妻之"之"妻之",即"以之爲妻",意爲娶息嬀爲妻。

清華二·繫年026"文王敗(敗)之於新(莘)"，《左傳·莊公十年》："楚子從之。秋九月，楚敗蔡師于莘，以蔡侯獻舞歸。"簡文"之"，指蔡師。

清華二·繫年027"賽侯之妻甚娪"，讀爲"息侯之妻甚美"。《戰國策·楚四》："齊崔杼之妻美，莊公通之。"

清華二·繫年027、028"之"，代指息侯之妻。

清華二·繫年028"之"，代指息國。

清華二·繫年031"之"，代指太子申生。

清華二·繫年012"高之巨爾"，讀爲"高之渠彌"，即高渠彌。"之"，助詞，無義。《左傳·桓公十八年》："秋，齊侯師于首止，子亹會之，高渠彌相。七月戊戌，齊人殺子亹而轘高渠彌。"

清華二·繫年035"之"，代指懷公。

清華二·繫年036、037"之"，代指晉文公。

清華二·繫年042"伐甕以敚齊之戍及宋之回"，讀爲"伐衛以脱齊之戍及宋之圍"。《左傳·僖公二十七年》："冬，楚子及諸侯圍宋，宋公孫固如晉告急……狐偃曰：'楚始得曹，而新昏於衛，若伐曹、衛，楚必救之，則齊、宋免矣。'於是乎蒐于被廬，作三軍……出穀戍，釋宋圍，一戰而霸，文之教也。"

清華二·繫年045"北門之笑"，讀爲"北門之管"。《左傳·僖公三十二年》："杞子自鄭使告于秦，曰：'鄭人使我掌其北門之管。'"

清華二·繫年046、047"奠(鄭)之賈人弦高牆(將)西市，遇之"，《左傳·僖公三十三年》："三十三年春，秦師……及滑，鄭商人弦高將市於周，遇之。"

清華二·繫年047"之"，代指滑。

清華二·繫年048"之"，代指秦師。

清華二·繫年051"邵襄公之弟瘫也于秦"，讀爲"召襄公之弟雍也于秦"。《左傳·文公六年》："使先蔑、士會如秦，逆公子雍。"

清華二·繫年051"之"，代指這件事。

清華二·繫年053"之"，代指襄公之弟雍也。

清華二·繫年055"衛自爲河曲之戰"，讀爲"率師爲河曲之戰"，《春秋·文公十二年》："冬十有二月戊午，晉人、秦人戰于河曲。"

清華二·繫年057"睪者之糜"，讀爲"孟諸之糜"，見《左傳·僖公二十八年》："孟諸之糜。"

清華二·繫年064"欤于楚軍之門"，讀爲"席于楚軍之門"，《左傳·宣公十二年》："趙旃夜至於楚軍，席於軍門之外，使其徒入之。"

清華二·繫年066、069"高之固",即齊卿高固,高宣子。《春秋·宣公五年》:"秋九月,齊高固來逆叔姬。"

清華二·繫年072"齊侯之垄(來)也"之"之",助詞,放在主謂之間,取消句子的獨立性。

清華二·繫年076"之",代指申公。

清華二·繫年076"之",楊樹達《詞詮》卷五:"之,代名詞,彼也。"

清華二·繫年081"之",代指連尹奢。

清華二·繫年081"五(伍)之雞",應屬伍氏另一支,伍子胥的弟弟。

清華二·繫年087"翟之伐",讀爲"糴之茷",即"糴茷"。《左傳·成公十年》:"十年春,晉侯使糴茷如楚,報大宰子商之使也……晉侯有疾,五月,晉立太子州蒲以爲君……秋,(魯成)公如晉。晉人止公,使送葬。於是糴茷未反。"

清華二·繫年088"行晉楚之成",《左傳·成公十一年》:"宋華元善於令尹子重,又善於欒武子,聞楚人既許晉糴茷成,而使歸復命矣。冬,華元如楚,遂如晉,合晉、楚之成。"

清華二·繫年089、097"爾天下之毇兵",讀爲"弭天下之甲兵",《戰國策·趙四》:"今趙留天下之甲於成皋,而陰鬻之於秦。"

清華二·繫年094"以返坪舍之自",讀爲"以復平陰之師"。《左傳·襄公二十三年》:"齊侯遂伐晉,取朝歌……以報平陰之役。"

清華二·繫年104"改邦陳、鄁(蔡)之君",《左傳·昭公十三年》:"楚之滅蔡也,靈王遷許、胡、沈、道、房、申於荊焉。平王即位,既封陳、蔡,而皆復之,禮也。"

清華二·繫年113"句俞之門",疑讀爲"句瀆之門"。《左傳·桓公十二年》有"句瀆之丘",杜預注:"句瀆之丘即穀丘也。"或以爲宋地,或以爲曹地。

清華二·繫年115"歸之於楚"之"之",指代楚國,簡文是指把楚國的勢力逼出中原,趕回楚地。

清華二·繫年121"明于魯稷門之外",讀爲"盟于魯稷門之外"。《左傳·定公五年》:"己丑,盟桓子于稷門之內。"杜預注:"魯南城門。"

清華二·繫年123"三子之夫=(大夫)",三子的大夫。

清華二·繫年128"競之賈",讀爲"景之賈",楚公族,爲平王之後,亦即楚之景氏。"之",助詞,無義。古人常於姓名中用助詞,如燭之武、介之推等。

清華二·繫年135"卲之娭",讀爲"昭之娭",昭王之後。

清華三·説命上02"毕敓之痕",讀爲"厥説之狀"。《荀子·非相》:"傳説之狀,身如植鰭。"

清華三·說命上 04"我亓殺之",讀爲"我其殺之",與"我其已,勿殺",是相對立的卜辭。

清華三·說命上 06"陞宙之自行",即"地中之自行",是倒裝句,即"自地中行",從土地裏面行走。(黃傑)

清華三·說命上 06"才北昏之州",讀爲"在北海之洲"。《墨子·尚賢下》:"昔者傅說居北海之洲,圜土之上。"

清華三·說命上 07(背)"専(傅)敓(說)之命"之"之",助詞,相當於"的"。

清華三·說命中 02"瀚(漸)之于乃心"之"之",代詞,指代朕言。

清華三·說命中 03"隹(惟)庶想(相)之力尭(勝)"之"之",助詞,相當於"的"。

清華三·說命中 03、06"敬之孳",讀爲"敬之哉","之",語助詞,無義。

清華三·說命中 05"女(汝)隹(惟)孳(兹)敓(說)砥(底)之于乃心"之"之",代詞。

清華三·說命中 07"蠘(志)之于乃心"之"之",代詞,指代告知的話。

清華三·說命下 08"天章之甬(用)九惪(德)"之"之",用於主謂之間,取消句子獨立性。

清華三·說命下 09"虡(吾)乃専(敷)之于百青(姓)",《韓非子·難三》:"法者,編著之圖籍,設之於官府,而布之於百姓者也。""之",代詞,指代"三德"。

清華三·說命下 09"余隹弗逬天之叚命",讀爲"余惟弗雍天之嘏命"。《書·太甲上》:"先王顧諟天之明命,以承上下神祇。""之",助詞,相當於"的"。

清華三·琴舞 01(背)"周公之琴舞","之",助詞,相當於"的"。

清華三·琴舞 02、06"敬₌之₌",讀爲"敬之敬之",《詩·周頌·敬之》:"敬之敬之,天維顯思,命不易哉。""之",語助詞,無義。

清華三·琴舞 03"貽告舍㬅惪之行",讀爲"示告余顯德之行"。《詩·周頌·敬之》:"示我顯德行。""之",助詞,相當於"的"。

清華三·琴舞 04"古之人",指先祖先考。《詩·大雅·思齊》:"古之人無斁。"《詩·周頌·良耜》:"以似以續,續古之人。"

清華三·琴舞 08"晝之才(在)視日,夜之才(在)視晨(辰)",《說命下》簡作"晝女視日,夜女視辰"。"之",用於主謂之間,取消句子獨立性。

清華三·琴舞 11"天之不易",《書·大誥》:"爾亦不知天命不易。""之",用於主謂之間,取消句子獨立性。

清華三·琴舞 13"畏天之載",《詩·大雅·文王》:"上天之載,無聲無臭。"

清華三·芮良夫02"邦之不竂(寧)","之",用於主謂之間,取消句子獨立性。

清華三·芮良夫03"龏天之畏",讀爲"恭天之威"。《詩·周頌·我將》:"我其夙夜,畏天之威,于時保之。"

清華三·芮良夫05,清華八·邦道08、23"卑之若",讀爲"譬之若",即譬如。《墨子·非樂》:"然則當用樂器,譬之若聖王之爲舟車也,即我弗敢非也。"

清華三·芮良夫06"莫之敉(扶)道(導)","之",代詞賓語,前置。

清華三·芮良夫06"畏天之隆載",讀爲"畏天之降災"。《國語·吳語》:"昔周室逢天之降禍,遭民之不祥,余心豈忘憂恤,不唯下土之不康靖。""之",用於主謂之間,取消句子獨立性。

清華三·芮良夫06"卹邦之不胾",讀爲"卹邦之不臧"。《書·盤庚上》:"邦之臧,惟汝衆;邦之不臧,惟予一人有佚罰。"

清華三·芮良夫08"心之慐矣",即"心之憂矣"。《詩·邶風·柏舟》:"心之憂矣,如匪浣衣。"

清華三·芮良夫10"則畏蠱之",讀爲"則畏威虐之"。《左傳·襄公三十年》:"王子相楚國,將善是封殖,而虐之,是禍國也。"

清華三·芮良夫18"天之所欘(壞),莫之能枳(支),天之所枳(支)",《左傳·定公元年》:"天之所壞,不可支也。"《國語·周語下》記衛彪傒見單穆公時云:"《周詩》有之曰:'天之所支,不可壞也。其所壞,亦不可支也。'昔武王克殷而作此詩也,以爲飫歌,名之曰'支'。""之所"乃固定結構,"之"可理解爲取消句子獨立性的助詞,也可理解爲等同於"的"的助詞。"莫之能枳(支)"的"之",代詞賓語,前置。

清華三·芮良夫26"莫之",代詞賓語,前置。《孟子·梁惠王上》:"保民而王,莫之能禦也。"

清華三·赤鵠01、02、04"之",代指赤鵠。

清華三·赤鵠04"四亢之外",讀爲"四荒之外"。《呂氏春秋·知度》:"舜曰:'若何而服四荒之外?'禹曰:'若何而治青北,化九陽、奇怪之所際?'"

清華三·赤鵠04"四晷之外",讀爲"四海之外"。《管子·宙合》:"宙合之意,上通於天之上,下泉於地之下,外出於四海之外,合絡天地,以爲一裹。"

清華三·良臣01"黃帝之帀(師)",黃帝的老師。

清華三·良臣07"五之疋",讀爲"伍之胥",即伍子胥,《史記·伍子胥列傳》:"伍子胥者,楚人也,名員。員父曰伍奢。員兄曰伍尚。其先曰伍舉,以直諫事楚莊王,有顯,故其後世有名於楚。""之",助詞,無義。古人常於姓名中用助詞,如燭之武、介之推等。

清華三·良臣 08"周之遺老",《吕氏春秋·慎大》:"武王乃恐懼太息流涕,命周公旦進殷之遺老,而問殷之亡故。"

清華三·良臣 09"子產之帀(師)",子產的老師。"之",助詞,相當於"的"。

清華二·繫年 032、033"里之克",即晉大夫里克。"之",助詞,無義。先秦古書習見在人姓名中加"之"的用法,可參看楊樹達《古書疑義舉例續補》"人姓名之間加助字例"條。

清華二·繫年 066、67、68、70、071"郘之克",讀爲"駒之克",即郤克、郤獻子,《左傳·宣公十七年》:"十七年春,晉侯使郤克徵會于齊。"

清華三·良臣 10"富之厎"、清華六·子產 22 作"佰之支",均讀爲"富之鞭",人名,即《左傳·昭公十六年》諫子產的富子。

清華六·太伯甲 11、太伯乙 10"帀(師)之佢鹿",即師佢鹿,人名。

清華六·太伯甲 11、太伯乙 10"臯之俞珊(彌)",即"甾之俞彌",疑讀爲"士之俞彌"。《左傳·僖公二十年》:"夏,鄭公子士洩、堵寇帥師入滑。"《左傳·僖公二十四年》:"鄭公子士洩、堵俞彌帥師伐滑。"舊説皆讀作"公子士""洩堵俞彌",以"洩堵"爲"俞彌"之氏,非是。《左傳·宣公三年》稱鄭文公"娶于江,生公子士",或疑"士""洩"一名一字,或名"士洩"而單稱"士"。頗疑《左傳》"士洩、堵俞彌",即"士之俞彌"。或釋爲"堵之俞彌"。

清華六·太伯甲 11"逢之㠯",讀爲"佚之夷"。《左傳·僖公三十年》記佚之狐薦燭之武,以退秦師,事在鄭文公四十三年,與"佚之夷"不知是否是一人。

清華三·祝辭 03、04、05"引虞言之",讀爲"引且言之",拉弓並説出上文祝辭。"之",代詞。

清華四·筮法 20"弌(一)刲(卦)亢之",被同一艮卦遮蔽。

清華四·筮法 44、55"奚古胃之",讀爲"奚故謂之",意思是何故謂之。"之",代詞。《論衡·異虛篇》:"朱草、蓂莢,皆草也,宜生於野,而生於朝,是爲不吉。何故謂之瑞?"

清華四·筮法 48、59"是古胃之",讀爲"是故謂之"。《易·繫辭上》:"聖人有以見天下之賾,而擬諸其形容,象其物宜,是故謂之象。"

清華四·筮法 51"夫天之道","之",助詞,相當於"的"。《左傳·襄公二十二年》:"君人執信,臣人執共,忠信篤敬,上下同之,天之道也。"

清華五·厚父 02"降之民",爲禹降民。"之",指禹。豳公盨:"天命禹敷土……降民監德。"

清華五·厚父03"智天之鬼",讀爲"知天之威"。《詩·周頌·我將》:"畏天之威。"

清華五·厚父03"廼嚴禋畏皇天上帝之命",《書·立政》:"亦越成湯陟,丕釐上帝之耿命,乃用三有宅。""之",助詞,相當於"的"。

清華五·厚父04"以庶民佳政(政)之龏",即"以庶民惟政之恭",句式和《書·無逸》"以庶邦惟正之供"相同。"政"是"恭"的賓語,通過"之"字前置。

清華五·厚父05"复(作)之君,复(作)之帀(師)",《孟子·梁惠王下》:"《書》曰:'天降下民,作之君,作之師,惟曰其助上帝寵之。四方有罪無罪惟我在,天下曷敢有越厥志?'""之",代詞,代下民。

清華五·厚父07"咸天之臣民",《墨子·法儀》:"人無幼長貴賤,皆天之臣也。"

清華五·厚父07"欽之找",讀爲"欽之哉",即"欽哉"。《書·舜典》:"帝曰:俞,往,欽哉!"

清華五·厚父09"兹少人之惪",讀爲"兹小人之德"。《孟子·滕文公上》:"君子之德,風也;小人之德,草也。"

清華五·厚父13"隹神之卿",讀爲"惟神之饗",用"之"將賓語"神"提前。

清華五·封許02"古天蕣之亾臭",讀爲"故天勸之亡斁"。《詩·周南·葛覃》:"服之無斁。"

清華五·封許09(背)"譁鄦之命",讀爲"封許之命",是周初封建許國的公文。

清華五·命訓01"立明王以悓(訓)之",《逸周書·命訓》作"立明王以順之"。劉師培云:"順、訓古通,順當讀訓,猶言立明王以教誡之也。""之",代詞,指上文的"民"。

清華五·命訓02"而易(賜)之福",《逸周書·命訓》作"而賜之福祿"。"之",代詞,代"民"或"人"。

清華五·命訓02"或司不義而墜(降)之褙(禍)",《逸周書·命訓》作"夫或司不義,而降之禍"。"之",代詞,代"民"或"人"。

清華五·命訓03"迖(上)以明之",《逸周書·命訓》作"無以明之"。"明之"義爲"使明之"。"之",代詞,代"恥"。

清華五·命訓04"上以穀(穀)之",《逸周書·命訓》作"無以穀之"。

清華五·命訓04"上以㮯(畏)之",《逸周書·命訓》作"無以畏之"。"畏之",義爲"使畏之"。

清華五·命訓 06"功陞(地)以利之",《逸周書·命訓》作"功地以利之"。"利之",義爲使民獲利。

清華五·命訓 07"人之伓(恥)天之命",《逸周書·命訓》作"以人之醜當天之命"。第一個"之"是取消句子獨立性的助詞,第二個"之"是相當於"的"的助詞。

清華五·命訓 07"以亓市冒尚天之福",讀爲"以其市冕當天之福"。《逸周書·命訓》作"以紼絻當天之福"。"之",助詞,相當於"的"。

清華五·命訓 07"以亓斧戉尚天之禍",讀爲"以其斧鉞當天之禍"。《逸周書·命訓》作"以斧鉞當天之禍"。"之",同上。

清華五·命訓 10"正之所刉",讀爲"政之所殆"。《逸周書·命訓》作"政之始也"。"之所"爲固定結構。

清華五·命訓 11"秅之以季",讀爲"撫之以惠"。《逸周書·命訓》作"撫之以惠"。

清華五·命訓 11"和之以均",《逸周書·命訓》作"和之以均"。

清華五·命訓 11"斡之以哀",讀爲"斂之以哀"。《逸周書·命訓》作"斂之以哀"。

清華五·命訓 11"吴之以樂",讀爲"娛之以樂"。《逸周書·命訓》作"娛之以樂"。

清華五·命訓 12"愻之以豊",讀爲"訓之以禮"。《逸周書·命訓》作"慎之以禮"。

清華五·命訓 12"教之以敳",讀爲"教之以藝"。《逸周書·命訓》作"教之以藝"。

清華五·命訓 12"正之以政",《逸周書·命訓》作"震之以政"。

清華五·命訓 12"童之以事",讀爲"動之以事"。《逸周書·命訓》作"動之以事"。

清華五·命訓 12"懽之以賞",讀爲"勸之以賞"。《逸周書·命訓》作"勸之以賞"。

清華五·命訓 12"枭之以罰",讀爲"畏之以罰"。《逸周書·命訓》作"畏之以罰"。

清華五·命訓 12"霝之以中",讀爲"臨之以忠"。《逸周書·命訓》作"臨之以忠"。

清華五·命訓 12"行之以耑",讀爲"行之以權"。《逸周書·命訓》作"行之以權"。

清華五·命訓 13"勿卑尚之櫚也",讀爲"物厥權之屬也"。《逸周書·命訓》作"物攘之屬也"。

清華五·湯丘 01"又郣之女",讀爲"有莘之女",有莘氏的女兒。"之",助詞,相當於"的"。

清華五·湯丘 06、10"子之員(云)",即"子云"。"之",助詞,無義。

清華五·湯丘 08"之",助詞,相當於"的"。"九事之人",疑即《周禮·大宰》所説"九職",包括三農、園圃、虞衡、藪牧、百工、商賈、嬪婦、臣妾、閒民。或説與"九主之事"相關。《史記·殷本紀》載:"伊尹處士,湯使人聘迎之,五反然後肯往從湯,言素王及九主之事。"馬王堆帛書有《九主》,見《馬王堆漢墓帛書(壹)》(文物出版社,一九八〇年)。

清華五·啻門 01、21"古之先帝","之",助詞,相當於"的"。《史記·秦始皇本紀》:"古之帝者,地不過千里,諸侯各守其封域,或朝或否,相侵暴亂,殘伐不止,猶刻金石,以自爲紀。"

清華五·三壽 09"小人之寵狂而不友","之",助詞,取消句子獨立性。《墨子·辭過》:"聖人之所儉節也,小人之所淫佚也。"

清華五·三壽 12"敢𦣻先王之遺忎",讀爲"敢問先王之遺訓"。《國語·周語下》:"若啓先王之遺訓,省其典圖刑法,而觀其廢興者,皆可知也。"

清華五·三壽 14"𦣻天之棠",讀爲"聞天之常"。《管子·形勢解》:"天,覆萬物,制寒暑,行日月,次星辰,天之常也。"

清華五·三壽 14"骨神之明",讀爲"祇神之明"。《墨子·耕柱》:"鬼神之明智於聖人也,猶聰耳明目之與聾瞽也。"

清華五·三壽 14"敬民之行",讀爲"警民之行"。《左傳·昭公二十五年》:"夫禮,天之經也,地之義也,民之行也。"

清華五·三壽 15"尃民之怸",讀爲"輔民之化"。《文子·精誠》:"民之化上,不從其言從其所行。"

清華五·三壽 16"冒神之福",《墨子·節葬下》:"欲以干上帝鬼神之福,又得禍焉。"

清華六·孺子 13"舊(久)之於上三月"指拖延下葬時間超過三個月。"久之",義爲"使之久"。"之",代指下葬一事。

清華六·孺子 14"母作手之",讀爲"毋措手止"。《論語·子路》:"則民無所措手足。"《儀禮·士昏禮》注:"止,足也。"

清華六·管仲06"女之可",讀爲"如之何",固定結構,義爲怎麽辦。

清華六·管仲14"有道之君","之",助詞,相當於"的"。《管子·君臣上》:"是故有道之君正其德以莅民,而不言智能聰明。"

清華七·子犯01、03"子,若公子之良庶子"之"之",相當於"爲"……重耳爲晉獻公庶子。(陳偉)

清華七·子犯02"誠女宝君之言",讀爲"誠如主君之言"。《左傳·昭公二十六年》:"如君之言,其陳氏乎!""之",助詞,相當於"的"。

清華七·子犯07"乃各賜之鐕繡衣常",讀爲"乃各賜之劍帶衣裳"。《左傳·哀公十一年》:"王賜之甲、劍、鈹。""之",代詞,指子犯和子餘。

清華七·子犯07"敱之",讀爲"善之"。《國語·周語下》:"晉侯其能禮矣,王其善之。"

清華七·子犯09"昔之舊聖折人",讀爲"昔之舊聖哲人"。《墨子·法儀》:"昔之聖王禹、湯、文、武,兼愛天下之百姓,率以尊天事鬼,其利人多,故天福之。"

清華七·子犯12"某之女",讀爲"梅之女",即梅伯之女,紂時有梅伯。《楚辭·天問》:"梅伯受醢。"

清華七·子犯14"天下之君子",《墨子·非攻上》:"當此天下之君子皆知而非之,謂之不義。"

清華七·晉文公02、03、04"四坒之内""四害之内",即"四封之内"。《國語·越語下》"四封之内,百姓之事,蠡不如種也。四封之外,敵國之制,立斷之事,種亦不如蠡也。"

清華七·晉文公08"反奠之厙",讀爲"反鄭之陣"。《韓非子·外儲說右上》:"文公見民之可戰也,於是遂興兵伐原,克之。伐衛,東其畝,取五鹿。攻陽。勝虢。伐曹。南圍鄭,反之陣。罷宋圍。"

清華七·趙簡子05"齊君失之,陳是(氏)得之"的"之",指代"政"。

清華八·攝命02"邦之若否",《詩·大雅·烝民》:"邦國若否,仲山甫明之。"

清華八·邦政12"丘聞之曰",《新序·雜事》:"丘聞之君者舟也,庶人者水也,水則載舟,水則覆舟,君以此思危,則危將安不至矣。""之",代詞,代所聞之事。

清華八·處位03"君乃無從敗(規)下之蟲□",《大戴禮記·易本命》:"倮之蟲三百六十,而聖人爲之長。"

清華八·邦道02"貴俴之立",讀爲"貴賤之位"。《史記·李斯列傳》:"久處卑賤之位,困苦之地,非世而惡利,自託於無爲,此非士之情也。"

清華八·邦道03"貴之則貴,佼之則佼",讀爲"貴之則貴,賤之則賤"。《列子·力命》:"或貴之而生,或賤之而死。"

清華八·邦道04"古昔之明者旻之,愳者遂之",讀爲"故昔之明者得之,愚者失之"。《禮記·雜記下》:"既得之而又失之,君子恥之。"

清華八·邦道05"天下之銳士",《吕氏春秋·長利》:"天下之士也者,慮天下之長利,而固處之以身若也。"

清華八·邦道06"卑之猷戔之不當",讀爲"譬之猶歲之不時"。《墨子·尚賢中》:"譬之猶執熱之有濯也,將休其手焉。"

清華八·邦道06"水覃、雨雩之不氏",讀爲"水旱、雨露之不度"。《墨子·尚同中》:"故當若天降寒熱不節,雪霜雨露不時,五穀不孰,六畜不遂,疾菑戾疫,飄風苦雨,薦臻而至者,此天之降罰也,將以罰下人之不尚同乎天者也。"

清華八·邦道11"母以一人之口毀慇",讀爲"毋以一人之口毀譽"。《韓非子·說疑》:"無數以度其臣者,必以其眾人之口斷之。眾之所譽,從而說之;眾之所非,從而憎之。"

清華八·邦道21"不記事於戎之厽時",讀爲"不起事於農之三時",參《晏子春秋·内篇諫下》:"晏子諫曰:'春秋起役,且遊獵,奪民農時,國家空虛,不可。'"

清華八·心中01"處身之中以君之",指心處身之中而爲身之主宰。

清華八·心中02"之",代詞,代指人或事。

清華八·心中05"氏之",讀爲"度之",《孟子·梁惠王上》:"權,然後知輕重;度,然後知長短。物皆然,心爲甚。王請度之!"

清華八·天下01"天下之道"之"之",助詞,相當於"的"。

清華八·天下02"民之情僞",讀爲"民之情僞"。《左傳·僖公二十八年》:"民之情僞,盡知之矣。""之",助詞。用在主語和謂語之間,取消句子的獨立性。

清華八·天下05"取之之器",謂取得天下之器。

清華八·天下06"五道",指礪之、勸之、鶩之、壯之、闘之五種凝聚民心之教。

清華八·天下07"察之","之"指民心。

清華八·八氣05"司兵之子",簡文中爲金神,文獻作"蓐收"。《左傳·昭公二十九年》:"金正曰蓐收。"

志

清華一·尹至 01 女(汝)亓(其)又(有)吉志

清華一·尹至 02 亓(其)又(有)旬(后)氒(厥)志亓(其)倉

清華一·尹誥 03 今隹(惟)民遠邦逼(歸)志

清華一·保訓 04 自詣(稽)氒(厥)志

清華一·金縢 08 於逡(後)周公乃遺王志(詩)曰《周(雕)鶚》

清華一·金縢 14(背)周公所自以弋(代)王之志

清華一·祭公 11 隹(惟)天奠(定)我文王之志

清華三·芮良夫 01(背)周公之頌志(詩)

清華四·筮法 24 凸(凡)籔(筮)志事

清華四·筮法 32 凸(凡)籔(筮)志事

清華四·筮法 38 凸(凡)籔(筮)志事及軍遊(旅)

清華五·筮門 10 百志皆窮（窮）

清華六·孺子 03 亡（無）不盈（盈）亓（其）志於虔（吾）君之君邑（己）也

清華六·子產 19 此胃（謂）民諆（信）志之

清華七·子犯 05 瞿轆於志

清華七·子犯 05 虔（吾）宔（主）弱寺（時）而愳（強）志

清華七·子犯 06 誠殹（繄）蜀（獨）亓（其）志

清華七·越公 24 恣志於雩（越）公

清華八·邦政 05 亓（其）[民]志儌（遂）而植（直）

清華八·邦政 09 亓（其）民志惡（憂）

清華八·邦道 01 以不盧（掩）于志

～，與 （上博一·孔 8）、 （上博八·蘭 3）同。《說文·心部》："志，意也。从心，之聲。"

清華一·尹至 01"吉志"，善志。《書·盤庚下》："歷告爾百姓于朕志。"

《説文》："志，意也。"或説"吉志"，堅定爲民謀福利的意念。（《讀本一》第5頁）

清華一·尹誥03"遠邦逞志"，即"遠邦歸志"。《孔叢子·論書》："苟由其道致其仁，則遠方歸志而致其敬焉。""歸志"猶歸服。

清華一·保訓04"厇志"，讀爲"厥志"，《書·盤庚中》："予若籲懷茲新邑，亦惟汝故，以丕從厥志。""志"，《列子·湯問》注："謂心智。"

清華一·金縢08"於逡（後）周公乃遺王志（詩）曰《周鴞》"，今本《書·金縢》："于後公乃爲詩以貽王，名之曰'鴟鴞'。""志"，讀爲"詩"，劉勰《文心雕龍·樂府》："凡樂辭曰詩，詩聲曰歌。"

清華一·金縢14（背）"周公所自以弋（代）王之志"之"志"，心志。

清華一·祭公11"隹（惟）天奠我文王之志"，今本《逸周書·祭公》作"維天貞文王之重用威"。

清華三·芮良夫01（背）"周公之頌志"，讀爲"周公之頌詩"。

清華四·筮法24、32、38"志事"，欲達成之事。

清華五·啻門10"百志"，《禮記·大傳》："庶民安故財用足，財用足故百志成。"鄭玄注："百志，人之志意所欲也。"

清華六·孺子03"盈亓志"，讀爲"逞其志"，完全達成意志。《楚辭·大招》："逞志究欲。"王逸注："逞，快也。"

清華六·子產19"民誋志之"，讀爲"民信識之"，意云民信而記識之。

清華七·子犯05"罿輻於志"，或讀爲"劬勞於志"，勞苦其心志。

清華七·子犯05"弫志"，即"强志"，亦作"彊志"，強於記憶。《國語·晉語七》："其壯也，彊志而用命。"劉勰《文心雕龍·奏啓》："强志足以成務，博見足以窮理。"或説"强志"指堅定意志，《墨子·修身》："志不強者智不達，言不信者行不果。"（滕勝霖）

清華七·子犯06"蜀亓志"，讀爲"獨其志"，以其志爲獨有，是合志的反義。《逸周書·官人》："合志而同方，共其憂而任其難……曰交友者也。"

清華七·越公24"恣志"，猶放心也。《國語·晉語四》："君若恣志以用重耳，四方諸侯，其誰不愓愓以從命！"

清華八·邦政05"志儵"，讀爲"志遂"，得志。《呂氏春秋·仲秋》："百事乃遂。"高誘注："志，成也。"

清華八·邦道01"不廬于志"，讀爲"不掩于志"，指不能實現其目標。或説"廬"爲"閭"字異體，讀爲"盍"。《爾雅·釋詁》："盍，合也。"

迬

 清華八·攝命 18 不迬(之)則寍(俾)于余

～,从"辵","之"聲。

清華八·攝命 18"迬",讀爲"之",往,適。

芇

 清華七·子犯 01 公子不能芇(止)女(焉)

清華七·子犯 04 □□芇(止)女(焉)

～,从"屮","之"聲。或認爲和甲骨文"置"相同。（趙平安、劉雲）甲骨文"置"作 （《合集》1989）、 （英 365）、 （《合集》32419）、 （《合集》23603），从"臼",从"爪","之"聲或"止"聲。从"臼"从"爪"可以解釋爲象徵以兩手置物於架座。是置立之"置"的本字。（裘錫圭）

清華七·子犯"芇",讀爲"止",《詩·商頌·玄鳥》:"維民所止。"鄭箋:"止,猶居也。"或釋"置",訓止。《文選·嵇康〈與山巨源絕交書〉》:"足下若嬲之不置。"吕向注:"置,止也。"《資治通鑑·周紀五》"毋置之",胡三省注:"置,止也。"簡文"置"除理解爲"止"外,還可以理解爲"棄置"或"處置"。（趙平安）

寺

 清華一·尹至 04 女(汝)告我顕(夏)𦢍(隱)衒(率)若寺(時)

清華一·尹至 04 若寺(時)

清華一·保訓 09 岜(微)寺(志)弗忘

清華一·祭公 01 余多寺(時)叚(假)懲

清華一·祭公 02 余隹(惟)寺(時)逨(來)視

清華一·祭公 04 隹(惟)寺(時)皇上帝厇(宅)亓(其)心

清華一·祭公 16 女(汝)母(毋)以戾孳(茲)辠(罪)辜(辜)芒(亡)寺(時)寔大邦

清華一·祭公 17 亓(其)皆自寺(時)审(中)叜(乂)萬邦

清華一·祭公 18 寺(時)隹(惟)大不弔(淑)孳(哉)

清華三·說命中 02 允若寺(時)

清華三·說命中 07 余告女(汝)若寺(時)

清華三·說命下 06 寺(時)罔非乃載

清華三·說命下 08 隹(惟)寺(時)大戊盍(謙)曰

清華三·琴舞 03 彌（弼）寺（持）丌（其）又（有）肩

清華三·琴舞 12 寺（持）隹（惟）文人之若（若）

清華三·琴舞 13 差（佐）寺（事）王恩（聰）明

清華三·琴舞 14 介（匄）罜（澤）寺（恃）悳（德）

清華三·芮良夫 21 風雨寺（時）至

清華三·芮良夫 22 曰丌（其）罰寺（時）堂（當）

清華三·良臣 06 齊桓（桓）公又（有）鮑寺（夷）虐（吾）

清華五·厚父 04 其才（在）寺（時）後（後）王之卿

清華五·厚父 07 隹（惟）寺（時）下民雉帝之子

清華五·厚父 07 隹（惟）寺（時）余經念

清華五·三壽 15 寺（是）名曰恙（祥）

清華五·三壽 15 鬲（曆）象天寺（時）

清華五·三壽16 寺(是)名曰義

清華五·三壽16 寺(時)型(刑)罰詠(赦)

清華五·三壽16 寺(是)名曰悳(德)

清華五·三壽18 寺(是)名曰音

清華五·三壽18 寺(是)名曰䁥(仁)

清華五·三壽19 寺(是)名曰聖(聖)

清華五·三壽20 寺(是)名曰智

清華五·三壽21 寺(是)名曰利

清華五·三壽22 寺(是)名曰䜽(叡)信之行

清華五·三壽27 若寺(是)

清華五·三壽28 若寺(是)

清華七·子犯05 虘(吾)宔(主)弱寺(時)而愳(強)志

清華七·越公 28 蓐(農)工旻(得)寺(時)

清華七·越公 54 寺(時)詢(徇)寺(時)命

清華七·越公 54 寺(時)詢(徇)寺(時)命

清華八·攝命 22 寺(時)隹(唯)子乃弗受䚔(幣)

清華八·攝命 26 亦義若寺(時)

～，與 ▨(上博一·孔 2)、▨(上博二·魯 4)同。或作 ▨，爲《説文》篆文所本。《説文·寸部》："寺，廷也。有法度者也。从寸，㞢聲。"

清華一·尹至 04"女(汝)告我䪻(夏)䌛(隱)衕(率)若寺(時)"之"寺"，讀爲"時"，《詩·秦風·駟驖》箋訓爲"是"。《吕氏春秋·慎大》："湯謂伊尹曰：'若告我曠夏盡如詩。'"對照簡文，知"詩"應讀爲"時"字。

清華一·保訓 09"寺"，讀爲"志"，記住。《國語·魯語下》："弟子志之。"韋昭注："志，識也。"(沈培)

清華一·祭公 01"余多寺(時)叚(假)懲"，今本《逸周書·祭公》作"予多時溥愆"。"時"，是也，此也。

清華一·祭公 02"余隹(惟)寺(時)逨(來)視"，今本《逸周書·祭公》作"予惟敬省"。"寺"，亦可讀"是"，此也。

清華一·祭公 04"隹(惟)寺(時)皇上帝厇(宅)亓(其)心"，今本《逸周書·祭公》作"維皇皇上帝度其心"。"寺"，亦可讀"是"，此也。

清華一·祭公 16"女(汝)母(毋)以戾孳(兹)辠(罪)壚(辜)芒(亡)寺(時)寁大邦"，今本《逸周書·祭公》作"汝無以戾反罪疾，喪時二王大功"。

清華一·祭公 17"亓(其)皆自寺(時)审(中)乂(乂)萬邦"，今本《逸周書·祭公》作"尚皆以時中乂萬國"。"時"，善也。

清華一·祭公 18"寺(時)隹(惟)大不弔(淑)孳(哉)"，今本《逸周書·祭公》作"時維大不弔哉"。

清華三·説命中 02,清華三·説命中 07,清華五·三壽 27、28,清華八·攝命 26"若寺",讀爲"若時",如是。《書·皋陶謨》:"咸若時,惟帝其難之。"《書·洛誥》:"公功棐迪篤,罔不若時。"《書·無逸》:"允若時,不啻不敢含怒。"

清華三·説命下 06"寺罔非乃載",讀爲"時罔非乃載"。《書·大誥》:"爽邦由哲,亦惟十人,迪知上帝命。越天棐忱,爾時罔敢易法,矧今天降戾于周邦?"

清華三·説命下 08、清華五·厚父 07"隹寺",讀爲"惟時"。《書·胤征》:"惟時羲和,顛覆厥德。""時",是也。

清華三·琴舞 03"彌(弼)寺(持)亓(其)又(有)肩"之"寺",讀爲"持",扶持,護持。《論語·季氏》:"危而不持,顛而不扶,則將焉用彼相矣。"《漢書·劉向傳》:"上數欲用向爲九卿,輒不爲王氏居位者及丞相御史所持,故終不遷。"顏師古注:"持,謂扶持佐助也。""弼""持"同義,《詩·周頌·敬之》作"佛時"。

清華三·琴舞 12"寺",讀爲"持",保持。

清華三·琴舞 13"差寺",讀爲"佐事",輔佐。《左傳·昭公七年》:"在我先王之左右,以佐事上帝。"《書·皋陶謨》:"天聰明,自我民聰明。"《易·鼎》:"巽而耳目聰明。"

清華三·琴舞 14"寺",讀爲"恃"。簡文"匃澤恃德",意爲祈求上天之恩澤,依憑有德。

清華三·芮良夫 21"風雨寺至",讀爲"風雨時至"。《戰國策·趙一》:"甘露降,風雨時至,農夫登,年穀豐盈,衆人喜之,而賢主惡之。"

清華三·芮良夫 22"寺堂",讀爲"時當",與"宜利"對文。《荀子·大略》:"不時宜。"楊倞注:"時,謂得時。"(白於藍)

清華三·良臣 06"龠寺虐",讀爲"管夷吾"。"管仲",名夷吾。

清華五·厚父 04"寺",讀爲"時"。《書·堯典》:"黎民於變時雍。"孔傳:"時,是。"相當於近指代詞"此""這"。

清華五·三壽 15"寺名曰",讀爲"是名曰"。或讀爲"時",《爾雅·釋詁》:"時,是也。"(白於藍)

清華五·三壽 15"禹象天寺",讀爲"曆象天時"。《書·堯典》:"曆象日月星辰,敬授人時。"《史記·五帝本紀》作"數法日月星辰",《索隱》:"《尚書》作'曆象日月'則此言'數法',是訓'曆象'二字,謂命羲和以曆數之法觀察日月星辰之早晚,以敬授人時也。"

清華五·三壽 16"寺型罰詠",讀爲"時刑罰赦",意云刑赦有時。或讀爲

"持"。(鵬宇)

清華七·子犯 05"寺",讀爲"時",《國語·越語下》韋昭注:"天時。"或讀爲"恃",意爲依靠。"吾主弱恃而強志",我主上沒有強大的依靠但有堅強的意志。(翁倩)

清華七·越公 28"旻寺",讀爲"得時",得到耕作的時間。《國語·越語下》:"得時不成,反受其殃。"

清華七·越公 54"寺徇寺命",讀爲"時徇時命"。《詩·小雅·楚茨》:"時萬時億。"陳奐《傳疏》:"時,是也。"《論語·鄉黨》:"時哉時哉。"皇侃疏引虞氏贊曰:"時者,是也。"

寺

 清華四·筮法 06 兇,寺(待)死

 清華四·筮法 08 吉,寺(待)死

~,從"二","寺"聲。

清華四·筮法 06、08"寺",讀爲"待",等待,等候。《國語·晉語三》:"子其行矣,我姑待死。"《左傳·隱公元年》:"多行不義,必自斃,子姑待之。"

詩

 清華七·越公 55 及風音誦詩訶(歌)詠(謠)之非邨(越)常(常)聿(律)

~,與 (上博四·曹 21)同。《說文·言部》:"詩,志也。從言,寺聲。,古文詩省。"

清華七·越公 55"詩訶",即"詩歌"。《周禮·春官·宗伯》:"瞽矇掌播鼗、柷、敔、塤、簫、管、弦、歌。諷誦詩,世奠繫,鼓琴瑟。掌九德六詩之歌,以役大師。"《禮記·樂記》:"詩,言其志也;歌,詠其聲也;舞,動其容也。三者本於心,然後樂氣從之。"《漢書·禮樂志》:"和親之説難形,則發之於詩歌詠言、鐘石筦弦。"

旹

清華一·程寤 05 旹(時)不遠

清華八·邦道 04 以旹(待)明王聖君之立

清華八·邦道 07 而正戠(歲)旹(時)

清華八·邦道 20 男女不逹(失)其旹(時)

～,與 (上博八·蘭 2)同,从"口","寺"聲。

清華一·程寤 05"旹不遠",讀爲"時不遠",滅亡之時不遠。

清華八·邦道 04"旹",讀爲"待",等待,等候。《左傳·隱公元年》:"多行不義,必自斃,子姑待之。"

清華八·邦道 07"戠旹",讀爲"歲時",一年,四季。《周禮·春官·占夢》:"掌其歲時,觀天地之會,辨陰陽之氣。"鄭玄注:"其歲時,今歲四時也。"

清華八·邦道 20"男女不逹其旹",讀爲"男女不失其時"。《韓詩外傳》卷三:"太平之時,民行役者不踰時。男女不失時以偶,孝子不失時以養。"

翜

清華七·越公 53 翜(等)以受(授)夫=(大夫)住(種)

清華七·越公 54 翜(等)以受(授)靶(范)羅(蠡)

～,从"羽","寺"聲。

清華七・越公"寽",疑讀爲"等",區別。《國語・魯語上》:"夫宗廟之有昭穆也,以次世之長幼,而等胄之親疏也。"或讀爲"志",動詞,記錄成文書。(鄔可晶)

竔

　清華三・説命中07 竔(志)之于乃心

~,从"立","時"聲,

　　清華三・説命中07"竔",讀爲"志"。《國語・魯語下》韋昭注:"志,識也。"

時

　　清華五・湯丘05 吟(今)君迬(往)不以時

　　清華五・湯丘08 以攸(修)四時之正(政)

　　清華五・湯丘15 飤(食)時不旨(嗜)饍(饗)

　　清華五・畬門08 民乃時生

　　清華五・畬門15 记(起)殳(役)時訓(順)

　　清華五・畬門16 记(起)殳(役)不時

　　清華五・畬門20 各時(司)不解

　　清華六・管仲13 旻(得)以時氒(度)

清華六·管仲 13 五種時管(熟)

清華八·邦政 05 丌(其)祭時而敬(敬)

清華八·邦政 08 丌(其)祭弼(拂)以不時以婁(數)

清華八·邦政 13 堂(當)時爲常

清華八·邦道 21 不记(起)事於戎(農)之厽(三)時

～，从"日"，"寺"聲，與 （上博六·天甲 12）同。《說文·日部》："時，四時也。从日，寺聲。 ，古文時，从之、日。"

清華五·湯丘 05"時"，計時單位。時辰。一晝夜的十二分之一。《周禮·天官·閽人》："以時啓閉。"鄭玄注："時，漏盡。"

清華五·湯丘 08"四時"，四季。《易·恆》："四時變化而能久成。"《禮記·孔子閒居》："天有四時，春秋冬夏。"

清華五·湯丘 15"飤時"，讀爲"食時"。"時"，時候，時間。《論語·季氏》："少之時，血氣未定，戒之在色。"

清華五·啻門 08"民乃時生"之"時"，名詞作狀語，應時。

清華五·啻門 15"记设時訓"，讀爲"起役時順"。《晏子春秋·內篇諫下》："景公春夏遊獵，又起大臺之役。晏子諫曰：'春秋起役，且遊獵，奪民農時，國家空虛，不可。'"《論語·學而》："使民以時。"《集解》引包咸曰："作事使民，必以其時，不妨奪農務。"《大戴禮記·曾子制言》："使民不時，失國，吾信之矣。"

清華五·啻門 16"记设不時"，讀爲"起役不時"。參上。

清華五·啻門 20"各時不解"之"時"，讀爲"司"。《莊子·齊物論》："見卵而求時夜，見彈而求鴞炙。"陸德明《釋文》引崔譔曰："時夜，司夜；謂雞也。"或讀爲"持"。（白於藍）

清華六·管仲13"旻（得）以時氐（度）"之"時"，時令。
清華六·管仲13"五種時箸"，讀爲"五種時熟"，五種穀物按時令成熟。
清華八·邦政05"時"，時節。《呂氏春秋·尊師》："敬祭之術，時節爲務。"
清華八·邦政08"不時"，不按時節。
清華八·邦道21"厽時"，讀爲"三時"，謂春、夏、秋三個務農時節。

旹

清華一·程寤08 可（何）監非旹（時）

清華五·命訓13 豊（禮）又（有）旹（時）

清華八·邦道06 卑（譬）之猷（猶）戠（歲）之不旹（時）

清華八·邦道24 水旱不旹（時）

清華八·邦道25 是亓（其）不旹（時）虐（乎）

~，从"日"，"之"聲，與 同。"時"字異體。

清華一·程寤08"可監非旹"，讀爲"何監非時"。《逸周書·小開》有"何監非時，何務非德。"

清華五·命訓13"豊（禮）又（有）旹（時）"，今本《逸周書·命訓》作"藝不淫，禮有時"。

清華八·邦道06"卑（譬）之猷（猶）戠（歲）之不旹（時）"之"時"，期也。"不時"，即失期。

清華八·邦道24"水旱不旹"，即"水旱不時"，《鹽鐵論·論菑》："故臣不臣，則陰陽不調，日月有變；政教不均，則水旱不時，蟲螟生。此災異之應也。"《漢書·魏相丙吉傳》："今郡國守相多不實選，風俗尤薄，水旱不時。"

旹

　　清華一·金滕02 秉璧旹（植）珪

～，與 同，从"帀"，"之"聲，或徑釋爲"戴"。

清華一·金滕02"秉璧旹珪"，讀爲"秉璧植珪"，"秉""植"均是持的意思。今本《書·金滕》作"植璧秉珪"，孔傳："璧以禮神。植，置也，置於三王之坐。周公秉桓珪以爲贄。告謂祝辭。"《史記·魯世家》"植"作"戴"。

戠

　　清華二·繫年035 戠（止）惠公以歸

　　清華二·繫年039 戠（止）繡（申）公子義（儀）以歸

　　清華二·繫年076 連尹戠（止）於河灘

　　清華二·繫年085 鄭人戠（止）芸（鄖）公義（儀）

　　清華二·繫年128 竸（景）之賈與醫（舒）子共戠（止）而死

　　清華二·繫年133 戠（止）郯公涉綱以歸（歸）

～，从"帀"，从"戈"，"之"聲，"戴"之異體。《釋名·釋姿容》："戴，載也，載之於頭也。"

清華二·繫年"戠"，讀爲"止"。《左傳·僖公十五年》："輅秦伯，將止之。"

杜預注:"止,獲也。"《漢書·五行志》:"夏帝卜殺之,去之,止之,莫吉。"顏師古注:"止謂拘留也。"或讀爲"得",抓獲,捕獲。《書·金縢》:"周公居東二年,則罪人斯得。"孔穎達疏:"謂獲三叔及諸叛逆者。"或釋爲"捷"。(陳劍)

市

 清華二·繫年047 奠(鄭)之賈人弦高牆(將)西市

 清華七·越公37 乃攸(修)市政

 清華七·越公38 凡市賈爭訟

 清華七·越公42 凡雩(越)庶民交䢔(接)、言語、貨資、市賈乃
亡(無)敢反不(背)訐(欺)㠯(詒)

 清華七·越公44 王乃遬(趣)徥(使)人戠(察)賭(省)成(城)市
鄾(邊)還(縣)尖=(小大)遠泥(邇)之匔(句)、苔(落)

 清華七·越公51 鄾(邊)鄙(縣)成(城)市之多兵、亡(無)兵者

 清華七·越公52 鄾(邊)還(縣)成(城)市乃皆好兵甲

 清華八·邦道20 泊(薄)闌(關)市

 清華八·邦道25 市多嚚(囂)

· 207 ·

～,與🏛(上博二·容18)同,从"土","市"聲,"市"字繁體。《説文·门部》:"市,買賣所之也。市有垣,从门从乁,乁,古文及,象物相及也。之省聲。"

清華二·繫年047"奠(鄭)之賈人弦高牆(將)西市",《吕氏春秋·悔過》:"鄭賈人弦高、奚施將西市於周,道遇秦師。"

清華七·越公37"市政",市場貿易之政。《周禮·地官·司市》:"凡會同師役,市司帥賈師而從,治其市政。"

清華七·越公38"市賈",市肆中的商人。《左傳·昭公十三年》:"同惡相求,如市賈焉。"

清華七·越公42"市賈",市場價格。《墨子·貴義》:"商人之四方,市賈倍蓰,雖有關梁之難、盜賊之危,必爲之。"《孟子·滕文公上》:"從許子之道,則市賈不貳,國中無偽,雖使五尺之童適市,莫之或欺。"

清華七·越公44、51、52"成市",讀爲"城市",人口集中、工商業發達的地區。《韓非子·愛臣》:"是故大臣之禄雖大,不得藉威城市。"

清華八·邦道20"闌市",即"關市",指關市的徵税。《周禮·天官·大宰》:"七曰關市之賦。"賈公彦疏:"王畿四面皆有關門,及王之市廛二處。"《逸周書·大聚》:"泉深而魚鼈歸之,草木茂而鳥獸歸之,稱賢使能、官有材而士歸之,關市平商賈歸之。"

清華八·邦道25"市",臨時或定期集中於一地進行的貿易活動。《易·繫辭下》:"日中爲市,致天下之民,聚天下之貨,交易而退,各得其所。"

齒

清華八·處位07 牆(將)厇(度)以爲齒

～,與🏛(上博八·子1)同。《説文·齒部》:"齒,口斷骨也。象口齒之形,止聲。🏛,古文齒字。"

清華八·處位07"牆(將)厇(度)以爲齒"之"齒",次列。《左傳·隱公十一年》:"寡人若朝于薛,不敢與諸任齒。"杜預注:"齒,列也。"孔穎達疏:"然則齒是年之別名,人以年齒相次列,以爵位相次列,亦名爲齒,故云齒也。"《周禮·地官·司徒》:"國索鬼神而祭祀,則以禮屬民而飲酒于序,以正齒位:壹命齒于鄉里,再命齒于父族,三命而不齒。"

定紐吕聲

吕(以)

 清華一·程寤 09 不可㠯(藏)

 清華一·保訓 03 必受之以詞

 清華一·保訓 03 女(汝)以箸(書)受之

 清華一·保訓 08 以返(復)又(有)易

 清華一·耆夜 03 悬(宴)以二公

 清華一·耆夜 07 我惥(憂)以颭

 清華一·耆夜 11 則終以康

 清華一·耆夜 13 則終以夋(怍)

 清華一·耆夜 14 則終以思(懼)

 清華一·金縢 01 未可以慼(戚)虐(吾)先王

清華一·金縢04 以奠（定）尔（爾）子孫于下陛（地）

 清華一·金縢05 我乃以璧與珪遝（歸）

 清華一·金縢06 自以弋（代）王之敚（説）于金縢（縢）之匱

 清華一·金縢08 亡（無）以復（復）見於先王

 清華一·金縢09 天疾風以雷

 清華一·金縢10 以啓（啓）金縢（縢）之匱

 清華一·金縢10 王旻（得）周公之所自以爲祉（功）

 清華一·金縢10 以弋（代）武王之敚（説）

 清華一·金縢11 王捕（把）箸（書）以溼（泣）

 清華一·金縢12 以章公悳（德）

 清華一·金縢14（背）周公所自以弋（代）王之志

 清華一·皇門02 以驤（助）氒（厥）辟

清華一·皇門05 以瀕（賓）右（佑）于上

清華一・皇門06 戎兵以能興

清華一・皇門07 以豪(家)相乎(厥)室

清華一・皇門08 以䎽(問)求于王臣

清華一・皇門09 斯乃非休愳(德)以膺(應)

清華一・皇門09 乃隹(維)乍(詐)區(詬)以含(答)

清華一・皇門10 以不利乎(厥)辟乎(厥)邦

清華一・皇門10 以自零(落)乎(厥)豪(家)

清華一・皇門11 是以爲上

清華一・皇門12 以驁(助)余一人愳(憂)

清華一・祭公08 以余少(小)子颺(揚)文武之剌(烈)

清華一・祭公15 女(汝)母(毋)以戻孳(茲)皋(罪)辜(辜)芒(亡)寺(時)寰大邦

清華一・祭公16 女(汝)母(毋)以俾(嬖)卸(御)息(疾)尔(爾)臧(莊)句(后)

清華一・祭公16 女(汝)母(毋)以少(小)愳(謀)敗(敗)大慮(作)

清華一・祭公16 女(汝)母(毋)以俾(嬖)士息(疾)夫=(大夫)卿㐱(士)

清華一・祭公 19 我亦不以我辟歔（陷）于戁（難）

 清華一・祭公 19 我亦隹（惟）以愻（湛）我㱿（世）

 清華一・楚居 03 晉（巫）㕦（咸）賌（結）亓（其）髗（脅）以楚

 清華一・楚居 04 無以内之

 清華一・楚居 04 乃膌（竊）鄀（鄀）人之犝（犝）以祭

 清華一・楚居 11 以爲凥（處）於章［華之臺］

 清華一・楚居 14 以爲凥（處）於菌澫

 清華一・楚居 14 王大（太）子以邦返（復）於湫（沈）郢

 清華一・楚居 15 王大（太）子以邦居鄔（鄢）郢

 清華一・楚居 15 以爲凥（處）於㕦郢

 清華二・繫年 001 以鬶（登）祀帝=（上帝）天神

 清華二・繫年 002 以克反商邑

 清華二・繫年 006 以攻幽王

 清華二・繫年 012 奠（鄭）以㕦（始）政

 清華二・繫年 012 楚文王以啓于灘（漢）鶈（陽）

清華二·繫年 015 以御奴虘之戎

清華二·繫年 016 以戰(守)周之奎(墳)叢(墓)

清華二·繫年 016 秦以訇(始)大

清華二·繫年 017 以乍(作)周厚啤(屏)

清華二·繫年 018 以侯殷之僉(餘)民

清華二·繫年 020 齊趄(桓)公會者(諸)侯以成(城)楚丘

清華二·繫年 024 以同生(姓)之古(故)

清華二·繫年 026 郙(蔡)哀侯衕(率)帀(師)以救(救)賽(息)

清華二·繫年 026 朣(獲)哀侯以歸

清華二·繫年 026 賽(息)侯以文王歈=(歈酒)

清華二·繫年 029 取賽(息)爲(媯)以歸

清華二·繫年 029 文王以北啓出方成(城)

清華二·繫年 030 女(焉)取邯(頓)以贛(恐)陳侯

清華二・繫年035 戠(止)惠公以歸

 清華二・繫年035 惠公女(焉)以亓(其)子褱(懷)公爲執(質)于秦

 清華二・繫年035 秦穆公以亓(其)子妻之

 清華二・繫年038 秦人记(起)自(師)以内(納)文公于晉

 清華二・繫年040 戠(止)繡(申)公子義(儀)以歸

 清華二・繫年041 楚成王衛(率)者(諸)侯以回(圍)宋伐齊

 清華二・繫年042 伐聟(衛)以攸(脱)齊之戍及宋之回(圍)

 清華二・繫年043 以交文公

 清華二・繫年044 以敗(敗)楚自(師)於城儝(濮)

 清華二・繫年045 晉人以不憖

 清華二・繫年047 乃以奠(鄭)君之命袭(勞)秦三衛(帥)

 清華二・繫年051 乃佲(抱)需(靈)公以唐(號)于廷

清華二·繫年 054 秦康公衒(率)自(師)以遣(送)癰(雍)子

清華二·繫年 055 秦公以戜(戰)于驪岳(陰)之古(故)

清華二·繫年 056 牁(將)以伐宋

清華二·繫年 059 以女子與兵車百罋(乘)

清華二·繫年 060 以芋(華)孫兀(元)爲敄(質)

清華二·繫年 062 晉成公會者(諸)侯以救(救)奠(鄭)

清華二·繫年 065 楚人被翬(駕)以自(追)之

清華二·繫年 069 衒(率)自(師)以會于幽(斷)逞(道)

清華二·繫年 070 郍(駒)之克乃敄(執)南章(郭)子、鄝(蔡)子、安(晏)子以𨑭(歸)

清華二·繫年 071 以鶉觡玉笒(爵)與臺(淳)于之田

清華二·繫年 075 旻(得)自(師)以㭒(來)

清華二·繫年 076 取(娶)亓(其)室以奙(予)繡(申)公

清華二·繫年 078 取以爲妻

清華二·繫年 079 繡(申)公㯱(竊)載少孟(孟)以行

清華二·繫年 080 以至霝(靈)王

清華二·繫年 082 五(伍)雞送(將)吳人以回(圍)州枖(來)

清華二·繫年 082 以敗楚自(師)

清華二·繫年 083 以敗(敗)楚自(師)于白(柏)䢯(舉)

清華二·繫年 085 晉競(景)公會者(諸)侯以救(救)鄭

清華二·繫年 086 競(景)公以䢜(歸)

清華二·繫年 089 衒(率)自(師)會者(諸)侯以伐秦

清華二·繫年 090 柬(厲)公亦見褐(禍)以死

清華二·繫年 091 述(遂)以罣(遷)䜈(許)於鄩(葉)而不果

清華二·繫年 092 爲坪(平)佥(陰)之自(師)以回(圍)齊

清華二·繫年 093 齊臧(莊)公光衒(率)自(師)以逐鄉(欒)經

（盈）

清華二·繫年 094 以返（復）坪（平）侌（陰）之𠂤（師）

清華二·繫年 095 以返（復）朝訶（歌）之𠂤（師）

清華二·繫年 095 以爲成於晉

清華二·繫年 098 述（遂）以伐郐（徐）

清華二·繫年 101 以伐楚

清華二·繫年 102 楚卲（昭）王戠（侵）尹（伊）、洛以返（復）方城之𠂤（師）

清華二·繫年 103 者（諸）侯同㮯（盟）于鹹泉以反晉

清華二·繫年 103 至今齊人以不服于晉

清華二·繫年 103 晉公以彴（弱）

清華二·繫年 107 吳縵（洩）用（庸）以𠂤（師）逆郕（蔡）卲（昭）侯

清華二·繫年 108 以至晉悼公

清華二·繫年 109 以與吳王畱（壽）夢相見于鄎（虢）

217

清華二·繫年110 以與夫秦（差）王相見于黄池

清華二·繫年111 以與戉（越）命（令）尹宋瞏（盟）于邗

清華二·繫年112 述（遂）以伐齊

清華二·繫年113 至今晉、戉（越）以爲好

清華二·繫年114 告以宋司城皮之約（弱）公室

清華二·繫年115 王命莫囂（敖）昜爲衍（率）自（師）以定公室

清華二·繫年116 以遉（復）黄池之自（師）

清華二·繫年117 楚以與晉固爲肙（怨）

清華二·繫年120 以建昜（陽）、邱陵之田

清華二·繫年121 齊侯晶（參）𪎭（乘）以内（入）

清華二·繫年124 述（遂）以齊侯貣（貸）

清華二·繫年126 王衍（率）宋公以城贖闗（關）

清華二·繫年 127 以爲楚敚(援)

清華二·繫年 128 以迮之

清華二·繫年 129 以内(入)王子定

清華二·繫年 129 遴(魯)昜(陽)公衒(率)自(師)以迮晉人

清華二·繫年 130 衒(率)自(師)以迮楚人

清華二·繫年 131 以歸(歸)於鄖

清華二·繫年 133 戠(止)郟公涉緺以歸(歸)

清華二·繫年 133 以返(復)長陵之自(師)

清華二·繫年 134 以返(復)鄅(郙)之自(師)

清華二·繫年 136 楚邦以多亡城

清華二·繫年 137 以從楚自(師)於武昜(陽)

清華二·繫年 137 晉楚以戰(戰)

清華三·說命上01 以貨旬（徇）求敓（說）于邑人

　清華三·說命上03 帝殹（抑）尔以畀舍（余）

　清華三·說命上03 隹（惟）帝以余畀尔

　清華三·說命上05 一豕乃觀（旋）保以遪（逝）

　清華三·說命下03 以蒸（益）視事

　清華三·芮良夫03 以自訾讀

　清華三·芮良夫03 以繡（申）尔（爾）𢘓（謀）猷

　清華三·芮良夫06 卑之若童（重）載以行隋（嶒）隃（險）

　清華三·芮良夫07 母（毋）自縱（縱）于㓹（逸）以囂（遨）

　清華三·芮良夫11 以睪（親）亓（其）甡（狀）

　清華三·芮良夫12 以求亓（其）上

　清華三·芮良夫13 先君以多豇（功）

清華三·芮良夫 14 以力及复（作）

清華三·芮良夫 14 以武盉（及）惡（勇）

清華三·芮良夫 17 卑生（匡）以戒（誡）

清華三·芮良夫 18 以交罔愍（謀）

清華三·芮良夫 28 以寓命達聖（聽）

清華三·良臣 11 以爲大宰

清華三·祝辭 01 乃敦（執）釆（幣）以祝曰

清華三·祝辭 02 乃左敦（執）土以祝曰

清華三·祝辭 02 乃釡（投）以土

清華三·祝辭 03 童（同）以心

清華三·祝辭 04 童（同）以目

清華三·祝辭 05 童（同）以骰

清華三·赤鵠 15 以钺（御）白兔

清華四·筮法 39 乃㠯名亓(其)兇

清華四·筮法 40 臾(坤)朋(晦)之日逆軋(乾)㠯長(當)巽

清華四·筮法 44 八乃奴(奴)㠯死

清華五·厚父 04 㠯庶民隹(惟)政(政)之觀(恭)

清華五·厚父 11 亦鮮克㠯誨(謀)

清華五·封許 05 㠯堇(勤)余天(一人)

清華五·封許 08 㠯永厚周邦

清華五·命訓 01 正㠯䙷(禍)福

清華五·命訓 01 立明王㠯悤(訓)之

清華五·命訓 01 又(有)尚(常)則宔(廣)

清華五·命訓 03 走(上)㠯明之

清華五·命訓 04 上㠯敎(穀)之

清華五·命訓 04 女(如)懽(勸)㠯忠訐(信)

清華五·命訓 04 上以臬（畏）之

清華五·命訓 05 達道=（道道）天以正人

清華五·命訓 06 夫明王卲（昭）天訐（信）人以尺（度）攻（功）

清華五·命訓 06 攻（功）墬（地）以利之

清華五·命訓 07 以人之伹（恥）尚（當）天之命

清華五·命訓 07 以亓（其）巿（黼）冒（冕）尚（當）天之福

清華五·命訓 07 以亓（其）斧戉（鉞）尚（當）天之褅（禍）

清華五·命訓 08 乃宯（曠）命以弋（代）亓（其）上

清華五·命訓 10 天古（故）卲（昭）命以命力〈之〉曰

清華五·命訓 11 以牧䵖（萬）民

清華五·命訓 11 秕（撫）之以季（惠）

清華五·命訓 11 和之以均

清華五·命訓 11 韜（斂）之以哀

 清華五·命訓 11 吴（娛）之以樂

 清華五·命訓 12 悠（訓）之以豊（禮）

 清華五·命訓 12 教之以䄖（藝）

 清華五·命訓 12 正之以政

 清華五·命訓 12 童（動）之以事

 清華五·命訓 12 懽（勸）之以賞

 清華五·命訓 12 枲（畏）之以罰

 清華五·命訓 12 霝（臨）之以中

 清華五·命訓 12 行之以崙（權）

 清華五·命訓 14 以賞從袋（勞）

 清華五·命訓 14 以〔罰從〕備（服）

清華五·命訓 15 以中從忠則尚

清華五·命訓 15 以耑（權）從攠（法）則不行

清華五·命訓 15 攠（法）以智（知）耑（權）

清華五·命訓 15 耑（權）以智（知）敳（微）

清華五·命訓 15 敳（微）以智（知）訂（始）

清華五·命訓 15 訂（始）以智（知）終

清華五·湯丘 05 吟（今）君迚（往）不以時

清華五·湯丘 07 以和利萬民

清華五·湯丘 08 以攸（修）四時之正（政）

清華五·湯丘 08 以埶（設）九事之人

清華五·湯丘 08 以長奉社禝（稷）

清華五·湯丘 09 夫人母（毋）以我爲訂（怠）於亓（其）事虎（乎）

清華五・湯丘11 剴（豈）敢以衾（貪）舉（舉）

 清華五・湯丘12 史（使）貨（過）以惑

 清華五・湯丘15 可（何）以自惡（愛）

 清華五・湯丘15 古先=（之先）聖人所以自惡（愛）

 清華五・湯丘16 此以自惡（愛）也

 清華五・厚門02 則可（何）以成人

 清華五・厚門02 可（何）以成邦

 清華五・厚門02 可（何）以成埅（地）

 清華五・厚門02 可（何）以成天

 清華五・厚門04 五以成人

 清華五・厚門04 悳（德）以光之

 清華五・厚門04 四以成邦

清華五·啻門04 五以䈞（相）之

清華五·啻門04 九以成陞（地）

清華五·啻門04 五以𡎱（將）之

清華五·啻門04 九以成天

清華五·啻門05 六以行之

清華五·啻門05 人可（何）旻（得）以生

清華五·啻門05 可（何）多以長

清華五·啻門06 是哉以爲人

清華五·啻門09 燹（氣）戔（融）交以備

清華五·啻門09 燹（氣）逆𨂅（亂）以方是亓（其）爲疾央（殃）

清華五·啻門10 夫四以成邦

清華五·啻門10 五以䈞（相）之

清華五·啻門 11 五以相之

 清華五·啻門 13 悳（德）濬明執訏（信）以義成

 清華五·啻門 14 可以寀（保）成

 清華五·啻門 14 悳（德）变（變）亟執譌以亡成

 清華五·啻門 16 正（政）柬（簡）以成

 清華五·啻門 16 正（政）佹（禍）𠝹（亂）以亡（無）裳（常）

 清華五·啻門 17 型（刑）情（輕）以不方

 清華五·啻門 17 型（刑）𧮫以亡（無）裳（常）

 清華五·啻門 18 九以成埅（地）

 清華五·啻門 18 五以塯（將）之

 清華五·啻門 18 五以塯（將）之

 清華五·啻門 19 以成五凸（曲）

清華五·筮門 19 以穜（植）五穀（穀）

 清華五·筮門 19 夫九以成天

 清華五·筮門 19 六以行之

 清華五·筮門 20 六以行之

 清華五·筮門 21 則可（何）以改之

 清華五·三壽 09 虗（吾）孨（勉）自印（抑）畏以敬

 清華五·三壽 19 龏（恭）神以敬

 清華五·三壽 22 以辈（誥）四方

 清華五·三壽 26 甬（用）兇以見訽

 清華六·孺子 02 恩（圖）所臤（賢）者女（焉）繡（申）之以龜筮

（筮）

 清華六·孺子 07 老婦亦不敢以䖍（兄）弟昏（婚）因（姻）之言

清華六·孺子 07 以䚯（亂）夫＝（大夫）之正（政）

清華六・孺子07 乳=（孺子）亦母（毋）以執（勢）豈（豎）卑御

 清華六・孺子08 以躝（亂）夫=（大夫）之正（政）

 清華六・孺子08 虘（且）以教女（焉）

 清華六・孺子09 归（抑）杲（早）𣅊（前）句（後）之以言

 清華六・孺子10 三（四）䣞（鄰）以虐（吾）先君爲能敘

 清華六・孺子11 以定奠（鄭）邦之社褉（稷）

 清華六・孺子12 自是㫃（期）以至𤯍（葬）日

 清華六・管仲01 𢽹（學）於（烏）可以巳（已）

 清華六・管仲02 𢽹（學）於（烏）可以巳（已）

 清華六・管仲06 鋻（賢）礩（質）以亢（抗）

 清華六・管仲08 專（博）之以五

 清華六・管仲10 彣（文）之以色

 清華六・管仲10 均之以音

清華六·管仲 10 和之以味

清華六·管仲 11 行之以行

清華六·管仲 11 坖(匡)之以厽(三)

清華六·管仲 11 厇(度)之以五

清華六·管仲 11 少(小)事挽(逸)以惕

清華六·管仲 11 大事柬(簡)以成(誠)

清華六·管仲 12 敢䯄(問)可(何)以執成

清華六·管仲 13 圥(上)臤(賢)以正

清華六·管仲 13 旻(得)以時厇(度)

清華六·管仲 14 萷(前)又(有)道之君可(何)以䚄(保)邦

清華六·管仲 14 萷(前)又(有)道之君所以䚄(保)邦

清華六·管仲 16 管(埶)可以爲君

清華六·管仲 16 管（孰）不可以爲君

 清華六·管仲 17 湯可以爲君

 清華六·管仲 17 和民以悳（德）

 清華六·管仲 18 聖（聽）以行武

 清華六·管仲 18 以正天下

 清華六·管仲 18 可以爲君才（哉）

 清華六·管仲 19 或（又）以民戲

 清華六·管仲 20 邦以卒（卒）喪

 清華六·管仲 20 不可以爲君才（哉）

 清華六·管仲 21 夫周武王甚元以智而武以良

 清華六·管仲 21 夫周武王甚元以智而武以良

 清華六·管仲 22 邦以安盇（寧）

清華六・管仲 22 可以爲君才（哉）

 清華六・管仲 23 不可以爲君才（哉）

 清華六・管仲 25 此以又（有）或（國）

 清華六・管仲 25 以大又（有）求

 清華六・管仲 26 叚（假）龍（寵）以方（放）

 清華六・管仲 26 昏豪（彔）以行

 清華六・太伯甲 02 不亭（穀）以能與邎（就）宋（次）

 清華六・太伯甲 05 以車七簦（乘）

 清華六・太伯甲 05 以顏於攸（庸）瓜（耦）

 清華六・太伯甲 05 刈戈盾以嫖（造）勛

 清華六・太伯乙 02 不嗀（穀）以能與邎（就）椑（次）

 清華六・太伯乙 04 以車七簦（乘）

 清華六・太伯乙 05 以猷於攸（庸）瓜（耦）

 清華六・太伯乙 05 刈戈盾以嫖（造）勛

清華六·子儀 03 以視楚子義（儀）於杏會

清華六·子儀 04 君及不敎（穀）剌（專）心穆（戮）力以左右者（諸）侯

清華六·子儀 05 豊（禮）縢（隋）貨以贛（贛）

清華六·子儀 07 凥（處）虐（吾）以休

清華六·子儀 08 余可（何）䁎以邊（就）之

清華六·子儀 09 莫迬（往）可＝（可[兮]，可[何]）以寘（實）言（焉）

清華六·子儀 10 虐（吾）可（何）以祭稷

清華六·子儀 11 以不敎（穀）之攸（修）遠於君

清華六·子儀 12 救兄弟以見東方之者（諸）侯

清華六·子儀 12 敳（豈）曰奉晉軍以相南面之事

清華六·子儀 17 尚耑（端）項賭（瞻）遊目以胄我秦邦

清華六·子產 01 勉以利民

清華六·子產 01 淺（淺）以誋（信）罙（深）

清華六·子產 01 罙（深）以誋（信）淺（淺）

清華六·子產 02 所以紳(申)命固立(位)

清華六·子產 04 所以自窢(勝)立审(中)

清華六·子產 06 泰(秩)所以𣥄(從)即(節)行豊(禮)

清華六·子產 06 所以智(知)自又(有)自喪也

清華六·子產 07 勿以骿巳

清華六·子產 09 青(情)以分(勉)

清華六·子產 10 以厶(私)事=(事使)民

清華六·子產 11 反以辠(罪)人

清華六·子產 12 以和民

清華六·子產 13 又(有)以畣(答)天

清華六·子產 13 又(有)以𡋻(徠)民

清華六·子產 13 又(有)以旻(得)臤(賢)

清華六·子產 13 又(有)以御(禦)割(害)戕(傷)

清華六·子產 13 先聖君所以徫（達）成邦或（國）也

清華六·子產 14 以成名於天下者

清華六·子產 15 身以虞（獻）之

清華六·子產 15 不以冥=（冥冥）归（抑）福

清華六·子產 15 不以脆（逸）求旻（得）

清華六·子產 15 不以利行直（德）

清華六·子產 15 不以䖒（虐）出民力

清華六·子產 16 以谷（愨）事不善

清華六·子產 17 以勖（助）上牧民

清華六·子產 19 以自余（餘）智

清華六·子產 20 邦以裛（壞）

清華六·子產 20 可以自分

清華六·子產 20 砡（重）任以果墾（將）

清華六·子產 23 以爰(遠)駢(屏)者

清華六·子產 24 以爲奠(鄭)命(令)、埜(野)命(令)

清華六·子產 24 道(導)之以孝(教)

清華六·子產 25 以咸斂(禁)御

清華六·子產 25 以爲奠(鄭)型(刑)、埜(野)型(刑)

清華六·子產 25 行以悆(尊)命(令)裕義(儀)

清華六·子產 25 以臭(釋)亡孝(教)不姑(辜)

清華六·子產 26 以勛(助)政直(德)之固

清華六·子產 26 固以自守

清華六·子產 27 以成政惪(德)之㤅(愛)

清華六·子產 27 以能智(知)丌(其)所生

清華六·子產 28 以先愳(謀)人

清華六·子產 28 先愳(謀)人以返(復)于身

清華六·子產 29 以能成卒

清華七·子犯03 以即中於天

 清華七·子犯05 不忻以人

 清華七·子犯08 割(曷)又(有)儓(僕)若是而不果以䛿(國)

 清華七·子犯11 昔者成湯以神事山川

 清華七·子犯11 以悳(德)和民

 清華七·子犯13 思(懼)不死型(刑)以及于氒(厥)身

 清華七·子犯14 欲记(起)邦糸(奚)以

 清華七·子犯14 欲亡邦糸(奚)以

 清華七·晉文公01 以孤之舊(久)不旻(得)

 清華七·晉文公02 以攸(修)晉邦之政

 清華七·晉文公02 以孤之舊(久)不旻(得)

 清華七·晉文公03 以攸(修)晉邦之祀

 清華七·晉文公03 具霥(黍)稷醴=(醴酒)以祀

 清華七·晉文公04 以虗(吾)晉邦之閦(間)尻(處)戠(仇)戠(讎)之閦(間)

清華七·晉文公 05 爲陞（升）龍之羿（旗）帀（師）以進

清華七·晉文公 05 爲降龍之羿（旗）帀（師）以退

清華七·晉文公 06 爲豢（角）龍之羿（旗）帀（師）以戰（戰）

清華七·晉文公 06 爲交龍之羿（旗）帀（師）以豫（舍）

清華七·晉文公 06 爲日月之羿（旗）帀（師）以舊（久）

清華七·晉文公 07 乃爲三羿（旗）以成至

清華七·晉文公 07 成之以兔于蒿（郊）三

清華七·晉文公 07 因以大乍（作）

清華七·趙簡子 04 用䌛（由）今以坒（往）

清華七·趙簡子 04 虗（吾）子牁（將）不可以不戒巳（已）

清華七·趙簡子 07 以好士庶子

清華七·趙簡子 08 以絧（治）河淒（濟）之閒（間）之䦘（亂）

清華七·越公 03 以身被甲冑（胄）

清華七·越公 06 以臣事吳

清華七·越公 08 以觀句戔（踐）

清華七·越公08 以此夅(八千)人者死也

清華七·越公09 吳王餂(聞)雫(越)徟(使)之柔以弪(剛)也

清華七·越公10 以剻(潰)去亓(其)邦

清華七·越公11 今雫(越)公亓(其)故(胡)又(有)繡(帶)甲夅(八千)以臺(敦)刃皆(偕)死

清華七·越公11 昔虗(吾)先王盍膚(盧)所以克內(入)郢邦

清華七·越公13 虗(吾)台(始)俴(踐)雫(越)埅(地)以夆=(至于)今

清華七·越公14 虗(吾)於膚(胡)取夅(八千)人以會皮(彼)死

清華七·越公17 以民生之不長

清華七·越公19 以交(徼)求卡=(上下)吉羕(祥)

清華七·越公20 以逩(奔)告於郧(邊)

清華七·越公20 臺(敦)齊兵刃以玫(捍)御(禦)募(寡)人

清華七·越公22 以須徟(使)人

清華七·越公23 賜孤以好日

清華七·越公24 以御(禦)敊(仇)斀(讎)

清華七·越公26 以忻(祈)民之窋(寧)

清華七·越公 31 以勸怠（勉）蓐（農）夫

 清華七·越公 31 乃以管（熟）飤（食）脂（脂）鹽（醢）䝮（脯）肞（羹）多從

 清華七·越公 38 因亓（其）貨（過）以爲之罰

 清華七·越公 41 乃亡（無）敢增歷亓（其）政以爲獻於王

 清華七·越公 47 是以蒼（勸）民

 清華七·越公 48 是以收敬（賓）

 清華七·越公 48 是以啟（句）邑

 清華七·越公 51 以餌（問）五兵之利

 清華七·越公 53 㝅（等）以受（授）夫=（大夫）住（種）

 清華七·越公 54 㝅（等）以受（授）軛（范）羅（蠡）

 清華七·越公 58 以礪（勵）萬民

 清華七·越公 61 以交（邀）之

 清華七·越公 63 雩（越）王乃中分亓（其）帀（師）以爲左軍、右軍

 清華七·越公 64 以亓（其）厶（私）卒（卒）君子卒=（六千）

 清華七·越公 64 以爲中軍

清華七·越公 65 乃命左軍監（銜）桄（枚）䢐（溯）江五里以須

 清華七·越公 65 亦命右軍監（銜）桄（枚）渝江五里以須

 清華七·越公 65 中水以翌（須）

 清華七·越公 66 牂（將）以夾□（攻）

 清華七·越公 66 牂（將）以御（禦）之

 清華七·越公 67 雩（越）王句戋（踐）乃以亓（其）厶（私）䘚（卒）卒=（六千）敵（竊）涉

 清華七·越公 67 不鼓不喿（噪）以涺（侵）攻之

 清華七·越公 70 以𦍋=（至于）今

 清華七·越公 71 昔天以雩（越）邦賜吳

 清華七·越公 71 今天以吳邦賜郲（越）

 清華七·越公 72 天以吳土賜雩（越）

 清華七·越公 74 以屈聿（盡）王年

 清華七·越公 75 孤余頪（奚）面目以視于天下

 清華八·攝命 16 亡（罔）非楚（胥）以䁈（墮）遹（愆）

 清華八·攝命 17 亡（罔）非楚（胥）以淫〈淫〉忞（極）

清華八·邦政 03 宮室少(小)窜(卑)以塼(迫)

清華八·邦政 07 亓(其)宮室愚(坦)大以高

清華八·邦政 08 亓(其)祭弼(拂)以不時以婁(數)

清華八·邦政 08 亓(其)祭弼(拂)以不時以婁(數)

清華八·處位 01 印(抑)君臣必果以氏(度)

清華八·處位 05 無瀘(津)以出

清華八·處位 07 牂(將)氏(度)以爲齒

清華八·處位 08 以寂(探)良人

清華八·處位 09 贛(貢)以怡(治)疾亞(惡)

清華八·處位 09 坂(返)以爲政

清華八·邦道 01 以孚(免)亓(其)豬(屠)

清華八·邦道 01 以不盧(掩)于志

清華八·邦道 01 以至于邦豪(家)慁(昏)躝(亂)

清華八·邦道01 以返(及)于身

 清華八·邦道01 以返(及)祓(滅)由虛丘

 清華八·邦道02 是以不佁(殆)

 清華八·邦道02 是以不辡(辨)貴倹(賤)

 清華八·邦道03 唯(雖)貧以倹(賤)

 清華八·邦道03 可以駿(馭)衆

 清華八·邦道03 以甄(甄)卡=(上下)

 清華八·邦道04 以居不懁(還)

 清華八·邦道04 是以訨(仁)者不甬(用)

 清華八·邦道04 聖人以解

 清華八·邦道04 以㫯(待)明王聖君之立

 清華八·邦道05 古(故)墾(興)不可以幸

 清華八·邦道05 以孚(勉)於衆

清華八·邦道05 會(愈)自固以悲愈(怨)之

 清華八·邦道06 則芔(草)木以汲(及)百稼(穀)曼(慢)生

 清華八·邦道06 以瘀不成

 清華八·邦道07 則芔(草)木以汲(及)百稼(穀)茅(茂)長鯀實

 清華八·邦道07 亡(無)肅(盡)以管(熟)

 清華八·邦道09 母(毋)褱(懷)樂以忘難

 清華八·邦道09 母(毋)咸(感)於窐(令)色以還心

 清華八·邦道09 禹(稱)亓(其)行之厚泊(薄)以史(使)之

 清華八·邦道10 以弪(枉)亓(其)道

 清華八·邦道10 煮(圖)終之以紅(功)

 清華八·邦道10 訬(察)亓(其)訐(信)者以自攺(改)

 清華八·邦道10 母(毋)以一人之口毀惡(譽)

 清華八·邦道11 母(毋)喬(驕)大以不龏(恭)

清華八·邦道 11 和丌(其)音僟(氣)與丌(其)㐭(顏色)以順
(柔)之

 清華八·邦道 11 斅(教)以壐(舉)之

 清華八·邦道 12 𡰥(度)丌(其)力以史(使)之

 清華八·邦道 13 古(故)資裕以易足

 清華八·邦道 13 甬(用)是以有余(餘)

 清華八·邦道 13 是以尃(敷)均於百眚(姓)之溓(兼)厲而懇
(愛)者

 清華八·邦道 14 丌(其)民愈(愈)幣(弊)以鄩〈解〉怠(怨)

 清華八·邦道 14 閟固以不甗于上

 清華八·邦道 14 命是以不行

 清華八·邦道 15 以章(彰)丌(其)惪(德)

 清華八·邦道 15 下有怣(過)不敢以憮(誣)上

 清華八·邦道 15 以弃(抗)丌(其)攸(修)

清華八·邦道17 以可士興

清華八·邦道17 以可士塴（崩）

清華八·邦道17 以䅫（程）亓（其）攻（功）

清華八·邦道17 以差（佐）身相豪（家）

清華八·邦道18 上女（如）以此巨（矩）

清華八·邦道18 則可以智（知）之

清華八·邦道18 君以亓（其）所能衣飤（食）

清華八·邦道18 皮（彼）智（知）上之請（情）之不可以幸

清華八·邦道19 以愈（偷）求生

清華八·邦道20 以求相臤（賢）

清華八·邦道21 祭以豊（禮）

清華八·邦道25 䏌（靖）悈（戒）以智（知）之于百眚（姓）

清華八·邦道25 以禺（遇）亓（其）古（故）

清華八·邦道26 以量亓（其）帀（師）尹之諽（徵）

清華八・邦道 27 足以斁（敗）於邦

 清華八・邦道 27 以事之于邦

 清華八・心中 01 凥（處）身之中以君之

 清華八・心中 03 以君民人

 清華八・心中 03 則亡（無）以智（知）耑（短）長

 清華八・天下 03 以癹（發）亓（其）一日之妟（怒）

 清華八・天下 05 昔三王者之所以取之=（之之）器

 清華八・天下 05 遆（歸）之以中

 清華八・天下 05 以安亓（其）邦

 清華八・天下 05 遆（歸）之昏（謀）人以敓（奪）忎=（之心）

 清華八・天下 05 以纍（纏）亓（其）衆

 清華八・八氣 01 自冬至以簘（算）六旬癹（發）燹（氣）

 清華八・八氣 02 不可以再（稱）火

清華八·八氣05 旬(玄)榠(冥)銜(率)水以飤(食)於行

清華八·八氣05 祝钃(融)銜(率)火以飤(食)於寤(竈)

清華八·八氣05 句余亡(芒)銜(率)木以飤(食)於户

清華八·八氣05 司兵之子銜(率)金以飤(食)於門

清華八·八氣06 句(后)土銜(率)土以飤(食)於室中

清華八·虞夏02 殷人弋(代)之以晶(三)

清華八·虞夏02 教民以又(有)禔=(威威)之

清華八·虞夏02 教民以宜(儀)

～，與 ᒪ(上博一·孔9)、ᒪ(上博二·容12)、ᒪ(上博四·曹19)、ᒪ(上博六·天乙7)、ᒪ(上博八·命2)同。《說文·㠯部》："㠯，用也。从反巳。賈侍中說：巳，意巳實也。象形。"

清華一·皇門11"是以爲上"，今本《逸周書·皇門》作"是以爲上"。

清華一·金縢01"未可以感(戚)虐(吾)先王"，今本《書·金縢》作"未可以戚我先王"。

清華一·金縢04"以奠(定)尔(爾)子孫于下堡(地)"，今本《書·金縢》作"用能定爾子孫于下地"。

清華一·金縢05"我乃以璧與珪逼(歸)"，今本《書·金縢》作"我其以璧與珪"。

清華一·金縢06"自以弋(代)王之敓(說)于金絴(縢)之匱"，今本《書·金縢》作"乃納册于金縢之匱中"。

清華一·金縢08"亡(無)以返(復)見於先王"，今本《書·金縢》作"我無以告我先王"。

清華一·金縢09"天疾風以雷",今本《書·金縢》作"天大雷電以風"。

清華一·金縢10"以攼(啓)金鈫(縢)之匱",今本《書·金縢》作"以啓金縢之書"。

清華一·金縢10"王旻(得)周公之所自以爲玒(功)以弋(代)武王之敚(説)",今本《書·金縢》作"乃得周公所自以爲功代武王之説"。

清華一·金縢11"王捕(把)箸(書)以淫(泣)",今本《書·金縢》作"王執書以泣"。

清華一·金縢12"以章公悳(德)",今本《書·金縢》作"以彰周公之德"。

清華一·皇門02"以觏(助)氒(厥)辟",今本《逸周書·皇門》作"以助厥辟"。

清華一·皇門12"以觏(助)余一人悥(憂)",今本《逸周書·皇門》作"以助予一人憂"。

清華一·皇門07"以豪(家)相氒(厥)室",今本《逸周書·皇門》作"以家相厥室"。

清華一·皇門05"以瀕(賓)右(佑)于上",今本《逸周書·皇門》作"先用有勸,永有□于上下"。

清華一·皇門06"戎兵以能興",今本《逸周書·皇門》作"戎兵克慎"。

清華一·皇門08"以酳(問)求于王臣",今本《逸周書·皇門》作"以昏求臣"。

清華一·皇門09"斯乃非休悳(德)以䧹(應)",今本《逸周書·皇門》作"人斯乃非維直以應"。

清華一·皇門09"乃佳(維)乍(詐)區(訨)以倉(答)",今本《逸周書·皇門》作"維作誣以對"。

清華一·皇門10"以不利氒(厥)辟氒(厥)邦",今本《逸周書·皇門》作"以不利于厥家國"。

清華一·皇門10"以自雺(落)氒(厥)豪(家)",今本《逸周書·皇門》作"以自露厥家"。

清華一·祭公08"以余少(小)子颺(揚)文武之刺(烈)",今本《逸周書·祭公》作"以予小子揚文、武大勳"。

清華一·祭公15"女(汝)母(毋)以戾孳(茲)辠(罪)辜(辜)芒(亡)寺(時)寱(緩)大邦",今本《逸周書·祭公》作"汝無以戾反罪疾"。

清華一·祭公16"女(汝)母(毋)以俾(嬖)訰(御)息(疾)尔(爾)戕(莊)句(后)",今本《逸周書·祭公》作"汝無以嬖御固莊后"。

清華一·祭公16"女(汝)母(毋)以少(小)惎(謀)散(敗)大慮(作)",今本《逸周書·祭公》作"汝無以小謀敗大作"。

清華一·祭公16"女(汝)母(毋)以俾(嬖)士息(疾)夫=(大夫)卿孳(士)",今本《逸周書·祭公》作"汝無以嬖御士疾大夫卿士"。

清華一·祭公19"我亦不以我辟歁(陷)于戁(難)",今本《逸周書·祭公》作"我亦維丕以我辟險于難"。師詢簋(《集成》04342):"欲汝弗以乃辟函(陷)于艱。"

清華一·楚居03"以",用。

清華二·繫年078"以爲","以之爲"的省略形式。猶言讓她做。《後漢書·竇武傳》:"長女選入掖庭,桓帝以爲貴人。"

清華二·繫年095"以爲成於晉",認爲。《左傳·僖公二十三年》:"及齊,齊桓公妻之,有馬二十乘,公子安之。從者以爲不可,將行,謀於桑下。"

清華三·良臣11"以爲大宰",以伯州犁爲大宰。

清華六·管仲16、17、18、20、23"可以",表示可能或能夠。《詩·陳風·衡門》:"衡門之下,可以棲遲。"《孟子·梁惠王上》:"五畝之宅,樹之以桑,五十者可以衣帛矣。"

清華七·越公63、64"以爲",以之爲。

清華二·繫年017"以乍周厚䓊",讀爲"以作周厚屏"。《左傳·僖公二十四年》:"昔周公弔二叔之不咸,故封建親戚,以蕃屏周。"

清華二·繫年024"以同生之古",讀爲"以同姓之故",因爲同姓的緣故。

清華二·繫年026"瀘哀侯以歸",讀爲"獲哀侯以歸"。《史記·楚世家》:"(楚文王)六年,伐蔡,虜蔡哀侯以歸,已而釋之。"

清華二·繫年056"牂以伐宋",讀爲"將以伐宋"。《左傳·文公十年》:"陳侯、鄭伯會楚子于息。冬,遂及蔡侯次于厥貉,將以伐宋。"

清華二·繫年060"以芋孫兀爲敎",讀爲"以華孫元爲質",把華孫元當作人質。

清華二·繫年071"以鶉觡玉笒與臺于之田",讀爲"以鶉觡玉爵與淳于之田"。《左傳·成公二年》:"齊侯使賓媚人賂以紀甗、玉磬與地。"

清華二·繫年075"以來",即"以來",表示從過去某時直到現在。《左傳·昭公十三年》:"志業於好,講禮於等,示威於衆,昭明於神,自古以來,未之或失也。"

清華二·繫年076"取亓室以夋繡公",讀爲"取其室以予申公"。《國語·楚語上》:"莊王既以夏氏之室賜申公巫臣,則又畀之子反,卒與襄老。"

清華二·繫年079"繡公檹載少盂以行",讀爲"申公竊載少孟以行"。《左傳·成公二年》:"及共王即位,將爲陽橋之役,使屈巫聘於齊,且告師期……而以夏姬行。"

清華二·繫年094"以返坪佘之𠂤",讀爲"以復平陰之師"。《左傳·襄公二十三年》:"齊侯遂伐晉,取朝歌……以報平陰之役。"

清華二·繫年"以返",讀爲"以復",即以報。

清華三·祝辭03"童以心",讀爲"同以心",意指矢發方嚮與射者之心平齊。

清華三·祝辭04"童以目",讀爲"同以目",與目平齊。

清華三·祝辭05"童以骴",讀爲"同以骴",與骴平齊。

清華五·封許05"以堇余天",讀爲"以勤余一人"。《墨子·迎敵祠》:"二參子夙夜自屬,以勤寡人,和心比力兼左右,各死而守。"

清華五·封許08"以永厚周邦",《戰國策·秦三》:"然則聖王之所棄者,獨不足以厚國家乎?"

清華五·命訓01"正以褙(禍)福",今本《逸周書·命訓》作"正之以禍福"。

清華五·命訓01"立明王以悠(訓)之",今本《逸周書·命訓》作"立明王以順之"。

清華五·命訓01"宯(廣)以敬命",今本《逸周書·命訓》作"廣以敬命"。

清華五·命訓03"赱(上)以明之",今本《逸周書·命訓》作"無以明之"。

清華五·命訓04"上以敦(榖)之",今本《逸周書·命訓》作"無以榖之"。

清華五·命訓04"女(如)懽(勸)以忠訐(信)",今本《逸周書·命訓》作"若勸之以忠"。

清華五·命訓04"上以槊(畏)之",今本《逸周書·命訓》作"無以畏之"。

清華五·命訓05"達道=(道道)天以正人",今本《逸周書·命訓》作"通道通天以正人"。

清華五·命訓06"夫明王卲(昭)天訐(信)人以尾(度)攻(功)",今本《逸周書·命訓》作"明王昭天信人以度"。

清華五·命訓06"攻(功)墬(地)以利之",今本《逸周書·命訓》作"功地以利之"。

清華五·命訓07"以人之俚(恥)尚(當)天之命",今本《逸周書·命訓》作"以人之醜當天之命"。

清華五·命訓 07"以亓(其)市(黼)冒(冕)尚(當)天之福",今本《逸周書·命訓》作"以紼絻當天之福"。

清華五·命訓 07"以亓(其)斧戊(鉞)尚(當)天之繲(禍)",今本《逸周書·命訓》作"以斧鉞當天之禍"。

清華五·命訓 08"乃窒(曠)命以弋(代)亓(其)上",今本《逸周書·命訓》作"曠命以誡其上"。

清華五·命訓 10"天古(故)卲(昭)命以命力〈之〉曰",今本《逸周書·命訓》作"明王是故昭命以命之"。

清華五·命訓 11"以牧蠆(萬)民",今本《逸周書·命訓》作"以牧萬民"。

清華五·命訓 11"秅(撫)之季(惠)",今本《逸周書·命訓》作"撫之以惠"。

清華五·命訓 11"和之以均",今本《逸周書·命訓》作"和之以均"。

清華五·命訓 11"韜(斂)之以哀",今本《逸周書·命訓》作"斂之以哀"。

清華五·命訓 11"吳(娛)之以樂",今本《逸周書·命訓》作"娛之以樂"。

清華五·命訓 12"悠(訓)之以豊(禮)",今本《逸周書·命訓》作"慎之以禮"。

清華五·命訓 12"教之以敖(藝)",今本《逸周書·命訓》作"教之以藝"。

清華五·命訓 12"正之以政",今本《逸周書·命訓》作"震之以政"。

清華五·命訓 12"童(動)之以事",今本《逸周書·命訓》作"動之以事"。

清華五·命訓 12"懽(勸)之以賞",今本《逸周書·命訓》作"勸之以賞"。

清華五·命訓 12"累(畏)之以罰",今本《逸周書·命訓》作"畏之以罰"。

清華五·命訓 12"霝(臨)之以中",今本《逸周書·命訓》作"臨之以忠"。

清華五·命訓 12"行之以耑(權)",今本《逸周書·命訓》作"行之以權"。

清華五·命訓 14"以賞從袋(勞)",今本《逸周書·命訓》作"以賞從勞"。

清華五·命訓 15"以中從忠則尚",今本《逸周書·命訓》作"以法從中則賞"。

清華五·命訓 15"以耑(權)從䖄(法)則不行(行)",今本《逸周書·命訓》作"以權從法則行"。

清華五·命訓 15"䖄(法)以智(知)耑(權)",今本《逸周書·命訓》作"行不必以知權"。

清華五·命訓 15"耑(權)以智(知)散(微)",今本《逸周書·命訓》作"權以知微"。

清華五·命訓 15"散(微)以智(知)訋(始)",今本《逸周書·命訓》作"微以知始"。

清華五·命訓 15"訋(始)以智(知)終",今本《逸周書·命訓》作"始以知終"。

清華五·湯丘07"以和利萬民"，《左傳·隱公四年》："及衛州吁立，將修先君之怨於鄭，而求寵於諸侯，以和其民。"

清華五·三壽19"龏神以敬"，讀爲"恭神以敬"。《墨子·天志下》："以敬祭祀上帝、山川、鬼神。"

清華六·孺子07、08"以亂夫=之正"，讀爲"以亂大夫之政"。《禮記·王制》："執左道以亂政，殺。"

清華六·管仲17"和民以惪"，即"和民以德"。《左傳·隱公四年》："臣聞以德和民，不聞以亂。"

清華六·管仲18"以正天下"，《戰國策·齊一》："古之王者之伐也，欲以正天下而立功名，以爲後世也。"

清華六·管仲19"或以民戲"，或讀爲"又以民害""又以民虐"，"以"，猶爲也，見《古書虛字集釋》第一四頁。

清華七·子犯11"昔者成湯以神事山川"，《管子·侈靡》："以時事天，以天事神，以神事鬼，故國無罪而君壽而民不殺，智運謀而雜橐刃焉。"

清華七·子犯11"以惪和民"，即"以德和民"。《左傳·隱公四年》："公問於衆仲曰：'衛州吁其成乎？'對曰：'臣聞以德和民，不聞以亂。以亂，猶治絲而棼之也。'"

清華七·子犯13"悒不死型以及于厇身"，讀爲"懼不死刑以及于厥身"。"以"，訓"則"，《經詞衍釋》卷一："以，猶則也。《禮記》：'則燕則譽。'《大戴禮》作'以燕則譽'。是'以'與'則'同義也。"

清華七·子犯14"絫以"，即"奚以"。《論語·子路》："誦《詩》三百，授之以政，不達；使於四方，不能專對；雖多，亦奚以爲？"

清華七·晉文公02、03"以攸（修）晉邦之祀"，《左傳·宣公十六年》："武子歸而講求典禮，以修晉國之法。"

清華七·晉文公03"以祀"，《周禮·春官·典瑞》："圭璧，以祀日月星辰。"

清華七·趙簡子04"用繇今以坒"，讀爲"用由今以往"。《左傳·襄公二十五年》："自今以往，兵其少弭矣！"

清華七·越公06"以臣事吳"，《越絕書·越絕內傳陳成恆》："孤欲空邦家，措策力，變容貌，易名姓，執箕帚，養牛馬，以臣事之。"

清華七·越公10"以"連詞，用於並列的行爲狀態之間，略相當於"而"。《書·堯典》："在璿璣玉衡，以齊七政。"

清華七·越公17"以"，因果連詞。《晏子春秋·內篇雜下》："楚人以晏子短，爲小門於大門之側而延晏子。"

清華七·越公20"以逩（奔）告"，《穀梁傳·定公十五年》："喪急，故以奔言之。"

清華七·越公20"臺齊兵刃以攼御募人"，讀爲"敦齊兵刃以捍禦寡人"。《禮記·檀弓下》："能執干戈以衛社稷，雖欲勿殤也，不亦可乎！"

清華七·越公24"以御銶戩"，讀爲"以禦仇讎"，《孟子·盡心下》："古之爲關也，將以禦暴。"

清華七·越公26"以忻民之窜"，讀爲"以祈民之寧"。《左傳·襄公七年》："夫郊，祀后稷以祈農事也。"

清華七·越公31"以勸悥蓐夫"，讀爲"以勸勉農夫"。《管子·權修》："民輕其祿賞，則上無以勸民。"

清華七·越公63"雩王乃中分亓帀以爲左軍、右軍"，讀爲"越王乃中分其師以爲左軍、右軍"。《國語·吳語》："越王乃中分其師，以爲左右軍。"

清華七·越公64"以亓厶㝈君子夲＝以爲中軍"，讀爲"以其私卒君子六千以爲中軍"。《國語·吳語》："以其私卒君子六千人爲中軍。"

清華七·越公65"乃命左軍監枚鮴江五里以須"，讀爲"乃命左軍銜枚溯江五里以須"。《國語·吳語》："乃令左軍銜枚泝江五里以須。"

清華七·越公65"亦命右軍監枚渝江五里以須"，讀爲"亦命右軍銜枚渝江五里以須"。《國語·吳語》："亦令右軍銜枚踰江五里以須。"

清華七·越公65"中水以翌"，《國語·吳語》："乃令左軍、右軍涉江鳴鼓中水以須。"

清華七·越公66"牁以夾□"，讀爲"將以夾攻"。《國語·吳語》："將以夾攻我師。"

清華七·越公66"牁以御之"，讀爲"將以禦之"。《國語·吳語》："將以御越。"

清華七·越公13、70"以至于今"，《左傳·昭公十六年》："恃此質誓，故能相保，以至于今。"《國語·晉語八》："自穆侯以至於今，亂兵不輟，民志不厭，禍敗無已。"

清華七·越公71、72"昔天以雩邦賜吳"，讀爲"昔天以越邦賜吳"。《國語·吳語》："昔天以越賜吳。"

清華七·越公71"今天以吳邦賜邔"，讀爲"今天以吳邦賜越"。《國語·越語上》："今天以吳予越。"

清華七·越公75"孤余絭（奚）面目以視于天下"，《國語·越語上》："寡人請死,余何面目以視於天下乎!"

清華八·攝命17"亡非楚以",讀爲"罔非胥以"。《書·盤庚中》:"惟胥以沈。"

清華八·邦道01"以至于",亦作"以至",連詞。猶言直至,直到。表示在時間、程度、範圍、數量上的延伸。《左傳·昭公十六年》:"恃此質誓,故能相保,以至于今。"

清華八·邦道01"以返",即"以及",連詞。表示在時間、範圍上的延伸。猶言以至,以至於。《後漢書·仲長統傳》:"漢二百年而遭王莽之亂,計其殘夷滅亡之數,又復倍乎秦、項矣。以及今日,名都空而不居,百里絶而無民者,不可勝數。"

清華八·邦道06、07"以返",即"以及",連詞。連接並列的詞、片語或短句。相當於"與""同"。

清華二·繫年026、29、035、040、051,清華三·祝辭01、02,清華六·管仲11、21,清華八·邦道03、07、09、11,清華八·八氣05、06"以",連詞。表承接,相當於"而"。《禮記·樂記》:"治世之音安以樂,其政和;亂世之音怨以怒,其政乖。"

清華五·湯丘15、清華六·子産13"所以",……的方式。

清華六·管仲14、清華七·越公11"所以",……的原因。

清華六·子産06"所以",……的依據。

清華八·天下05"昔三王者之所以取之=(之之)器",《禮記·曲禮上》:"龜爲卜,筴爲筮。卜筮者,先聖王之所以使民信時日,敬鬼神,畏法令也。"

清華"是以",即"以是",因此。介詞"以"的賓語前置。

清華"足以",完全可以,够得上。《孟子·梁惠王上》:"是心足以王矣。"

清華"可以",讀爲"何以",疑問代詞"何"作賓語而前置。用什麽,怎麽。《詩·召南·行露》:"誰謂雀無角,何以穿我屋?"

清華"可以",表示可能或能够。《詩·陳風·衡門》:"衡門之下,可以棲遲。"

台

 清華二·繫年005 是孚(褒)台(姒)

清華二·繫年 005 孚(俘)台(姒)辟(嬖)于王

 清華八·攝命 16 鮮隹(唯)楚(胥)台(以)姎(夙)夕敬(敬)

～,與台(上博六·用 14)、(上博五·三 20)同,下部所從的"口"或作 廿,乃是橫穿筆畫。《説文·口部》:"台,説也。從口,㠯聲。"

清華二·繫年 005"孚台",讀爲"俘姒"。《詩·小雅·正月》:"赫赫宗周,褒姒滅之!"

清華八·攝命 16"楚台",讀爲"胥以",相率。《書·盤庚中》:"惟胥以沈。"《詩·小雅·雨無正》:"淪胥以鋪。"《詩·小雅·小旻》:"淪胥以敗。"《詩·大雅·抑》:"淪胥以亡。"

佁

 清華八·邦道 02 是以不佁(殆)

～,右旁"台"下所從的"口"旁寫得如"心"旁,參上條"台"。或隸作"佋",不確。《説文·人部》:"佁,癡皃。從人,台聲,讀若駭。"

清華八·邦道 02"不佁",讀爲"不殆",不危險。《孫子·謀攻》:"知彼知己者,百戰不殆。"王晢注:"殆,危也。"《老子》:"知足不辱,知止不殆。"

姒

 清華一·程寤 01 大(太)姒夢見商廷隹(惟)棫(棘)

清華一·程寤 02 晉(巫)衡(率)敂(蔽)大(太)姒

～,從"女","㠯"聲,"姒"字異體。

清華一·程寤"大姒",讀爲"太姒"。《史記·管蔡世家》:"武王同母兄弟十人。母曰太姒,文王正妃也。其長子曰伯邑考,次曰武王發,次曰管叔鮮,次曰周公旦,次曰蔡叔度,次曰曹叔振鐸,次曰成叔武,次曰霍叔處,次曰康叔封,次曰冉季載。冉季載最少。"

矣

 清華一·保訓 10 亓(其)又(有)所貞(由)矣

 清華三·琴舞 07 需(孺)子王矣

 清華三·芮良夫 02 天猷畏矣

 清華三·芮良夫 08 民之俴(賤)矣

 清華三·芮良夫 08 心之慐(憂)矣

 清華三·芮良夫 08 佳(兄)俤(弟)懕(閱)矣

 清華三·芮良夫 15 天猷畏矣

 清華三·芮良夫 25 我亓(其)言矣

 清華五·命訓 08 紒(殆)於鬣(亂)矣

 清華五·湯丘 15 不屋(居)矣(疑)

清華五・三壽 10 九牧九矣(有)牂(將)芒(喪)

 清華八・邦政 06 則視亓(其)民必女(如)腸矣

清華八・邦政 10 則視亓(其)民女(如)屮(草)薊(芥)矣

 清華八・邦政 11 下賭(瞻)亓(其)上女(如)寇(寇)戠(讎)矣

～，與 （上博一・孔 2）、（上博四・曹 40）同。《説文・矢部》："矣，語已詞也。从矢，㠯聲。"

清華三・琴舞 07"需子王矣"，讀爲"孺子王矣"。《書・立政》："嗚呼！孺子王矣！"

清華三・芮良夫 02、15"天猷畏矣"，《左傳・昭公二十三年》："完其守備，以待不虞，又何畏矣？"

清華三・芮良夫 08"民之俴矣"，讀爲"民之賤矣"。《論衡・奇怪》："天地之性，唯人爲貴，則物賤矣。"

清華三・芮良夫 08"心之悡矣"，讀爲"心之憂矣"。《詩・邶風・柏舟》："心之憂矣，如匪澣衣。靜言思之，不能奮飛。"

清華三・芮良夫 25"我亓言矣"，讀爲"我其言矣"。《禮記・檀弓下》："我則既言矣。"

清華五・命訓 08"劰於躪矣"，讀爲"殆於亂矣"。《管子・參患》："内不以刑，而欲禁邪，則國必亂矣。"

清華八・邦政 06"則視亓民必女腸矣"，或讀爲"則視其民必如傷矣"。《左傳・哀公元年》："臣聞國之興也，視民如傷，是其福也。"

清華八・邦政 10"則視亓民女屮薊矣"，讀爲"則視其民如草芥矣"。《左傳・哀公元年》："其亡也，以民爲土芥，是其禍也。"

清華八・邦政 11 下"賭亓上女寇戠矣"，讀爲"瞻其上如寇讎矣"。《孟子・離婁下》："君之視臣如土芥，則臣視君如寇讎。"

清華五·湯丘15"矣",讀爲"疑"。簡文"不居疑",參《論語·顏淵》:"居之不疑。"

清華五·三壽10"九矣",讀爲"九有",指九州。《詩·商頌·玄鳥》:"方命厥后,奄有九有。"鄭玄注:"九有,九州也。"《荀子·解蔽》楊倞注:"九有,九牧,皆九州也。撫有其地則謂之九有,養其民則謂之九牧。"

清華"矣",句尾語氣詞。《說文》:"矣,語已詞也。"《論語·雍也》:"有顏回者好學,不遷怒,不貳過,不幸短命死矣。"

俟

 清華一·皇門11 乃隹(惟)又(有)奉俟(疑)夫

《說文·人部》:"俟,大也。从人,矣聲。《詩》曰:'伾伾俟俟。'"

清華一·皇門11"乃隹(惟)又(有)奉俟夫",今本《逸周書·皇門》作"乃維有奉狂夫是陽是繩"。"俟",讀爲"疑",疑嫉。或讀爲"娭",嬉戲。《楚辭·九章·惜往日》:"國富強而法立兮,屬貞臣而日娭。"《漢書·禮樂志》:"神來宴娭,庶幾是聽。"顏師古注:"娭,戲也。"或讀爲"癡"。

睸

 清華七·越公57 不茲(使)命睸(疑)

～,从"視","矣"聲。

清華七·越公57"不茲命睸",讀爲"不使命疑"。

定紐臺聲

臺

 清華五·湯丘04 是又(有)嘗(臺)儃(僕)

260

清華六·子儀 14 臺(臺)上又(有)兔

清華六·子產 07 不巳臺(臺)寢

清華七·趙簡子 10 宮中三臺(臺)

～,與 (上博二·子 11)、 (上博二·容 38)、 (郭店·老子甲 26)同,從"室","之"聲。《說文·至部》:"臺,觀四方而高者。從至,從之,從高省。與室屋同意。"

清華五·湯丘 04"臺儓",即"臺僕",下等的奴僕。《晉書·殷浩傳》:"驅其豺狼,翦其荊棘,收羅向義,廣開屯田,沐雨櫛風,等勤臺僕。"《左傳·昭公七年》:"故王臣公,公臣大夫,大夫臣士,士臣皁,皁臣輿,輿臣隸,隸臣僚,僚臣僕,僕臣臺。"孔穎達疏引服虔曰:"臺,給臺下,微名也。"

清華六·子儀 14、清華六·子產 07"臺",高而上平的方形建築物,供觀察眺望用。《國語·楚語上》:"故先王之爲臺榭也,榭不過講軍實,臺不過望氛祥。故榭度於大卒之居,臺度於臨觀之高。"韋昭注:"積土爲臺。"

清華七·趙簡子 10"宮中三臺",《史記·晉世家》:"(平公)十九年,齊使晏嬰如晉,與叔向語。叔向曰:'晉,季世也。公厚賦爲臺池而不恤政,政在私門,其可久乎!'晏子然之。"或疑指晉國三大宮殿虒祁宮、銅鞮宮、靈公臺,文獻中虒祁宮又稱"虒祁之臺",可證。(滕勝霖)

邪紐巳聲

巳

清華一·耆夜 11 母(毋)巳(已)大藥(樂)

清華一·耆夜 12 母(毋)巳(已)大康

清華一·耆夜 14 母（毋）巳（已）大康

清華二·繫年 046 我既旻（得）奠（鄭）之門筊（管）巳（已）

清華三·説命上 05 我亓（其）巳（改）

清華三·琴舞 04 巳（已），不曹（造）孳（哉）

清華四·筮法 57 巳亥

清華四·筮法 57 巳亥

清華四·筮法 30 坓（邦）去政巳（已）

清華五·湯丘 10 此言弗或（又）可旻（得）而䚋䎽（聞）巳（矣）

清華五·湯丘 14 若自事朕身巳（已）

清華六·孺子 04 邦豕（家）䚋（亂）巳（已）

清華六·管仲 01 乑（學）於（烏）可以巳（已）

清華六·管仲 02 乑（學）於（烏）可以巳（已）

清華六·子產 08 勿以姘巳

清華七·子犯 15 亦備才(在)公子之心巳(已)

清華七·趙簡子 02 今虗(吾)子既爲寍㱿(將)軍巳(已)

清華七·趙簡子 04 虗(吾)子㱿(將)不可以不戒巳(已)

清華七·趙簡子 10 是乃歘(侈)巳(已)

清華七·越公 07 勿茲(使)句㦇(踐)屬(繼)蓼於雩(越)邦巳(矣)

清華七·越公 14 凡吳之善士㱿(將)中畔(半)死巳(矣)

清華七·越公 38 䬃(反)評(背)訮(欺)巳(詒)

清華七·越公 42 乃亡(無)敢反不(背)訮(欺)巳(詒)

清華八·攝命 21 王曰：巽，巳(已)

清華八·邦道 26 巳(已)孚(乎)不禹(稱)㢾(乎)

～，與 🄔 (上博三·周 41)、🄔 (上博四·曹 4)、🄔 (上博六·競 10)

同。《説文·巳部》:"巳,巳也。四月,陽气巳出,陰气巳藏,萬物見,成文章,故巳爲蛇,象形。凡巳之屬皆从巳。"

清華一·耆夜11"母(毋)巳大藥(樂)",12、14"母(毋)巳大康"之"巳",即"已",太,過分。《詩·唐風·蟋蟀》:"無已大康,職思其居。"毛傳:"已,甚。康,樂。職,主也。"鄭箋:"君雖當自樂,亦無甚大樂,欲其用禮爲節也,又當主思於所居之事,謂國中政令。"《管子·戒》:"其爲人也,好善而惡惡已甚,見一惡終身不忘。"尹知章注:"已,猶太也。言憎惡惡人太甚。"

清華三·説命上05"我其殺之"與"我其已,勿殺"是相對立的卜辭,特别是説"我其已",與殷墟甲骨卜辭格式一致。簡文"已",讀爲"改"。(李學勤)

清華三·琴舞04"巳",讀爲"已",語氣詞。《書·康誥》:"已,汝惟小子,乃服惟弘王。"

清華四·筮法30"埅去政巳",讀爲"邦去政已"。"已",有罷黜之意。《論語·公冶長》:"令尹子文三仕爲令尹,無喜色;三已之,無愠色。"皇侃《義疏》:"已,謂黜止也。""政已",政權遭罷黜。或認爲"邦去"讀爲"邦虛",指邦國空虛。(《讀本四》第61頁)

清華四·筮法57"巳亥",配"四"。天水放馬灘秦簡《日書》乙185"巳四金",191"亥四木"。

清華五·湯丘14"若自事朕身巳"之"巳",讀爲"已"。《吕氏春秋·至忠》:"王之疾,必可已也。"高誘注:"已,猶愈也。"《史記·扁鵲倉公列傳》:"一飲汗盡,再飲熱去,三飲病已。"(白於藍)

清華五·湯丘10、清華六·孺子04"巳",讀爲"矣",句末語氣詞。

清華六·管仲01、02"孚於可以巳",讀爲"學烏可以已"。《荀子·勸學》:"君子曰:學不可以已。""已",停止。《詩·鄭風·風雨》:"風雨如晦,雞鳴不已。"鄭箋:"已,止也。"《荀子·宥坐》:"已此三者,然後刑可即也。"楊倞注:"已,止。"

清華七·越公07"巳",與"矣"音義並近。又疑屬下讀,句首語氣詞。《書·大誥》:"已!予惟小子。"

清華七·越公14"凡吴之善士牁中畔死巳",讀爲"凡吴之善士將中半死矣",吴國的善士將近一半都死了。"已",語氣詞,表過程完結。《書·洛誥》:"公定,予往已。"古書中多作"矣"。

清華七·越公38、42"訐巳",讀爲"欺詒"或"欺紿",欺騙。桓寬《鹽鐵論·褒賢》:"主父偃以口舌取大官,竊權重,欺紿宗室。"《説文·言部》:"詒,相欺詒也。"

　　清華八・攝命 21、清華八・邦道 26"巳",即"已"。《書・大誥》孔傳:"發端欺辭也。"

　　　妃

　　清華二・繫年 135 三執珪之君與右尹卲(昭)之妃(竢)死女
(焉)

　　清華六・子儀 14 妃(竢)客而諰(翰)之

　　～,與（上博二・容 24)同,從"立","巳"聲,"竢"字異體。《説文・立部》:"竢,待也。從立,矣聲。，或從巳。"

　　清華二・繫年 135"卲之妃",讀爲"昭之妃",昭王之後。

　　清華六・子儀 14"妃",即"竢",等待。《國語・晉語四》:"質將善而賢良贊之,則濟可竢。"

　　　祀

　　清華一・程寤 01 佳王元祀貞(正)月既生魄(霸)

　　清華一・皇門 04 是人斯蠲(助)王共(恭)明祀

　　清華一・皇門 06 戌(咸)祀天神

　　清華一・皇門 11 少(小)民用晨(禱)亡(無)用祀

　　清華二・繫年 001 禋祀不盈(寅)

清華二·繫年 001 以鐢（登）祀帝=（上帝）天神

清華三·說命下 08 克瀄（漸）五祀

清華三·芮良夫 18 龏（恭）𥃩（監）亯（享）祀

清華五·厚父 03 朝夕䛴（肆）祀

清華五·厚父 04 或禄（肆）祀三后

清華五·厚父 10 悠（慎）裞（肆）祀

清華五·厚父 13 民曰隹（惟）酉（酒）甬（用）裞（肆）祀

清華五·湯丘 14 敬祀

清華七·晉文公 03 厽（三）夫=（大夫）以攸（修）晉邦之祀

清華七·晉文公 03 具畨（黍）稷醴=（醴酒）以祀

清華七·趙簡子 08 宮中六窞（竈）并六祀

清華七·趙簡子 09 宮中六窞（竈）并六祀

祀　清華七·越公70余不敢鹽（絕）祀

祀祀　清華八·八氣05帝爲五祀

～，與祀（上博三·周43）、祀（上博四·內8）同。《說文·示部》："祀，祭無已也。从示，巳聲。禩，祀或从異。"

清華一·程寤01"元祀"，元年。《書·伊訓》："惟元祀，十有二月，乙丑。"陸德明《釋文》："祀，年也。夏曰歲，商曰祀，周曰年。"《逸周書·柔武》："維王元祀，一月既生魄。"

清華一·皇門04"明祀"，對重大祭祀的美稱。《左傳·僖公二十一年》："崇明祀，保小寡，周禮也。"杜預注："明祀，大皞有濟之祀。"《逸周書·商誓》："在商先哲王明祀上帝。"

清華一·皇門06"祀天神"，祭祀天神。《周禮·春官·大司樂》："乃奏黃鍾，歌大呂，舞《雲門》，以祀天神；乃奏大蔟，歌應鍾，舞《咸池》，以祭地示。"

清華一·皇門11"祀"，祭祀，敬祀先祖諸神。《左傳·文公二年》："祀，國之大事也。"

清華二·繫年001"禋祀"，古代祭天的一種禮儀。先燔柴升煙，再加牲體或玉帛於柴上焚燒。《周禮·春官·大宗伯》："以禋祀祀昊天上帝，以實柴祀日月星辰，以槱燎祀司中、司命、風師、雨師。"鄭玄注："禋之言煙。周人尚臭，煙氣之臭聞者。槱，積也……三祀皆積柴、實牲體焉。或有玉帛燔燎，而升煙所以報陽也。"孫詒讓《正義》："竊以意求之，禋祀者，蓋以升煙爲義；實柴者，蓋以實牲體爲義；槱燎者，蓋以焚燎爲義。禮各不同，而禮盛者得下兼，其燔柴則一。"《漢書·禮樂志》："（《郊祀歌》十九章）恭承禋祀，溫豫爲紛，黼繡周張，承神至尊。"或泛指祭祀。《左傳·桓公六年》："故務其三時，修其五教，親其九族，以致其禋祀。"杜預注："禋，絜敬也。"孔穎達疏："《釋詁》云：'禋，敬也。'故以禋爲絜敬。"

清華二·繫年001"烝祀"，讀爲"烝祀"或"蒸祀"，冬祭名。《書·洛誥》："戊辰，王在新邑，烝，祭歲。"班固《白虎通·宗廟》："宗廟所以歲四祭何……冬曰烝者，烝之爲言衆也，冬之物成者衆。"董仲舒《春秋繁露·四祭》："春曰祠，夏曰礿,秋曰嘗,冬曰烝。"

清華三·説命下 08"五祀",《國語·魯語上》:"凡禘、郊、祖、宗、報,此五者,國之典祀也。"

清華三·芮良夫 18"亯祀",即"享祀",祭祀。《易·困》:"困于酒食,朱紱方來,利用享祀。"《國語·楚語下》:"聖王正端冕,以其不違心,帥其群臣精物以臨監享祀。"

清華五·厚父 03、04、10、13"肄祀""禄祀""祑祀",讀爲"肆祀"。《書·牧誓》:"今商王受惟婦言是用,昏棄厥肆祀弗答。"鄭玄注:"肆,陳。"《周禮·春官·典瑞》:"以肆先王。"鄭玄注:"肆,解牲體以祭,因以爲名。"

清華五·湯丘 14"敬祀",《禮記·坊記》:"修宗廟,敬祀事,教民追孝也。"

清華七·晉文公 03"厽(三)夫=(大夫)以攸(修)晉邦之祀",《管子·輕重戊》:"公其弱强繼絶,率諸侯以起周室之祀。"

清華七·晉文公 03"具𪗚稷醴=以祀",讀爲"具黍稷醴酒以祀"。《周禮·夏官·大司馬》:"其他皆如振旅。遂以獮田,如蒐田之法,羅弊,致禽以祀祊。"《禮記·禮運》:"作其祝號,玄酒以祭。"

清華七·趙簡子 08、09"宮中六窨(竈)并六祀",《禮記·曲禮下》:"天子祭天地,祭四方,祭山川,祭五祀,歲徧。"鄭玄注:"五祀,户、灶、中霤、門、行也。"班固《白虎通·五祀》以門、户、井、竈、中霤爲五祀。祭竈爲五祀之一。《周禮·春官·大祝》:"掌六祈,以同鬼神示,一曰類,二曰造,三曰禬,四曰禜,五曰攻,六曰説。"鄭司農云:"類、造、禬、禜、攻、説,皆祭名也。""類",祭上帝、社稷等;"造",祭祖禰之廟;"禬",禳癘疫之祭;"禜",禳水旱之祭;"攻",鳴鼓攻日食;"説",陳辭請求消災。"六祀",當爲六種祭祀,簡文大意是説把宮中祭竈的祭祀併入六祀,是一種去奢從簡的方式。

清華七·越公 70"𥂁祀",即"絶祀"。《國語·吳語》:"孤無奈越之先君何,畏天之不祥,不敢絶祀,許君成,以至於今。"《書·五子之歌》:"荒墜厥緒,覆宗絶祀!"

清華八·八氣 05"五祀",祭祀住宅内外的五種神,即行、竈、户、門、室中。《禮記·月令》:"(孟冬之月)天子乃祈來年于天宗,大割祀于公社及門閭,臘先祖五祀。"鄭玄注:"五祀,門、户、中霤、竈、行也。"《論衡·祭意》:"五祀,報門、户、井、竈、室中霤之功。門、户,人所出入,井、竈,人所飲食,中霤,人所託處,五者功鈞,故俱祀之。"

改

 清華一・祭公 10 皇天攺(改)大邦壓(殷)之命

 清華一・楚居 09 女(焉)攺(改)名之曰福丘

 清華一・楚居 13 攺(改)爲之

 清華二・繫年 012 攺(改)立柬(厲)公

 清華二・繫年 029 攺(改)遞(旅)於陳

 清華二・繫年 104 攺(改)邦陳、鄩(蔡)之君

 清華三・芮良夫 02 藎(蘁)敗(敗)攺(改)繇(繇)

 清華三・芮良夫 07 覓(變)攺(改)棠(常)絉(術)

 清華五・厚父 08 肄(肆)女(如)其若龜筮(筮)之言亦勿可逮

(專)攺(改)

 清華五・湯丘 12 萅(春)賦(秋)攺(改)則

 清華五・畬門 21 則可(何)以攺(改)之

清華八·處位10 甬(用)遊(躐)歔(貢)而攺(改)

　清華八·邦道08 則民攺(改)

　清華八·邦道10 訒(察)亓(其)訐(信)者以自攺(改)

　清華八·邦道14 是不攺(改)

　清華八·天下01 天下之道弍(二)而攺(已)

～，與 、、同，从"攴"，"巳"聲，"改"字異體，與《說文》"改"字並非一字。《說文·攴部》："改，更也。从攴、己。"

清華一·祭公10"皇天攺(改)大邦墅(殷)之命"，今本《逸周書·祭公》作"皇天改大殷之命"。

清華一·楚居09"攺名之曰福丘"，讀爲"改名之曰福丘"。《史記·楚世家》："丙辰，棄疾即位爲王，改名熊居，是爲平王。"

清華一·楚居13"攺(改)爲之"之"攺"，修改。

清華二·繫年012"攺立東公"，讀爲"改立厲公"。《左傳·成公九年》："我出師以圍許，爲將改立君者，而紓晉使，晉必歸君。"

清華二·繫年029"攺遴於陳"，讀爲"改旅於陳"。《左傳·僖公二十三年》："楚成得臣帥師伐陳，討其貳於宋也。遂取焦、夷，城頓而還。"或訓"改"爲易，"易旅"，意爲變易陳之師衆。或讀爲"治"，簡文意謂治兵於陣。(子居、梁立勇)

清華二·繫年104"攺邦陳、鄯之君"，讀爲"改邦陳、蔡之君"，改封陳、蔡之君。《左傳·昭公十三年》："平王封陳、蔡，復遷邑，致群賂，施舍、寬民，宥罪、舉職。"又稱："楚之滅蔡也，靈王遷許、胡、沈、道、房、申於荆焉。平王即位，既封陳、蔡，而皆復之，禮也。"

清華三·芮良夫02"瑩敗改繇",讀爲"虆敗改繇",指從失敗中覺悟,改弦更張。

清華三·芮良夫07"兌改",讀爲"變改",改變。《後漢書·郎顗傳》:"五際之厄,其咎由此。"李賢注引《韓詩外傳》:"五際,卯酉午戌亥也。陰陽終始際會之歲,於此則有變改之政。"

清華五·厚父08"速改",讀爲"專改",擅改。

清華五·湯丘12"蕡秝改",即"春秋改",意云隨時變改。

清華五·菅門21"則可以改之",讀爲"則何以改之"。《晏子春秋·内篇雜上》:"子教我所以改之,無教我求其人也。"

清華八·處位10"甬邋厰而改",讀爲"用躐貢而改"。《説文》:"改,更也。"此處指改用人之道。

清華八·邦道08"則民改",讀爲"則民改"。《墨子·非命中》:"此世不渝而民不改,上變政而民易教。"

清華八·邦道10"自改",讀爲"自改"。《論衡·明雩》:"人君用其言,求過自改。"

清華八·邦道14"不改",讀爲"不改"。《禮記·郊特牲》:"壹與之齊,終身不改。"

清華八·天下01"而改",讀爲"而已",句尾語助詞。表示僅止於此,猶罷了。《論語·里仁》:"夫子之道,忠恕而已矣。"《漢書·衛青霍去病傳》:"人臣奉法遵職而已,何與招士!"(李學勤)

悠

 清華八·邦政13 悠(改)人之事

～,從"心","改"聲。

清華八·邦政13"悠",讀爲"改",謂更換之義。

起

 清華二·繫年006 幽王起自(師)

 清華二·繫年 028 起𠂤(師)伐賽(息)

 清華二·繫年 089 朿(厲)公先起兵

 清華二·繫年 098 霝(靈)王先起兵

 清華六·子產 11 事起貨(禍)行

 清華六·子產 11 貨(禍)行辠(罪)起

 清華七·越公 62 舀(挑)起悁(怨)啬(惡)

 清華七·越公 63 吳王起帀(師)

 清華七·越公 63 雩(越)王起帀(師)

～，从"走"，"巳"聲，"起"字異體。

清華二·繫年 006、028，清華七·越公 63"起𠂤""起帀"，讀爲"起師"，發兵，出兵。《左傳·僖公二年》："宫之奇諫，不聽，遂起師。"《淮南子·人間》："重耳反國，起師而伐曹。"

清華二·繫年 089、098"起兵"，發兵，出兵。《禮記·月令》："(季夏之月)是月也，樹木方盛，乃命虞人入山行木，毋有斬伐。不可以興土功，不可以合諸侯，不可以起兵動衆。"

清華六·子產 11"事起貨(禍)行，貨(禍)行辠起"之"起"，興起。《書·益稷》："股肱喜哉，元首起哉，百工熙哉。"孔傳："股肱之臣喜樂盡忠，君之治功乃起，百官之業乃廣。"《荀子·天論》："一廢一起，應之以貫，理貫不亂。"《呂氏春秋·直諫》高誘注："起，興也。"

清華七·越公62"舀起",讀爲"挑起"。《韓非子·難一》:"若非罪人,則勸之以徇,勸之以徇,是重不辜也,重不辜,民所以起怨者也,民怨則國危。"

迟

清華七·越公 62 吴帀(師)未迟(起)

清華七·越公 63 吴帀(師)乃迟(起)

清華二·繫年 019 赤鄱(翟)王峀虘迟(起)肖(師)伐壟(衛)

清華二·繫年 025 文王迟(起)肖(師)伐賽(息)

清華二·繫年 038 秦人迟(起)自(師)以内(納)文公于晉

清華二·繫年 054 晉人迟(起)自(師)

清華二·繫年 084 吴王子唇(晨)酒(將)迟(起)褐(禍)於吴

～,與(上博七·鄭甲 6)、(上博六·用 18)同,从"辵","巳"聲,爲《説文》"起"字古文所本。

清華七·越公 62"未迟"即"未起"。越公 63"乃迟"即"乃起"。"起",出動、發動。《左傳·文公七年》:"訓卒利兵,秣馬蓐食,潛師夜起。"《史記·趙世家》:"燕卒起二軍,車二千乘,栗腹將而攻鄗,卿秦將而攻代。"

清華二·繫年 019、025、038、054"迟肖""迟自",即"起師",參上。

清華二·繫年 084"迟褐",讀爲"起禍",引起禍害,惹是生非。《韓非子·難四》:"鄭子都殺伯咺而食鼎起禍。"賈誼《新書·五美》:"天下無可以徼倖之權,無起禍召亂之業。"

顊

 清華四·別卦 02 顊(頤)

～,從"頁","臣"聲,"頤"字繁體。甲骨文"臣",于省吾以爲像梳篦之形(《甲骨文字釋林》66頁),古文字"臣"橫看與齒近似。此字當即從"頁","臣"聲之字,可隸定爲"顊"。(劉剛)或説從"頁""齒","已"聲,"頤"異體。"頤"的本義爲面頰,故以"頁""𠚇(古文)"爲意符,"已""頤"都是之部喻母字,故"頤"以"已"爲聲符。"頤"字,或作✦(上博三·周 24)、✦(上博三·周 24)。"臣"或作✦(上博七·吳 8)、✦(九 A43)、✦(《珍戰》126)。《説文》:"臣,顄也。象形。✦,篆文臣。✦,籀文從首。"

清華四·別卦 02"顊",即"頤",卦名,《周易》第二十七卦,震下艮上。《釋名》:"頤,養也。動於下,止於上,上下咀物,以養人也。"《序卦》:"頤者,養也。""顊"字馬國翰輯本《歸藏》、上博簡本、馬王堆帛書本、阜陽漢簡本、今本《周易》都作"頤"。

趣

 清華三·琴舞 05 褱(裕)皮(彼)趣(熙)不落(落)

～,從"走","臣"聲。

清華三·琴舞 05"趣",讀爲"熙",興盛、興起。《書·堯典》:"允釐百工,庶績咸熙。"孫星衍《尚書今古文注疏》:"'庶績咸熙',史遷作'衆功皆興'。"《詩·周頌·酌》:"時純熙矣。"鄭箋:"熙,興。"

泥紐而聲

而

清華一·耆夜 11 康(荒)藥(樂)而母(毋)忘(荒)

清華一·耆夜 13 康藥(樂)而母(毋)[忘(荒)]

清華一·耆夜 14 康藥(樂)而母(毋)忘(荒)

清華一·祭公 17 女(汝)母(毋)各豪(家)相而室

清華三·芮良夫 04 圖(滿)盪(盈)、康戲而不智蘁(囍)告

清華三·芮良夫 04 稟(富)而亡(無)況

清華三·芮良夫 05 而莫肎(肯)齊好

清華三·芮良夫 05 君子而受柬(諫)萬民之窬(咎)

清華三·芮良夫 05 所而弗敬

清華三·芮良夫 07 而亡(無)又(有)絽(紀)統(綱)

（比）

清華三·芮良夫08 而隹（惟）啻（帝）爲王

清華三·芮良夫16 而不智（知）允溋（盈）

清華三·芮良夫20 繩（繩）剌（剌）既政而五（互）㮛（相）柔訛

清華三·芮良夫22 而繩（繩）剌（剌）逵（失）樸

清華三·芮良夫23 而莫旻（得）亓（其）㐖（次）

清華三·芮良夫25 而器不再利

清華三·芮良夫26 而鮮可與惟

清華三·芮良夫28 而邦受亓（其）不窰（寧）

清華三·赤鵠02 嘗我於而（尔）䐗（羹）

清華三·赤鵠03 紝冘受少（小）臣而嘗之

清華三·赤鵠04 少（小）臣受亓（其）余（餘）而嘗之

清華三·赤鵠05 少(小)臣乃瘵(寐)而帰(寝)於迻(路)

清華三·赤鵠06 視而不能言

清華三·赤鵠08 是囟(使)句(后)瘥(疾)疾而不智(知)人

清華三·赤鵠10 少(小)臣乃记(起)而行

清華三·赤鵠11 而智(知)朕疾

清華三·赤鵠12 是思(使)句(后)惷=(芬芬)恂=(眩眩)而不智(知)人

清華一·楚居05 夜而内尿(尸)

清華一·楚居08 乃渭(圍)疆浧之波(陂)而宇人女(焉)

清華二·繫年011 亓(其)大=(大夫)高之巨(渠)爾(彌)殺卲(昭)公而立亓(其)弟子䁤(眉)壽

清華二·繫年013 殺三監而立彔子耿

清華二·繫年031 乃譁(讒)大(太)子龍(共)君而殺之

清華二·繫年033 而立亓(其)弟悼子

清華二·繫年036 而弗能内(入)

清華二·繫年039 晉人殺褱(懷)公而立文公

清華二·繫年052 而卲(召)人于外

清華二·繫年052 而女(焉)牂(將)寘(置)此子也

清華二·繫年068 郚(駒)之克隆(降)堂而折(誓)曰

清華二·繫年081 少市(師)亡(無)䴡(極)譖(讒)連尹頟(奢)而殺之

清華二·繫年082 爲長瀔(壑)而堙(洇)之

清華二·繫年091 述(遂)以鼂(遷)䪞(許)於鄝(葉)而不果

清華二·繫年093 䣫(樂)經(盈)矗(襲)巷(絳)而不果

清華二·繫年115 㳠(洄)迥而歸之於楚

清華二·繫年 117 楚人豫(舍)回(圍)而還

 清華二·繫年 128 競(景)之賈與醫(舒)子共戠(止)而死

 清華二·繫年 136 犬逄(逸)而還

 清華二·繫年 136 陳人女(焉)反而内(入)王子定於陳

 清華五·命訓 15 備(服)而不釢

 清華六·管仲 16 而侣(己)三女(焉)

 清華六·管仲 17 而堇(勤)事也

 清華六·管仲 21 夫周武王甚元以智而武以良

 清華六·管仲 23 好史(使)年(佞)人而不訐(信)誋(慎)良

 清華六·管仲 19 褩(乘)亓(其)欲而紐亓(其)忎(過)

 清華六·管仲 24 亦可旻(得)而䚻(聞)虎(乎)

 清華六·管仲 25 而遑(後)晉(僭)與譌

清華六·管仲29 不袈(勞)而爲臣袈(勞)虎(乎)

清華六·管仲30 爲君不袈(勞)而爲臣袈(勞)虎(乎)

清華六·子產28 可用而不勴(遇)大或(國)

清華四·筮法05 嚳(數)而出

清華四·筮法07 嚳(數)而內(入)

清華四·筮法13 嚳(數)而內(入)

清華四·筮法15 嚳(數)而出

清華四·筮法25 事而見

清華四·筮法32 而見同

清華四·筮法42 嚳(數)而出

清華四·筮法46 長女爲妾而死

清華五·命訓01 [天]生民而成大命

清華五·命訓 02 而易(賜)之福

清華五·命訓 02 女(如)不居而弓(守)義

清華五·命訓 02 或司不義而墜(降)之褙(禍)

清華五·命訓 03 女(如)謹(懲)而叀(悔)怂(過)

清華五·命訓 03 夫民生而佴(恥)不明

清華五·命訓 03 女(如)又(有)佴(恥)而亙(恆)行

清華五·命訓 04 夫民生而樂生敦(穀)

清華五·命訓 04 夫民生而痼死喪

清華五·命訓 05 女(如)忎(恐)而承孝(教)

清華五·命訓 13 季(惠)而不仞=(忍人)

清華五·命訓 14 勞而不至

清華五·湯丘 05 朝而係(訊)之

清華五·湯丘06 能亓(其)事而旻(得)亓(其)飤(食)

清華五·湯丘07 未能亓(其)事而旻(得)其飤(食)

清華五·湯丘09 而不智(知)喪

清華五·湯丘10 唯(雖)臣死而或(又)生

清華五·湯丘10 此言弗或(又)可旻(得)而䎽(聞)巳(矣)

清華五·畲門05 管(孰)少而老

清華五·畲門05 而罷(一)亞(惡)罷(一)好

清華五·三壽09 君=(君子)而不諝(讀)箸(書)占

清華五·三壽09 則若㝱=(小人)之瘫(寵)瘫(狂)而不杏(友)

清華五·三壽11 而星月䠆(亂)行

清華五·三壽12 而不智(知)邦之牁(將)芒(喪)

清華五·三壽14 辵(上)卲(昭)忞(順)穆而敬民之行

清華五·三壽18 衣備(服)嵩(端)而好信

清華五·三壽18 丂(孝)㦷(慈)而衺(哀)罘(憐)

清華五·三壽18 卹遠而愳(謀)新(親)

清華五·三壽18 意(喜)神而履(禮)人

清華五·三壽20 內亟(基)而外比

清華五·三壽21 而天目母(毋)冒(眛)

清華五·三壽22 音色柔丂(巧)而賸(叡)武不罔

清華五·三壽22 牧民而駻(御)王

清華五·三壽25……戲(虐)怿(淫)自嘉而不縷(數)

清華五·三壽26 諡(感)高玟(文)稟(富)而昏忘寶(詢)

清華五·三壽26 疚(急)利嚚(傲)神慕(莫)龏(恭)而不募(顧)

于逡(後)

清華五·三壽26 神民並盉(尤)而九(仇)悁(怨)所聚

清華五·三壽27 昬(晦)而本由生光

清華五·三壽28 樸(撲)审(中)而象棠(常)

清華五·三壽28 尃(補)欪(缺)而救桎(枉)

清華六·鄭子01 北(必)再三進夫=(大夫)而與之虐(偕)恩(圖)

清華六·鄭子05 自壅(衛)與奠(鄭)若卑耳而昚(謀)

清華六·鄭子10 狀虐(吾)先君而孤乳=(孺子)

清華六·鄭子12 君共(拱)而不言

清華六·鄭子13 女(汝)訢(慎)鍾(重)君薨(葬)而舊(久)之於上三月

清華六·鄭子14 龏(拱)而不言

清華六·鄭子15 是又(有)臣而爲執(埶)辟(嬖)

清華六·孺子 17 今二三夫=（大夫）畜孤而乍（作）女（焉）

清華六·管仲 15 而侣（己）五女（焉）

清華六·管仲 15 而侣（己）四女（焉）

清華六·管仲 17 而遱（勤）事也

清華六·管仲 20 而型（刑）之方（放）

清華六·管仲 23 箮（篤）利而弗行

清華六·太伯甲 03 伯父而□□□□□□□□□□䵼（穀）

清華六·太伯甲 04 母（毋）言而不𧢼（當）

清華六·太伯甲 04 爲臣而不諫

清華六·太伯甲 04 卑（譬）若虌而不骴（貳）

清華六·太伯甲 10 弱學（幼）而䛙（嗣）

清華六·太伯甲 11 君而虣（狎）之

清華六・太伯甲13 庚(湯)爲語而受亦爲語

清華六・太伯乙09 弱幽(幼)而顜(嗣)

清華六・太伯乙09 君而虢(狎)之

清華六・太伯乙12 康(湯)爲語而受亦爲語

清華六・子儀02 垗(亳)勠(幼)晵(謀)慶而賞之

清華六・子儀04 則可(何)爲而不可

清華六・子儀07 是不攺而猶僅

清華六・子儀09 矰追而䍚(集)之

清華六・子儀09 余惥(畏)亓(其)或(式)而不訫(信)

清華六・子儀10 敚(奪)之綀(績)可(兮)而勯(奮)之

清華六・子儀11 可(何)爭而不好

清華六・子儀11 辟(譬)之女(如)兩犬叕(延)河敪(啜)而㖟

（㹈）

清華六·子儀 13 厭（期）年而見之

清華六·子儀 13 䪘（嬴）氏多絲〈絲〉縉而不繛（續）

清華六·子儀 14 妃（竢）客而謭（翰）之

清華六·子儀 16 方者（諸）邘（任）君不贍（瞻）皮（彼）泜（沮）漳之川屏（開）而不盧（闔）殹（也）

清華六·子儀 18 臣亓（其）歸而言之

清華六·子儀 19 臣亓（其）歸而言之

清華六·子儀 19 朙（翌）明而反（返）之

清華六·子儀 19 臣亓（其）歸而言之

清華六·子儀 20 臣亓（其）逞（歸）而言之

清華七·子犯 01 秦公乃訋（召）子靶（犯）而䰜（問）女（焉）

清華七·子犯 01 而走去之

清華七·子犯02 虗(吾)宔(主)好定而敬訐(信)

清華七·子犯03 省(少)公乃訋(召)子余(餘)而譶(問)女(焉)

清華七·子犯04 而走去之

清華七·子犯05 虗(吾)宔(主)弱寺(時)而彁(强)志

清華七·子犯06 而走去之

清華七·子犯07 乃各賜之鐱(劍)繡(帶)衣常(裳)而斅之

清華七·子犯08 割(曷)又(有)僕(僕)若是而不果以或(國)

清華七·子犯11 若雺(望)雨方奔之而麗(鹿)雁(膺)女(焉)

清華七·子犯12 九州而寧君之逡(後)殜(世)

清華七·越公14 今皮(彼)新(新)去亓(其)邦而竺(篤)

清華七·越公15 君雩(越)公不命使(使)人而夫=(大夫)辟(親)辱

清華七·越公17 以民生之不長而自不終亓(其)命

清華七·越公32 㡭(顏)色訓(順)必(比)而牆(將)勑(耕)者

清華七·越公33 而牆(將)勑(耕)者

清華七·越公38 □□而□(價)賈女(焉)

清華七·越公38 訧(察)之而諄(孚)

清華七·越公40 王必辟(親)見〈視〉而聖(聽)之

清華七·越公40 訧(察)之而訐(信)

清華七·越公42 旨(稽)之而訐(信)

清華七·越公49 政溥(薄)而好訐(信)

清華七·越公60 鼓而退之

清華八·邦政03 亓(其)器少(小)而䟱(粹)

清華八·邦政04 亓(其)政坪(平)而不䖵(苛)

清華八·邦政 04 亓(其)立(位)受(授)能而不埄(外)

清華八·邦政 04 亓(其)分也均而不念(貪)

清華八·邦政 05 亓(其)[民]志儵(遂)而植(直)

清華八·邦政 05 亓(其)君子曼(文)而請(情)

清華八·邦政 05 亓(其)斃(喪)専(薄)而悆(哀)

清華八·邦政 05 亓(其)祭時而敊(敬)

清華八·邦政 07 亓(其)君聖(聽)諐(佞)而棘(速)兑(變)

清華八·邦政 08 亓(其)樂蘇(繁)而訏(變)

清華八·邦政 08 亓(其)未(味)霰(雜)而歖(齊)

清華八·邦政 09 亓(其)政䚩(苛)而不達

清華八·邦政 09 亓(其)型(刑)墊(陷)而枳(枝)

清華八·邦政 10 亓(其)君子専(薄)於斆(教)而行憝(詐)

清華八·邦政 10 弟子敹(轉)遠人而爭跬(窺)於諤(謀)夫

清華八·邦政 11 而邦豪(家)旻(得)長

清華八·處位 04 埶(勢)晉(僭)萬而方(旁)受大政

清華八·處位 04 不見而没卬(抑)不由

清華八·處位 06 心氒(度)未愈(愉)而進

清華八·處位 06 余無皋(罪)而泣(屏)

清華八·處位 07 人而曰善

清華八·處位 07 亓(其)諲(徵)而不竝(傾)昃(側)

清華八·處位 08 人而不足甬(用)

清華八·處位 10 亦亓(其)又(有)頮(美)而爲亞(惡)

清華八·處位 10 甬(用)邐(躐)歔(貢)而改(改)

清華八·處位 10 少(小)民而不智(知)利政

清華八·邦道02 曩(早)智(知)此悆(患)而遠之

清華八·邦道03 而訫(信)有道

清華八·邦道05 鋆(遠)才(在)下立(位)而不由者

清華八·邦道07 而正哉(歲)旹(時)

清華八·邦道10 憎而遠之

清華八·邦道11 溭(徵)而譏(察)之

清華八·邦道12 亓(其)旻(得)而備(服)之

清華八·邦道13 是以專(敷)均於百眚(姓)之溓(兼)厤而懇(愛)者

清華八·邦道15 皆(皆)智(知)而賡(更)之

清華八·邦道17 舉(舉)而氐(度)

清華八·邦道17 舉(舉)而不氐(度)

清華八·邦道 26 而上弗智(知)虘(乎)

清華八·心中 03 而不智(知)亓(其)䘏(卒)

清華八·心中 03 不唯慼(謀)而不厇(度)虘(乎)

清華八·心中 03 女(如)慼(謀)而不厇(度)

清華八·心中 04 而又(有)成攻(功)

清華八·天下 01 天下之道弎(二)而改(已)

清華八·天下 01 而利亓(其)櫖隘

清華八·虞夏 03 昏(海)外之者(諸)侯遌(歸)而不䇦(來)

～，上博簡或作 𦥑 (上博一·孔 4)、𦥑 (上博二·子 10)、𦥑 (上博五·弟 6)、𦥑 (上博四·柬 1)、𦥑 (上博一·緇 2)、𦥑 (上博一·緇 22)、𦥑 (上博二·從乙 1)、𦥑 (上博五·君 2)、𦥑 (上博四·昭 7)、𦥑 (上博二·民 6)、𦥑 (上博四·內 7)、𦥑 (上博六·孔 27)、𦥑 (上博六·用 20)、𦥑 (上博七·武 3)、𦥑 (上博七·武 1)、𦥑 (上博七·凡乙 2)、𦥑 (上博八·顏 11)、𦥑 (上博八·王 5)、𦥑 (上博八·鶹 2)，是"耑"字的象形字，在春秋中晚期以後被假借爲虛詞"而"。(徐寶貴)戰國文字～，易與"天"訛混；上部二斜筆或拉直與"亓"形近。《説文·而部》:"而,頰毛也。象毛之形。《周禮》曰:'作其鱗之而。'"

清華一·耆夜 11、13、14"康(荒)藥(樂)而母(毋)忘"之"而",表示轉折。

清華一·祭公 17"女(汝)母(毋)各豪(家)相而室",今本《逸周書·祭公》作"汝無以家相亂王室而莫恤其外"。"而",讀爲"爾",代詞,你們,你。或讀爲"乃"。

清華三·赤鵠 02"而",讀爲"爾",代詞,你們,你。《書·盤庚上》:"凡爾衆,其惟致告:自今至於後日,各恭爾事。"《詩·小雅·無羊》:"誰謂爾無羊?三百維群!"鄭箋:"爾,女也。"

清華三·赤鵠 06"視而不能言",《禮記·大學》:"心不在焉,視而不見,聽而不聞,食而不知其味。"

清華二·繫年"殺……而立……",《左傳·桓公二年》:"已殺孔父而弑殤公,召莊公于鄭而立之,以親鄭。""而"表示順接。

清華二·繫年 068"郇之克隆堂而折曰",讀爲"駒之克降堂而誓曰"。《左傳·宣公十七年》:"郤子登,婦人笑於房。獻子怒,出而誓曰:'所不此報,無能涉河。'""而"表示順接。

清華六·管仲 24"亦可旻而靐虎",讀爲"亦可得而聞乎"。《吕氏春秋·順說》:"荊王曰:'可得而聞乎?'"

清華五·命訓 01"[天]生民而成大命",今本《逸周書·命訓》作"天生民而成大命"。

清華五·命訓 02"而易(賜)之福",今本《逸周書·命訓》作"而賜之福禄"。

清華五·命訓 02"或司不義而隆(降)之褐",今本《逸周書·命訓》作"而降之禍"。

清華五·命訓 03"女謹而悋悠",讀爲"如懲而悔過"。今本《逸周書·命訓》作"若懲而悔過"。

清華五·命訓 03"夫民生而佴(恥)不明",今本《逸周書·命訓》作"夫民生而醜不明"。

清華五·命訓 03"女(如)又(有)佴(恥)而亙(恆)行",今本《逸周書·命訓》作"若有醜而競行不醜"。

清華五·命訓 04"夫民生而樂生敊(穀)",今本《逸周書·命訓》作"夫民生而樂生"。

清華五·命訓 04"夫民生而痛死喪",今本《逸周書·命訓》作"夫民生而惡死"。

清華五•命訓05"女（如）志（恐）而承孚（教）"，今本《逸周書•命訓》作"若恐而承教"。

　　清華五•命訓13"季（惠）而不仞=（忍人）"，今本《逸周書•命訓》作"惠不忍人"。

　　清華五•命訓14"勞而不至"，今本《逸周書•命訓》作"勞而不至"。

　　清華六•孺子12"君共而不言"，讀爲"君拱而不言"。《莊子•列御寇》："莊子曰：'知道易，勿言難。知而不言，所以之天也；知而言之，所以之人也；古之人，天而不人。'"

　　清華二•繫年091、093"而不果"，《左傳•昭公二年》："秋，鄭公孫黑將作亂，欲去游氏而代其位，傷疾作而不果。"

　　清華五•湯丘10"唯臣死而或生"，讀爲"雖臣死而又生"。《吕氏春秋•貴信》："君寧死而又死乎，其寧生而又生乎？"

　　清華八•邦政04"亓政坪而不䜌"，讀爲"其政平而不苛"。《左傳•昭公二十年》："是以政平而不干，民無爭心。"

　　清華八•邦政04"亓分也均而不忿"，讀爲"其分也均而不貪"。《鹽鐵論•執務》："上清靜而不欲，則下廉而不貪。"

　　清華八•邦政08"亓樂蘇而訐"，讀爲"其樂繁而變"。《吕氏春秋•音初》："世濁則禮煩而樂淫。"

　　清華八•天下01"而改"，讀爲"而已"，句末語助詞。表示僅止於此，猶罷了。參"改"條。

泥紐耳聲

耳

清華一•楚居03 毕（厥）䌛（狀）聖（聰）耳

清華四•筮法58 爲耳（珥）

清華六•孺子05 自㙷（衛）與奠（鄭）若卑耳而昏（謀）

清華六·管仲 04 目、耳則心之末

清華六·管仲 04 心亡(無)煮(圖)則目、耳豫(野)

清華七·子犯 01□□□耳自楚迲(適)秦

清華七·子犯 13 公子襦(重)耳䎽(問)於邳(蹇)甹(叔)

清華八·心中 01 目、耳、口、纏(肢)四者爲叜(相)

清華八·心中 02 耳古(故)聖(聽)之

～，與⎕(上博五·君 2)、⎕(上博七·凡甲 13)同。《說文·耳部》："耳，主聽也。象形。"

清華一·楚居 03"翌耳"，讀爲"聶耳"。《山海經·海外北經》："聶耳之國在無腸國東，使兩文虎，爲人兩手聶其耳。"郭璞注："言耳長，行則以手攝持之也。""聶"，"攝"的古字，握持。

清華四·筮法 58"耳"，讀爲"珥"，日、月兩旁的光暈。《開元占經》卷七"日珥"引石氏說："日兩傍有氣，短小，中赤外青，名爲珥。"《隋書·天文志》："青赤氣圓而小，在日左右爲珥。"《呂氏春秋·明理》："其日有鬭蝕，有倍僪，有暈珥，有不光，有不及景，有眾日竝出，有晝盲，有霄見。"

清華六·孺子 05"自衛與奠若卑耳而昏"，讀爲"自衛與鄭若卑耳而謀"，衛國助鄭國像近耳而謀。"卑耳"，或讀爲"比耳"。(王挺斌)

清華六·管仲 04、清華八·心中 01"目、耳"，眼睛和耳朵。《孟子·滕文公下》："(陳仲子)三日不食，耳無聞，目無見也。"

清華七·子犯 01、13"公子襦耳"，讀爲"公子重耳"，晉獻公子，後入國稱霸，史稱晉文公，與齊桓公並稱"齊桓晉文"。《史記·晉世家》曰："居楚數月，而晉太子圉亡秦,秦怨之;聞重耳在楚,乃召之。"

清華八・心中 02"耳古聖之",讀爲"耳故聽之"。《禮記・孔子閒居》:"是故,正明目而視之,不可得而見也;傾耳而聽之,不可得而聞也;志氣塞乎天地,此之謂五至。"《呂氏春秋・情欲》:"耳不樂聲,目不樂色,口不甘味,與死無擇。"

佴

清華五・命訓 03 夫民生而佴(恥)不明

清華五・命訓 03 能亡(無)佴(恥)虖(乎)

清華五・命訓 03 女(如)又(有)佴(恥)而亙(恆)行

清華五・命訓 07 人又(有)佴(恥)

清華五・命訓 07 以人之佴(恥)尚(當)天之命

清華五・命訓 09 亟(極)佴(恥)則民孞

清華五・命訓 10 佴(恥)莫大於瘍(傷)人

《説文・人部》:"佴,佽也。从人,耳聲。"

清華五・命訓 03"夫民生而佴(恥)不明",今本《逸周書・命訓》作"夫民生而醜不明"。

清華五・命訓 03"能亡(無)佴(恥)虖(乎)",今本《逸周書・命訓》作"能無醜乎"。

清華五・命訓 03"女(如)又(有)佴(恥)而亙(恆)",今本《逸周書・命訓》

作"若有醜而競行不醜"。

清華五·命訓 07"人又(有)佴(恥)",今本《逸周書·命訓》:"夫天道三,人道三。天有命,有禍,有福。人有醜,有紼絻,有斧鉞。""佴",讀爲"恥",羞愧。《穀梁傳·桓公十二年》:"不言與鄭戰,恥不和也。"班固《東都賦》:"恥纖靡而不服,賤奇麗而弗珍。""恥"與"醜"屬同義關係。"醜",羞恥,慚愧。《易·觀》:"《象》曰'闚觀女貞',亦可醜也。"《史記·魏世家》:"以羞先君宗廟社稷,寡人甚醜之。"

清華五·命訓 07"以人之佴(恥)尚(當)天之命",今本《逸周書·命訓》作"以人之醜當天之命"。

清華五·命訓 09"亟(極)佴(恥)則民叾",今本《逸周書·命訓》作"極醜則民叛"。

清華五·命訓 10"佴(恥)莫大於瘍(傷)人",今本《逸周書·命訓》作"醜莫大於傷人"。

恥

清華一·祭公 18 懋=㝗(厚)𩔖(顔)忍恥

清華八·邦道 03 則或(又)恥自縈(營)毫

~,與 、同。《説文·心部》:"恥,辱也。从心,耳聲。"

清華一·祭公 18"忍恥",見《左傳·哀公二十七年》:"知伯曰:'惡而無勇,何以爲子?'對曰:'以能忍恥,庶無害趙宗乎!'"

清華八·邦道 03"恥",恥辱,恥辱之事。司馬遷《報任少卿書》:"每念斯恥,汗未嘗不發背沾衣也。"

泥紐乃聲

清華一·尹至 04 孳(兹)乃柔大縈(傾)

清華一·尹誥 04 乃至(致)眔于白(亳)审(中)邑

清華一·耆夜 01 乃歓(飲)至于文大(太)室

清華一·耆夜 04 逡(後)簞(爵)乃從

清華一·耆夜 06 逡(後)簞(爵)乃返(復)

清華一·耆夜 07 褢(裕)惪(德)乃救

清華一·金縢 02 周公乃爲三坦(壇)同䰣(墠)

清華一·金縢 02 史乃册祝告先王曰

清華一·金縢 03 尔(爾)母(毋)乃又(有)備子之責才(在)上

清華一·金縢 05 我乃以璧與珪逞(歸)

清華一·金縢 05 周公乃内(納)亓(其)所爲㓁

清華一·金縢 06 乃命執事人曰

清華一·金縢 07 乃流言于邦曰

清華一·金縢 07 周公乃告二公曰

清華一·金縢 08 礍(禍)人乃虒(斯)旻(得)

清華一·金縢 08 於遂(後)周公乃遺王志(詩)曰《周鴞》

清華一·金縢 12 王乃出逆公至鄗(郊)

清華一·皇門 07 乃隹(維)訅₌(汲汲)

清華一·皇門 08 乃隹(惟)不訓(順)是絧(治)

清華一·皇門 09 斯乃非休惪(德)以鷹(應)

清華一·皇門 09 乃隹(維)乍(詐)區(詬)以倉(答)

清華一·皇門 10 乃弇(掩)盍(蓋)善夫

清華一·皇門 11 乃隹(惟)又(有)奉俟夫

清華一·祭公 08 瑟(遜)惜(措)乃心

清華一·祭公 09 乃訋(召)羅(畢)馻、抍(井)利、毛班

清華一·祭公 15 乃又(有)顑(履)宗

清華一·祭公 21 乃出

清華一·楚居 03 乃妻之

清華一·楚居 04 乃䍄(竊)若(鄀)人之犅(犝)以祭

清華一·楚居 08 乃渭(圍)疆浧之波(陂)而宇人女(焉)

清華二·繫年 001 乃乍(作)帝籍(籍)

清華二·繫年 003 乃歸柬(厲)王于敓(彘)

清華二·繫年 004 戎乃大敓(敗)周自(師)于千畮(畝)

清華二·繫年 006 曾(鄫)人乃降西戎

清華二·繫年 007 幽王及白(伯)盤乃滅

清華二·繫年 007 周乃亡

清華二·繫年 007 邦君者(諸)正乃立幽王之弟舍(余)臣于虢

（虢）

清華二·繫年 008 晉文侯㪤（仇）乃殺惠王于虢（虢）

清華二·繫年 009 晉文侯乃逆坪（平）王于少鄂（鄂）

清華二·繫年 009 乃東遷（徙）

清華二·繫年 013 乃埶（設）三監于殷

清華二·繫年 017 乃𦣻（追）念顕（夏）商之亡由

清華二·繫年 018 乃先建塦（衛）弔（叔）圤（封）于庚（康）丘

清華二·繫年 019 塦（衛）人乃東涉河

清華二·繫年 024 賽（息）爲（嬀）乃内（入）于鄁（蔡）

清華二·繫年 024 乃史（使）人于楚文王曰

清華二·繫年 031 乃諿（讒）大子龍（共）君而殺之

清華二·繫年 032 乃立瓞（奚）脊（齊）

清華簡文字聲系正編·之部

（齊）

　清華二·繫年 032 亓（其）夫=（大夫）里之克乃殺瓢（奚）脊

　清華二·繫年 033 秦穆公乃內惠公于晉

　清華二·繫年 034 乃偝（背）秦公弗舍（予）

　清華二·繫年 036 乃迈（適）齊

　清華二·繫年 037 乃迈（適）䘕（衛）

　清華二·繫年 037 乃迈（適）楚

　清華二·繫年 037 秦穆公乃訋（召）文公於楚

　清華二·繫年 042 乃及秦𠂤（師）回（圍）曹及五麓（鹿）

　清華二·繫年 047 乃以奠（鄭）君之命袈（勞）秦三衛（帥）

　清華二·繫年 047 秦𠂤（師）乃遐（復）

　清華二·繫年 050 母（毋）乃不能邦

· 303 ·

清華二·繫年050 乃命左行瘍（蔑）与（與）隑（隨）會卲（召）襄公之弟瘫（雍）也于秦

 清華二·繫年051 乃伓（抱）霝（靈）公以唬（號）于廷曰

 清華二·繫年052 乃虘（皆）北（背）之曰

 清華二·繫年053 乃立霝（靈）公

 清華二·繫年056 乃行

 清華二·繫年068 乃先歸（歸）

 清華二·繫年069 乃逃歸（歸）

 清華二·繫年070 郚（駒）之克乃敦（執）南章（郭）子、鄝（蔡）子、安（晏）子以歸（歸）

 清華二·繫年084 吴王盍（闔）虏（盧）乃歸（歸）

 清華二·繫年086 乃敓（説）芸（郢）公

清華三·説命上05 乃殺一豕

清華三·說命上 05 一豕乃觀(旋)保以邌(逝)

清華三·說命中 02 涮(漸)之于乃心

清華三·說命中 03 攽(啓)乃心

清華三·說命中 04 隹(惟)乃𢿃(腹)

清華三·說命中 04 非乃身

清華三·說命中 05 女(汝)隹(惟)孳(兹)敓(說)砥(底)之于乃心

清華三·說命中 06 乃府(俯)視墬(地)

清華三·說命中 07 𢖶(志)之于乃心

清華三·說命下 03 眔(既)亦䚈(詣)乃備(服)

清華三·說命下 05 女(汝)隹(惟)又(有)萬𦣻(壽)才(在)乃政

清華三·說命下 06 宷(中)乃罰

清華三·說命下 06 女(汝)亦隹(惟)又(有)萬福㷊=(業業)才

（在）乃備（服）

清華三・説命下 06 寺（時）罔非乃戠

清華三・説命下 09 虔（吾）乃尃（敷）之于百青（姓）

清華三・説命下 10 母（毋）蜀（獨）乃心

清華三・芮良夫 02 內（芮）良夫乃复（作）訟（毖）再終

清華三・芮良夫 23 民乃聖（嘷）嚚

清華三・祝辭 01 乃敨（執）釆（幣）以祝曰

清華三・祝辭 01 乃夲（舍）釆（幣）

清華三・祝辭 02 乃左敨（執）土以祝曰

清華三・祝辭 02 乃圶（投）以土

清華三・赤鵠 01 乃命少（小）臣曰

清華三・赤鵠 04 乃卲（昭）然

清華三·赤鵠 05 乃逃于顕（夏）

清華三·赤鵠 05 湯乃袴（被）之

清華三·赤鵠 05 少（小）臣乃痳（寐）而帰（寢）於逳（路）

清華三·赤鵠 07 眾鶯（烏）乃係（訊）晉（巫）鶯（烏）曰

清華三·赤鵠 07 晉（巫）鶯（烏）乃言曰

清華三·赤鵠 09 眾鶯（烏）乃迣（往）

清華三·赤鵠 09 晉（巫）鶯（烏）乃欪（歠）少（小）臣之胊（喉）渭（胃）

清華三·赤鵠 10 少（小）臣乃记（起）而行

清華三·赤鵠 10 夏句（后）乃係（訊）少（小）臣曰

清華三·赤鵠 14 顕（夏）句（后）乃從少（小）臣之言

清華三·赤鵠 14 乃式墬（地）

清華三·赤鵠 14 乃斬之

清華四·筮法 02 乃旻(得)

清華四·筮法 02 乃卿(饗)

清華四·筮法 04 乃旻(得)

清華四·筮法 04 乃亦卿(饗)

清華四·筮法 06 左乃旻(得)

清華四·筮法 06 乃述(遂)

清華四·筮法 08 乃旻(得)

清華四·筮法 08 乃徭(復)

清華四·筮法 10 乃旻(得)

清華四·筮法 10 乃至

清華四·筮法 12 乃亦旻(得)

清華四·筮法 12 乃亦至

清華四·筮法 15 罾(數)而出，乃宇(旱)

清華四·筮法 17 乃曰死

清華四·筮法 17 乃亦旻(得)

清華四·筮法 19 乃亦旻(得)

清華四·筮法 20 乃曰牆(將)死

清華四·筮法 21 乃亦旻(得)

清華四·筮法 21 中男乃男

清華四·筮法 21 女乃女

清華四·筮法 22 乃亦雠(售)

清華四·筮法 23 乃曰死

清華四·筮法 23 乃亦旻(得)

清華四・筮法 25 乃旻（得）之

清華四・筮法 27 乃旻（得）之

清華四・筮法 27 乃曰迷（速）

清華四・筮法 28 乃屯（純）吉

清華四・筮法 28 乃吉

清華四・筮法 29 乃旻（得）之

清華四・筮法 29 乃成

清華四・筮法 30 乃不成

清華四・筮法 31 乃中昪（期）

清華四・筮法 33 乃曰爭之

清華四・筮法 35 乃曰不禾（和）

清華四・筮法 39 乃蟡（惟）兇之所集於四立（位）是視

清華四·筮法 39 乃以名亓（其）咢

清華四·筮法 40 靫（乾）、臾（坤）乃各彶（返）亓（其）所

清華四·筮法 41 省（小）事日乃前

清華四·筮法 42 外事嚳（數）而出，乃果

清華四·筮法 43 九乃山

清華四·筮法 43 肴（淆）乃父之不𣩊=（葬死）

清華四·筮法 43 莫（暮）屯（純）乃室中

清華四·筮法 43 乃父

清華四·筮法 44 屯（純）乃母

清華四·筮法 44 八乃妏（奴）以死

清華四·筮法 44 乃西祭

清華四·筮法 44 四乃蒝（縕）者

清華四·筮法 45 九乃祟(虡)

清華四·筮法 45 五乃檟臭

清華四·筮法 47 乃殆(辜)者

清華四·筮法 49 五,乃瘇(狂)者

清華四·筮法 49 九,乃戶

清華四·筮法 50 五、八乃晉(巫)

清華四·筮法 50 四,非瘇(狂)乃繡(縊)者

清華四·筮法 63 乃力(扐)占之

清華四·筮法 63 刲(卦)乃不訧(忒)

清華五·厚父 02 乃降之民

清華五·厚父 03 隹(惟)天乃永保頿(夏)邑

清華五·厚父 08 乃高且(祖)克害(憲)皇天之政工(功)

清華五·命訓 08 乃寡(曠)命以弋(代)亓(其)上

清華五·湯丘 03 乃與少(小)臣惎(諅)戠(謀)顕(夏)邦

清華五·湯丘 04 方惟馸(聞)之乃緘(箴)

清華五·啻門 07 二月乃裏

清華五·啻門 07 三月乃刑(形)

清華五·啻門 07 四月乃胋(固)

清華五·啻門 07 七月乃朕(肌)

清華五·啻門 07 八月乃正

清華五·啻門 08 十月乃成

清華五·啻門 08 民乃時生

清華五·啻門 09 爨(氣)戚(蹙)乃老

清華五·啻門 09 爨(氣)纘乃獣

清華五·厚門 10 燹(氣)屈乃終

清華五·三壽 01 高宗乃䛁(問)於少壽曰

清華五·三壽 05 高宗乃或(又)䛁(問)於彭且(祖)曰

清華五·三壽 07 高宗乃言曰

清華五·三壽 11 乃尃(復)語彭且(祖)

清華六·鄭子 02 既旻(得)悤(圖)乃爲之毀

清華六·鄭子 11 乃䖒(皆)臨

清華六·鄭子 13 乃史(使)臱(邊)父於君

清華六·管仲 22 民乃㳑(保)昌

清華六·太伯甲 08 乃東伐齊䕻之戎爲敓(徹)

清華六·太伯乙 05 虐(吾)乃䏜(獲)鄘(函)、邮(訾)

清華六·太伯乙 07 乃東伐齊䕻之戎爲敓(徹)

清華六·子儀02 乃关(券)册秦邦之臤(賢)余(餘)

清華六·子儀04 乃張大庡於東奇之外

清華六·子儀07 乃命陞(昇)籃(琴)訶(歌)於子義(儀)

清華六·子儀15 乃毀裳(常)各敄(務)

清華六·子儀15 乃又(有)見工(功)

清華六·子儀19 獄乃成

清華六·子產02 卡=(上下)乃周

清華六·子產04 堂(當)事乃進

清華六·子產08 乃自逢(失)

清華六·子產08 羣=(君子)智(知)思(懼)乃慂(憂)

清華六·子產08 乃少慂(憂)

清華六·子產21 乃又(有)喪(桑)至(丘)中(仲)鬗(文)、邯

（杜）瑬（逝）、肥中（仲）、王子白（伯）忢（願）

清華六・子產 21 乃執（設）六甫（輔）

清華六・子產 22 乃敓（禁）辛道、敆語

清華六・子產 22 乃敓（禁）耸（管）單、相冒、榦（韓）樂

清華六・子產 24 乃隶（肆）參（三）邦之命（令）

清華六・子產 24 乃忎（迹）天陞（地）、逆川（順）、玾（強）柔

清華七・子犯 01 秦公乃訝（召）子軋（犯）而䨲（問）女（焉）

清華七・子犯 02 母（毋）乃猷（猶）心是不趴（足）也虐（乎）

清華七・子犯 03 省（少）公乃訝（召）子余（餘）

清華七・子犯 04 母（毋）乃無良左右也虐（乎）

清華七・子犯 06 公乃訝（召）子軋（犯）、子余（餘）

清華七・子犯 07 乃各賜之鐣（劍）繡（帶）衣常（裳）而敳之

清華七·子犯 07 公乃䚻(問)於邧(蹇)畧(叔)

清華七·子犯 09 公乃䚻(問)於邧(蹇)畧(叔)

清華七·子犯 13 邦乃述(遂)巟(亡)

清華七·晉文公 05 乃乍(作)爲羿(旗)勿(物)

清華七·晉文公 07 乃爲三羿(旗)以成至

清華七·趙簡子 10 是乃歓(侈)巳(已)

清華七·越公 01 乃史(使)夫=(大夫)住(種)行成於吳帀(師)

清華七·越公 07 君乃阵(陳)吳甲

清華七·越公 09 乃思(懼)

清華七·越公 14 母(毋)乃豕戩(鬭)

清華七·越公 14 繡(申)疋(胥)乃思(懼)

清華七·越公 15 吳王乃出

清華七·越公 25 乃盟

清華七·越公 25 帀（師）乃還

清華七·越公 26 乃大鷹祟（攻）

清華七·越公 27 乃因司衮（襲）尚（常）

清華七·越公 27 王乃不咎不惎（惎）

清華七·越公 28 邦乃叚（暇）安

清華七·越公 29 民乃蕃芋（滋）

清華七·越公 30 乃乍（作）五政

清華七·越公 31 雩（越）庶民百眚（姓）乃禹（稱）譶譶（悚）思（懼）

清華七·越公 31 乃以篙（熟）飤（食）盬（脂）䰞（醯）（脯）脝（羹）多從

清華七·越公 34 乃亡（無）又（有）𨷂（閒）屮（草）

清華七·越公 35 乃莫不㔻(耕)

清華七·越公 35 乃夫婦皆㭒(耕)

清華七·越公 36 雩(越)邦乃大多飤(食)

清華七·越公 37 王乃好訫(信)

清華七·越公 37 乃攸(修)市政

清華七·越公 41 乃亡(無)敢增歷亓(其)政以爲獻於王

清華七·越公 42 乃毋又(有)貴賤

清華七·越公 42 乃亡(無)敢反不(背)訢(欺)巳(詒)

清華七·越公 43 塁(舉)雩(越)邦乃皆好訫(信)

清華七·越公 44 王乃好陞(徵)人

清華七·越公 44 王乃逨(趣)徲(使)人戟(察)睛(省)成(城)市鄥(邊)還(縣)尖₌(小大)遠迟(邇)之匐(句)、萗(落)

清華七·越公 45 乃命上會

清華七·越公46 乃品坒(野)會

清華七·越公48 罊(舉)雩(越)邦乃皆好跛(徵)人

清華七·越公49 東尸(夷)、西尸(夷)、古蔑、句虔(吳)四方之民乃皆䎽(聞)雩(越)埅(地)之多飤(食)

清華七·越公49 乃波徍(往)逗(歸)之

清華七·越公49 雩(越)埅(地)乃大多人

清華七·越公50 王乃好兵

清華七·越公51 王乃歸(親)使(使)人情(請)䎽(問)群大臣

清華七·越公52 乃皆好兵甲

清華七·越公52 雩(越)邦乃大多兵

清華七·越公53 王乃整(敕)民

清華七·越公53 乃出共(恭)敬(敬)

清華七·越公53 乃出不共(恭)不敬(敬)

（功）

清華七·越公54 乃徹（趣）詢（徇）于王宮

清華七·越公54 王乃大詢（徇）命于邦

清華七·越公56 乃徹（趣）取穆（戮）

清華七·越公56 王乃徹（趣）晕=（至于）洶（溝）墜（塘）之工

清華七·越公56 乃徹（趣）取穆（戮）于迻（後）至迻（後）成

清華七·越公56 王乃徹（趣）埶（設）戍于東尼（夷）、西尼（夷）

清華七·越公57 乃徹（趣）取穆（戮）于迻（後）至不共（恭）

清華七·越公59 民乃整（敕）齊

清華七·越公59 王乃犾（試）民

清華七·越公59 乃斅（竊）焚舟室

清華七·越公61 此乃諅（屬）邦政於夫=（大夫）住（種）

清華七·越公61 乃命靶（范）羅（蠡）

清華七·越公61 乃由王卒(卒)君子卒(六千)

清華七·越公62 雩(越)王句戋(踐)乃命鄡(邊)人聚(聚)悁(怨)

清華七·越公62 鄡(邊)人乃相戔(攻)也

清華七·越公63 吴帀(師)乃迟(起)

清華七·越公63 雩(越)王乃中分亓(其)帀(師)以為左軍、右軍

清華七·越公64 乃命左軍監(銜)枚(枚)穌(溯)江五里以須

清華七·越公65 乃命左軍、右軍涉江

清華七·越公66 吴帀(師)乃大亥(駭)

清華七·越公66 乃中分亓(其)帀(師)

清華七·越公67 雩(越)王句戋(踐)乃以亓(其)厶(私)卒(卒)卒=(六千)敵(竊)涉

清華七·越公67 左軍、右軍乃述(遂)涉

清華七·越公 68 吳帀（師）乃大北

清華七·越公 68 乃至於吳

清華七·越公 68 雩（越）帀（師）乃因軍吳

清華七·越公 68 吳人昆奴乃入雩（越）帀（師）

清華七·越公 68 雩（越）帀（師）乃述（遂）闔（襲）吳

清華七·越公 69 吳王乃思（懼）

清華七·越公 72 乃使（使）人告於吳王

清華七·越公 74 吳王乃訽（辭）

清華八·攝命 03 余畵猷（繇）卜乃身，休

清華八·攝命 05 母（毋）閲（愍）于乃佳（唯）沓（沖）子少（小）子

清華八·攝命 05 難（勤）骨（祇）乃事

清華八·攝命 07 䘃（虔）卹乃事

清華八·攝命07 女（汝）母（毋）敢怙偈（遏）余曰乃婌（毓）

清華八·攝命08 今亦敝（肩）恧（肱）難（勤）乃事

清華八·攝命08 隹（唯）言乃事

清華八·攝命09 亦乃服

清華八·攝命10 女（汝）亦母（毋）敢豙才（在）乃死（尸）服

清華八·攝命11 亦則乃身亡能諫甬（用）非頌（庸）女（汝）正命

清華八·攝命12 乃隹（唯）誈（望）亡毇（逢）

清華八·攝命14 乃亦隹（唯）肇恖（謀）

清華八·攝命14 乃既㠯（悔）

清華八·攝命16 余既埶（設）乃服

清華八·攝命18 今乃辟余

清華八·攝命18 少（小）大乃有䎽（聞）智（知）醫（弼）恙（詳）

清華八·攝命 19 乃眔余言

清華八·攝命 19 乃智（知）隹（唯）子不隹（唯）之頌（庸）

清華八·攝命 19 是亦尚弗毅（逢）乃彝

清華八·攝命 19 乃乍（作）穆=（穆穆）

清華八·攝命 20 乃克甬（用）之彝

清華八·攝命 20 隹（唯）人乃亦無智（知）亡䚊（聞）于民若否

清華八·攝命 20 乃身卻（茲）隹（唯）明隹（唯）瀘（寅）

清華八·攝命 21 乃服隹（唯）鹽（寅）

清華八·攝命 22 寺（時）隹（唯）子乃弗受䚡（幣）

清華八·攝命 24 乃克悉甬（用）朕命

清華八·攝命 27 不則高祷（奉）乃身

清華八·攝命 30 狱（虡）聖（聽）乃命

清華八·攝命 31 甚谷（欲）女（汝）寵乃服

清華八·處位 03 君乃無從敗（規）下之蟲□

清華八·處位 04 乃斁（斁）於亡

清華八·處位 05 史（使）人乃奴（若）無耑（前）不忘（荒）

清華八·處位 06 頪（美）亞（惡）乃出

清華八·處位 08 灨（貢）乃古（固）爲頪（美）

清華八·處位 10 乃胃（謂）良人出於無氐（度）

清華八·邦道 01 乃剌（斷）迁（奸）閈（杜）匽（慝）

清華八·邦道 24 可感乃感

清華八·邦道 24 可悥（喜）乃悥（喜）

清華八·邦道 25 上乃惪（憂）感

清華八·邦道 25 乃㤅（恤）亓（其）正（政）

清華八·邦道 25 此母（毋）乃虞（吾）尃（敷）均

清華八·天下 07 乃速用之

清華八·天下 07 乃舁（顧）僉（察）之

～，與 ㇌（上博一·緇 15）、㇌（上博二·容 25）、㇌（上博四·曹 52）、㇌（上博五·姑 5）、㇌（上博七·君乙 1）同。《說文·乃部》："乃，曳詞之難也。象气之出難。凡乃之屬皆从乃。㇌，古文乃。㇌，籀文乃。"

清華一·尹至 04"孳乃"，讀爲"茲乃"，此乃。參《書·酒誥》："茲乃允惟王正事之臣。"《書·立政》："茲乃三宅無義民""茲乃俾乂國。"

清華一·金縢 02"周公乃爲三坦（壇）同䧜（墠）"，今本《書·金縢》作"爲三壇同墠"。

清華一·金縢 02"史乃册祝告先王曰"，今本《書·金縢》作"史乃册祝曰"。

清華一·金縢 03，清華七·子犯 02、04，清華七·越公 14"母乃"，讀爲"毋乃"，反詰辭，豈非義。《禮記·檀弓下》："君反其國而有私也，毋乃不可乎？"

清華一·金縢 05"我乃以璧與珪逯（歸）"，今本《書·金縢》作"我其以璧與珪"。

清華一·金縢 05"周公乃内（納）亓（其）所爲朼"，今本《書·金縢》作"乃納册于金縢之匱中"。

清華一·金縢 07"乃流言于邦曰"，今本《書·金縢》作"管叔及其群弟乃流言於國"。

清華一·金縢 07"周公乃告二公曰"，今本《書·金縢》作"周公乃告二公曰"。

清華一·金縢 08"骨（禍）人乃舁（斯）旻（得）"，今本《書·金縢》作"則罪人斯得"。

清華一·金縢 08"於逡（後）周公乃遺王志（詩）曰《周鴞》"，今本《書·金縢》作"公乃爲詩以貽王，名之曰《鴟鴞》"。

清華一·皇門 08"乃隹（惟）不訓（順）是紹（治）"，今本《逸周書·皇門》作

"乃惟不順之言于是"。

清華一·皇門09"斯乃非休惪（德）以膺（應）"，今本《逸周書·皇門》作"人斯乃非維直以應"。

清華一·皇門09"乃隹（維）乍（詐）區（詬）以含（答）"，今本《逸周書·皇門》作"維作誣以對"。

清華一·皇門10"乃弇（掩）盍（蓋）善夫"，今本《逸周書·皇門》作"乃食蓋善夫"。

清華一·皇門11"乃隹（惟）又（有）奉俟（娭）夫"，今本《逸周書·皇門》作"乃維有奉狂夫是陽是繩"。

清華一·祭公08"慸惜乃心"，讀爲"遜措乃心"，師訇鼎（《集成》02830）作"遜純乃用心"。

清華一·祭公09"乃卲（召）羅（畢）騮、拭（井）利、毛班"，今本《逸周書·祭公》作"允乃詔，畢桓于黎民般"。

清華一·祭公15"乃又（有）頋（履）宗"，今本《逸周書·祭公》作"丕乃有利宗"。

清華一·楚居03"乃妻之"，《史記·秦本紀》："乃妻之姚姓之玉女。大費拜受，佐舜調馴鳥獸，鳥獸多馴服，是爲柏翳。""乃"，猶於是。

清華二·繫年007"周乃亡"，《國語·晉語二》："六年，虢乃亡。""乃"，猶然後。

清華二·繫年007、032、053"乃立"，《左傳·宣公四年》："鄭人立子良，辭曰：'以賢則去疾不足，以順則公子堅長。'乃立襄公。""乃"，承上之詞。

清華二·繫年050"乃命"，連詞，表承接，於是。《書·堯典》："乃命羲和。"蔡沈《集傳》："乃者，繼事之辭。"

清華三·説命中03"攺（啓）乃心"，《國語·楚語上》作"啓乃心，沃朕心。"周初克盉、克罍（《集錄》942、987）："惟乃明乃心，亯于乃辟。""乃"，猶汝。

清華三·説命中06"乃府（俯）視埅（地）"之"乃"，訓若，見《詞詮》第七一頁。

清華三·説命下05"才乃政"，讀爲"在乃政"，意同《書·多方》"在乃位"。

清華四·筮法43、44、45、49"乃"，副詞，就是。《孟子·梁惠王上》："無傷也，是乃仁術也。"《史記·孟嘗君列傳》："始以薛公爲魁然也，今視之，乃眇小丈夫耳。"

清華五·帝門07、08"二月乃裹，三月乃刑（形），四月乃胠（固），七月乃朦（肌），八月乃正，十月乃成"，《文子·九守》："人受天地變化而生。一月而膏，二月血脈，三月而肝，四月而胎，五月而筋，六月而骨，七月而成形，八月而動，九月而躁，十月而生。形骸已成，五藏乃形。""乃"，猶而。

清華六·孺子02"既旻（得）恩（圖）乃爲之毀"之"乃"，《詞詮》第七〇頁云："顧也，卻也。王引之云：'異之之詞'。"句義云謀劃實施卻失敗。

清華七·越公34"乃亡（無）又（有）閟（閒）屮（草）"之"乃"，連詞，表遞進關係。《經傳釋詞》卷六："乃，猶且也。"

清華七·越公63、66"雩王乃中分亓帀以爲左軍、右軍"，讀爲"越王乃中分其師以爲左軍、右軍"。《國語·吳語》："越王乃中分其師以爲左右軍。""乃"，猶即。

清華七·越公65、72"乃"，於是。

清華七·越公66"吳帀乃大忒"，讀爲"吳師乃大駭"。《國語·吳語》："吳師聞之，大駭。""乃"，猶即。

清華七·越公67"左軍、右軍乃述涉"，讀爲"左軍、右軍乃遂涉"。《國語·吳語》："越之左軍、右軍乃遂涉而從之。""乃"，猶則。

清華七·越公68"吳帀乃大北"，讀爲"吳師乃大北"。《國語·吳語》作"吳師大北"。"乃"，猶即。

清華七·越公68"乃至於吳"，《國語·吳語》："乃至於吳。""乃"，及。

清華七·越公69"乃思"，即"乃懼"。《左傳·成公十三年》："成公乃懼，告罪，且請焉，乃反，而致其邑。"

清華八·攝命05、07、08"乃事"，參《書·多方》："爾邑克明，爾惟克勤乃事。""乃"，猶汝。

清華八·攝命31"乃服"，《書·康誥》："汝惟小子，乃服惟弘王應保殷民，亦惟助王宅天命，作新民。""乃"，表示肯定語氣。

清華八·攝命03、11、20、27"乃身"，《書·康誥》："小子封，恫瘝乃身，敬哉！"

清華八·攝命24"乃克悉甬朕命"，讀爲"乃克悉用朕命"。"乃"，表示肯定語氣。

清華八·攝命30"乃命"，《書·洛誥》："篤敘乃正父罔不若予，不敢廢乃命。""乃"，猶汝。

清華八·處位10"乃胃"，讀爲"乃謂"，《吕氏春秋·君守》："此乃謂不教之教，無言之詔。"

清華八·邦道24"乃憙"，即"乃喜"，《史記·楚世家》："楚令尹子常誅無忌以說衆，衆乃喜。""乃"，猶始。

清華八·邦道 25"上乃恳憾",讀爲"上乃憂憾"。《新序·善謀下》:"上乃憂,曰:'爲將奈何?'""乃",猶始。

清華八·天下 07"乃速",《左傳·宣公四年》:"椒也知政,乃速行矣,無及於難。""乃",猶即。

𠄎

　清華七·越公 10 天不𠄎(仍)賜吳於雩(越)邦之利

　清華七·越公 73 殹民生不𠄎(仍)

～,从二"乃",可能是用複寫構形表達重複的意義,爲"仍"的前身,"仍"是"𠄎"的訛變。(李守奎)《説文·人部》:"仍,因也。从人,乃聲。"

清華七·越公 10"𠄎",即"仍",重複,再一次。《國語·周語下》:"晉仍無道而鮮胄,其將失之矣。"韋昭注:"仍,數也。"

清華七·越公 73"民生不𠄎",即"民生不仍",猶人生不再,意爲人衹有一次生命。

泥紐鹵聲

廼

　清華一·程寤 01 廼小₌(小子)發(發)取周廷梓(梓)桓(樹)于氒(厥)閒(間)

　清華一·保訓 05 廼易立(位)埶(設)詣(稽)

　清華一·保訓 08 廼追(歸)中于河

　清華一·皇門 02 廼隹(惟)大門宗子埶(邇)臣

清華一·皇門 03 廼方(旁)救(求)巽(選)睪(擇)元武聖夫

清華一·皇門 07 廼弗肎(肯)用先王之明荆(刑)

清華一·皇門 09 是人斯廼訡(讒)惻(賊)□□

清華三·說命上 03 王廼緜(訊)敚(說)曰

清華三·說命上 03 敚(說)廼曰

清華三·說命上 04 天廼命敚(說)伐逵(失)审(仲)

清華三·說命上 05 廼遂(踐)

清華三·說命下 04 廼弗忢(虞)民

清華三·說命下 05 亓(其)又廼司四方民不(丕)克明

清華三·琴舞 10 廼是(寔)隹(惟)民

清華三·芮良夫 24 哉(歲)廼不尼(度)

清華五·厚父 03 廼嚴禛鬼(畏)皇天上帝之命

清華五·厚父05 之匿(慝)王廼渴(竭)脫(失)其命

 清華五·厚父06 天廼弗若(赦)

 清華五·厚父06 廼述(墜)氒(厥)命

 清華五·厚父07 廼弗愻(慎)氒(厥)悳(德)

 清華五·厚父08 廼虔秉氒(厥)悳(德)

 清華五·厚父10 廼弗鬼(畏)不恙(祥)

 清華五·厚父11 廼洹(宣)弔(淑)氒(厥)心

 清華五·厚父12 廼是隹(惟)人

 清華八·攝命14 女(汝)廼敢嫯(整)忌(極)

 清華八·攝命20 女(汝)不廼是

 清華八·攝命23 廼隹(唯)悳(德)言(享)

 清華八·攝命23 女(汝)廼尚𦙃(祗)逆告于朕

～，與▨（上博二・子 10）、▨（上博三・周 47）同。《説文・乃部》："卥，驚聲也。从乃省，西聲。籀文卥不省。或曰：卥，往也。讀若仍。▨，古文卥。"

　　清華一・程寤 01"迺孯=（小子）䥯（發）取周廷杍（梓）桓（樹）于氒（厥）閒（間）"，張華《博物志》卷八作"乃小子發取周庭梓樹，樹之于闕間"。"迺"，讀爲"乃"。

　　清華一・皇門 02"迺隹（惟）大門宗子執（邇）臣"，今本《逸周書・皇門》作"乃維其有大門宗子勢臣"。

　　清華一・皇門 03"迺方（旁）救（求）巽（選）睪（擇）元武聖夫"，今本《逸周書・皇門》作"乃方求論擇元聖武夫"。

　　清華一・皇門 07"迺弗肎（肯）用先王之明荆（刑）"，今本《逸周書・皇門》作"弗見先王之明刑"。

　　清華一・皇門 09"是人斯迺訡（讒）惻（賊）□□"，今本《逸周書・皇門》作"是人斯乃讒賊媢嫉"。

　　清華一・保訓 05、08，清華三・説命上 03、05，清華三・芮良夫 24，清華五・厚父 06、07"迺"，讀爲"乃"，於是。

　　清華三・説命上 04、清華三・説命下 04、清華五・厚父 10"迺"，讀爲"乃"，猶則。

　　清華三・説命下 05"又迺"，即"又乃"，意同"又且"，見《古書虛字集釋》第四八五頁。

　　清華三・琴舞 10"迺是（禔）隹（惟）民"之"迺"，句首語詞，無義。

　　清華五・厚父 03、08"迺"，讀爲"乃"，始。

　　清華五・厚父 05"迺"，讀爲"乃"，加強肯定語氣。

　　清華五・厚父 06"迺"，讀爲"乃"，猶即。

　　清華五・厚父 11、清華八・攝命 23"迺"，讀爲"乃"，猶且。

　　清華五・厚父 12"迺"，讀爲"乃"，猶是。

　　清華八・攝命 14"迺"，讀爲"乃"，加強肯定語氣。

　　清華八・攝命 20"迺"，讀爲"仍"，因。

　　清華八・攝命 23"迺"，讀爲"乃"，語詞，無義。

清華簡文字聲系(1~8)

來紐來聲

杢

　　清華一·尹誥03 句(后)亓(其)杢(賚)之

　　清華一·祭公16 女(汝)母(毋)以俾(嬖)士息(疾)夫=(大夫)

卿杢(士)

　　清華二·繫年002 卿杢(士)、者(諸)正、萬民弗刃(忍)于氒

(厥)心

　　清華二·繫年137 王命坪(平)亦(夜)悼武君杢(使)人於齊陳

淏求自(師)

　　清華三·琴舞07 杢=亓(其)才(在)立(位)

　　清華七·越公60 女(焉)訇(始)鑑(絶)吴之行杢(李)

　　清華八·邦道04 古(故)宔(宅)寓不杢(理)

～，與 杢(上博八·李1【背】)、杢(上博八·李2)同，从"子"，"來"聲。《説文·木部》："李，果也。从木，子聲。𣐺，古文。"

清華一·尹誥03"杢"，讀爲"賚"，與也。《書·湯誓》"予其大賚汝"，《史記·殷本紀》引作"理"。

清華一·祭公16、清華二·繫年002"卿杢"，讀爲"卿士"。《禮記·緇

334

衣》、郭店簡《緇衣》均作"卿士"。卿士,周王朝的執政者,總管王朝的政事。《詩·小雅·十月之交》:"皇父卿士,番維司徒。"朱熹《集注》:"卿士,六卿之外,更爲都官,以總六官之事也。"《左傳·隱公三年》:"鄭武公、莊公爲平王卿士。"杜預注:"卿士,王卿之執政者。"《史記·周本紀》:"厲王不聽,卒以榮公爲卿士,用事。"

清華二·繫年137"夌人",讀爲"使人",奉命出使的人。《左傳·襄公二十七年》:"趙孟曰:'牀笫之言不踰閾,況在野乎?非使人之所得聞也。'"

清華三·琴舞07"夌₌",讀爲"翼翼"。《詩·大雅·文王》:"厥猶翼翼。"毛傳:"翼翼,恭敬也。"(白於藍《簡帛古書通假字大系》28頁)或讀爲"慈慈",《說文》:"楚潁之間,謂憂曰慈。"

清華七·越公60"行夌",即"行李",使者。《左傳·僖公三十年》:"行李之往來,共其乏困。"杜預注:"行李,使人。"

清華八·邦道04"夌",讀爲"理",治。《吕氏春秋·勸學》:"聖人之所在,則天下理焉。"高誘注:"理,治也。"

來

清華二·繫年025 君來(來)伐我

清華二·繫年046 來(來)喜(襲)之

清華二·繫年072 齊侯之來(來)也

清華二·繫年076 旻(得)自(師)以來(來)

清華二·繫年082 五(伍)雞送(將)吳人以回(圍)州來(來)

清華二·繫年107 居于州來(來)

清華四·筮法30 五日爲𨒫（來）

清華四·筮法37 𨒫（來）巽大吉

清華四·筮法37 𨒫（來）巽少（小）吉

清華四·筮法38 𨒫（來）巽少（小）凶

清華六·太伯甲07 魯、䘙（衛）、鄝（蓼）、鄅（蔡）𨒫（來）見

清華六·太伯乙07 魯、衛、鄝（蓼）、鄒〈鄅〉（蔡）𨒫（來）見

清華六·子儀13 昔𤝗（質）之𨒫（來）也

清華六·子産13 又（有）以𨒫（徠）民

清華七·越公61 母（毋）或（有）徎（往）𨒫（來）

清華八·虞夏03 昏（海）外之者（諸）侯逞（歸）而不𨒫（來）

~，與（上博三·周37）同，从"止"，"來"聲，來去之"來"的異體。《集韻》："來，或从彳、从辵、从走。"或説"逨"之異體。《經典釋文》："來本或作逨。"《説文·來部》："來，周所受瑞麥來麰。一來二縫，象芒朿之形。天所來也，故爲行來之來。《詩》曰：'詒我來麰。'"

清華二·繫年 107"州**坔**",即"州來",《春秋·哀公二年》:"十有一月,蔡遷於州來。"同年《左傳》:"吳洩庸如蔡納聘,而稍納師。師畢入,衆知之。蔡侯告大夫,殺公子駟以説。哭而遷墓。冬,蔡遷於州來。"蔡本都上蔡,今河南上蔡縣;後遷都新蔡,今河南新蔡縣;今則入吳,因吳師遷州來。"州來",在今安徽鳳臺。

清華四·筮法 30"五日爲**坔**(來)",若無筮日干支相當之卦,而有其後五日内干支之卦,則稱"來"某日。

清華四·筮法 37、38"**坔**",即"來",乃震卦。《歸藏》震卦作"釐",見馬國翰《玉函山房輯佚書》輯本,云:"初釐,干寶《周禮注》朱震曰震。李過曰:'爲震爲釐,釐者理也,以帝出乎震,萬物所始條理也。'""來""釐"皆來母之部字。

清華六·太伯甲 07、太伯乙 07"**坔**見",即"來見",《左傳·成公十八年》:"八月,邾宣公來朝,即位而來見也。"

清華六·子儀 13"**坔**",即"來",由彼及此,由遠到近。與"去""往"相對。《易·復》:"出入无疾,朋來无咎。"

清華六·子產 13"**坔**民",讀爲"徠民"。"徠",招徠,《商君書》有《徠民篇》。

清華七·越公 61"母或徍**坔**",讀爲"毋有往來",没有交往,交際。《老子》:"鄰國相望,雞犬之聲相聞,民至老死不相往來。"

清華八·虞夏 03"晷外之者侯逗而不**坔**",讀爲"海外之諸侯歸而不來"。《禮記·曲禮上》:"禮尚往來,往而不來,非禮也。"

逨

清華一·尹至 01 我逨(來)

清華一·耆夜 08 不(丕)顯(顯)逨(來)各(格)

清華一·祭公 02 余隹(惟)寺(時)逨(來)視

清華三·説命上 07 敓(説)逨(來)

清華三·説命中01 敚(説)迷(來)自尃(傅)厰(巖)

　清華三·説命中01 女(汝)迷(來)隹(惟)帝命

～，與(上博三·周9)同，从"辵"，"來"聲，"逨"之異體。《集韻》："來，或从彳、从辵、从走。"

　　清華一·耆夜08"迷各"，讀爲"來格"。"格"也訓來，見《爾雅·釋言》。《書·益稷》："祖考來格，虞賓在位，群后德讓。"

　　清華一·祭公02"余隹寺迷視"，讀爲"余惟時來視"，我因此來探望您。今本《逸周書·祭公》作"予惟敬省"。

　　清華三·説命中01"敚迷自尃厰"，讀爲"説來自傅巖"，説從傅巖來。《書·説命上》："高宗夢得説，使百工營求諸野，得諸傅巖，作《説命》三篇。"

　　清華一·尹至01、清華三·説命上07、清華三·説命中01"迷"，即"來"，由彼至此，由遠到近。《書·武成》："厥四月，哉生明，王來自商，至於豐。"

勑

　清華六·子產07 不勑(飾)兇(美)車馬衣裘

　清華六·子產23 勑(飾)兇(美)宮室衣裘

《説文·力部》："勑，勞也。从力，來聲。"段注："俗誤用爲敕字。"

　　清華六·子產07、清華六·子產23"勑"，讀爲"飾"，修飾，裝飾。《左傳·哀公元年》："昔闔廬食不二味，居不重席，室不崇壇，器不彤鏤，宮室不觀，舟車不飾，衣服財用，擇不取費。"

稑

～,从"又","勑"聲。

清華六·子產07"劼䅽",讀爲"劼勑",勤謹自救。(黃德寬)

棶

清華一·程寤01 大(太)奴夢見商廷隹(惟)棶(棘)

清華一·程寤04 朋棶(棘)戠(樴)杍(梓)松

清華一·程寤07 隹(惟)容內(納)棶(棘)

～,从"木","來"聲。

清華一·程寤"棶",讀爲"棘",木名,即酸棗樹。《詩·魏風·園有桃》:"園有棘,其實之食。"毛傳:"棘,棗也。"《楚辭·劉向〈九歎·愍命〉》:"折芳枝與瓊華兮,樹枳棘與薪柴。"王逸注:"小棗爲棘。"泛指有芒刺的草木。《墨子·非攻下》:"遝至乎商王紂,天不序其德,祀用失時……天雨肉,棘生乎國道,王兄自縱也。"

嗇

清華一·皇門06 能豪(稼)嗇(穡)

清華七·晉文公03 爲豪(稼)嗇(穡)

清華三·說命下10 褎(欲)女(汝)亓(其)又(有)㕕(友)嗇(勑)

朕命挈(哉)

～,與 (上博二·子2)、 (上博六·用12)同,下部所從的"田",或訛爲"日"。《說文·嗇部》:"嗇,愛濇也。从來、从㐭。來者,㐭而藏之。故田夫謂之嗇夫。 ,古文嗇,从田。"

清華一·皇門 06、清華七·晉文公 03"豪畬",讀爲"稼穡",耕種和收穫。泛指農業勞動。《書·無逸》:"厥父母勤勞稼穡,厥子乃不知稼穡之艱難。"《孟子·滕文公上》:"后稷教民稼穡。"《史記·貨殖列傳》:"好稼穡,殖五穀。"

清華三·說命下 10"眘朕命孼",讀爲"敕朕命哉"。《書·益稷》:"敕天之命,惟時惟幾。"孔傳:"敕,正也。奉正天命以臨民,惟在順時,惟在慎微。"

釐

清華一·皇門 03 自釐(釐)臣至于又(有)貧(分)厶(私)子

清華五·封許 03 釐(釐)氒(厥)猷

~,與 𠩺(郭店·太一生水 8)、𠩺(郭店·尊德義 33)同,从"里","來"聲,"釐"之異體。《說文·里部》:"釐,家福也。从里,犛聲。"

清華一·皇門 03"自釐(釐)臣至于又(有)貧(分)厶(私)子",今本《逸周書·皇門》作"其善臣以至于有分私子",陳逢衡注:"善臣,猶藎臣也。分,分土也。有分私子,謂有采邑之庶孼。""釐",即"釐",治理,處理。《書·堯典》:"允釐百工,庶績咸熙。"孔傳:"釐,治。""釐臣",治國大臣。

清華五·封許 03"釐",即"釐",治理。《書·堯典》"允釐百工,庶績咸熙",孔傳:"釐,治。"簡文"□司明型(刑),釐厥猷",句意是說呂丁司理刑法,作其策劃。

來紐里聲

里

(齊)

清華二·繫年 032 亓(其)夫=(大夫)里之克乃殺觭(奚)齊

清華二·繫年 033 里之克或(又)殺悼子

里里里里里

清華六·管仲 09 埜(野)里需(零)茖(落)

清華六·子儀 05 徒伃所遊又步里護讎也

清華七·趙簡子 10 宮中卅=(三十)里

清華七·越公 18 人徫雩(越)百里

清華七·越公 65 乃命左軍監(銜)梡(枚)鮂(溯)江五里以須

清華七·越公 65 亦命右軍監(銜)梡(枚)逾江五里以須

～，與(上博二·容 26)、(上博六·天甲 1)同。《説文·里部》："里，居也。从田、从土。"

清華二·繫年 032、033"里之克"，即晉大夫里克。"之"，助詞。先秦古書習見在人姓名中加"之"的用法，可參看楊樹達《古書疑義舉例續補》"人姓名之間加助字例"條。

清華六·管仲 09"里"，指閭里，與"野"相對。《爾雅·釋言》："里，邑也。"《漢書·食貨志》："在野曰廬，在邑曰里。""野里"，也可能讀爲"野鄙"，在古代泛指離城較遠的地方，亦指村野。《周禮·地官·遺人》："野鄙之委積，以待羈旅。"

清華六·子儀 05、清華七·趙簡子 10、清華七·越公 18"里"，長度單位。《穀梁傳·宣公十五年》："古者三百步爲里。"古以三百步爲一里，後亦有以三百六十步爲一里者，今以五百米爲一里。里用爲市里的簡稱，二市里合一公里。

清華七·越公 65"乃命左軍監梡鮂江五里以須"，讀爲"乃命左軍銜枚溯江五里以須"。《國語·吳語》："乃令左軍銜枚泝江五里以須。""里"，長度單位。

清華七·越公 65"亦命右軍監梡逾江五里以須"，讀爲"亦命右軍銜枚逾

341

江五里以須"。《國語·吳語》:"亦令右軍銜枚踰江五里以須。"

腥

清華六·子產 05 閔(文)腥(理)

~,从"肉","里"聲。《字彙補·里部》:"腥,《集韻》與李同。木名也。"

清華六·子產 05"閔腥",讀爲"文理",禮儀。《荀子·禮論》:"文理繁,情用省,是禮之隆也。文理省,情用繁,是禮之殺也。"桓寬《鹽鐵論·論功》:"匈奴無城廓之守……上無義法,下無文理,君臣嫚易,上下無禮。"

郢

清華八·邦道 27 燹(及)亓(其)埜(野)郢(里)四陽(邊)

~,與 (上博六·競 10)同。《説文·邑部》:"郢,南陽西鄂亭。从邑,里聲。"

清華八·邦道 27"郢",讀爲"里",指閭里,與"野"相對。《爾雅·釋言》:"里,邑也。"《漢書·食貨志》:"在野曰廬,在邑曰里。"或説"埜郢",讀爲"野鄙",古代指離城較遠的地方。亦指村野。《周禮·地官·遺人》:"野鄙之委積,以待羈旅。"《晏子春秋·内篇雜下》:"君之内隸,臣之父兄,若有離散,在於野鄙,此臣之罪也。"《吕氏春秋·行論》:"華元言於宋昭公曰:'往不假道,來不假道,是以宋爲野鄙也。'""郢""鄙"同韻可通。上博六·競 10"出喬於郢",《晏子春秋·内篇諫上》作"矯奪于鄙"。《老子》二十章"而我獨頑似鄙",帛書甲本"鄙"作"悝"。

精紐再聲

再

清華三·芮良夫 02 内(芮)良夫乃复(作)訫(毖)再終

清華三·芮良夫 26 而器不再利

清華三·芮良夫 28 虐(吾)甬(用)复(作)訛(慫)再終

清華六·孺子 01 北(必)再三進夫=(大夫)而與之虐(偕)悤(圖)

～，與 、同。《説文·冓部》："再，一舉而二也。从冓省。"

清華三·芮良夫 28"复訛再終"，讀爲"作慫再終"，和"作歌一終"相似。"作歌一終"見於清華一·耆夜 5 和《吕氏春秋·音初》等處。古代詩可入樂，演奏一次叫作"一終"。

清華三·芮良夫 26"不再"，不重複第二次。《禮記·儒行》："過言不再，流言不極。"鄭玄注："不再，猶不更也。"孔穎達疏："言儒者有愆過之言不再爲之。"

清華六·孺子 01"再三"，第二次第三次，一次又一次。《史記·孔子世家》："（齊）陳女樂文馬於魯城南高門外。季桓子微服往觀再三，將受。"

精紐宰聲

宰

 清華三·良臣 11 以爲大宰

《説文·宀部》："宰，辠人在屋下執事者。从宀、从辛。辛，辠也。"

清華三·良臣 11"大宰"，亦稱"太宰""冢宰"，爲六官之首，總理全國政務，輔助王者治理天下。《周禮·天官·大宰》："大宰之職，掌建邦之六典，以佐王治邦國。"

𠚦

 清華二·繫年 083 五（伍）員爲吳大（太）𠚦（宰）

 清華二·繫年 131 奠（鄭）大（太）𠚦（宰）訢（欣）亦记（起）旤（禍）於奠（鄭）

～，與 （上博四·柬 13）同，从"刀"，"宰"聲，殺牲割肉曰宰，故字可从"刀"。"宰"字繁體。

清華二·繫年 083"五（伍）員爲吳大（太）𠚦（宰）"，《左傳·定公四年》："伍員爲吳行人以謀楚……伯州犁之孫嚭爲吳太宰以謀楚。"

清華二·繫年 131"奠大𠚦訢"，讀爲"鄭太宰欣"。《韓非子·說疑》："若夫齊田恆、宋子罕、魯季孫意如、晉僑如、衛子南勁、鄭太宰欣、楚白公、周單荼、燕子之，此九人者之爲其臣也，皆朋黨比周以事其君，隱正道而行私曲，上逼君，下亂治，援外撓內，親下以謀上，不難爲也。如此臣者，唯聖王智主能禁之，若夫昏亂之君，能見之乎？"

精紐子聲

子

 清華一·程寤 02 詔（詔）大（太）子發（發）

 清華一·程寤 02 宗丁敂（禱）大（太）子發（發）

 清華一·程寤 03 王及大（太）子發（發）並拜吉夢

清華一·保訓 01 戊子

清華一·耆夜 10 今夫君子

清華一·耆夜 12 今夫君子

清華一·金縢 03 尔(爾)母(毋)乃又(有)備子之責才(在)上

清華一·金縢 04 以奠(定)尔(爾)子孫于下墬(地)

清華一·金縢 07 公㡀(將)不利於需(孺)子

清華一·皇門 02 廼隹(惟)大門宗子埶(邇)臣

清華一·皇門 03 自釐(釐)臣至于又(有)貧(分)厶(私)子

清華一·祭公 01 裹(哀)余少(小)子

清華一·祭公 03 天子

清華一·祭公 08 以余少(小)子颺(揚)文武之剌(烈)

清華一·祭公 10 敢臮(告)天子

 清華一・祭公 12 天子

 清華一・祭公 13 方聿(建)宗子

 清華一・祭公 14 天子

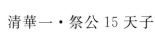

 清華一・祭公 15 天子

 清華一・祭公 17 天子

 清華一・祭公 20 天子

 清華一・楚居 01 見盤庚之子

 清華一・楚居 14 王大(太)子以邦逫(復)於湫(沈)郢

 清華一・楚居 14 王大(太)子自湫(沈)郢遷(徙)居疆郢

 清華一・楚居 15 王大(太)子以邦居鄘(鄘)郢

 清華二・繫年 011 亓(其)大₌(大夫)高之巨(渠)爾(彌)殺卲(昭)公而立亓(其)弟子釁(眉)壽

 清華二・繫年 011 殺子釁(眉)壽

清華二·繫年013 殺三監而立彔子耿

 清華二·繫年014 殺彔子耿

 清華二·繫年017 方(旁)埶(設)出宗子

 清華二·繫年020 公子啓方奔齊

 清華二·繫年021 公子啓方女(焉)

 清華二·繫年031 欲亓(其)子瓠(奚)脊(齊)之爲君也

 清華二·繫年031 乃譖(讒)大子龍(共)君而殺之

 清華二·繫年033 而立亓(其)弟悼子

 清華二·繫年033 里之克或(又)殺悼子

 清華二·繫年035 惠公女(焉)以亓(其)子裹(懷)公爲執(質)

于秦

 清華二·繫年035 秦穆公以亓(其)子妻之

清華二·繫年 040 戠(止)繡(申)公子義(儀)以歸

清華二·繫年 043 命(令)尹子玉

清華二·繫年 052 豫(舍)亓(其)君之子弗立

清華二·繫年 052 而女(焉)牆(將)寘(置)此子也

清華二·繫年 054 秦康公衒(率)自(師)以邋(送)癰(雍)子

清華二·繫年 059 以女子與兵車百釐(乘)

清華二·繫年 067 子亓(其)與臨之

清華二·繫年 067 齊冋(頃)公囟(使)亓(其)女子

清華二·繫年 068 女子芙(笑)于房审(中)

清華二·繫年 069 南章(郭)子

清華二·繫年 069 鄰(蔡)子

清華二·繫年 069 安(晏)子

清華二·繫年070 南章（郭）子

清華二·繫年070 郯（蔡）子

清華二·繫年070 安（晏）子

清華二·繫年074 陳公子誩（徵）郐（舒）取（娶）妻于奠（鄭）穆公

清華二·繫年075 陳公子誩（徵）余（舒）殺亓（其）君霝（靈）公

清華二·繫年077 亓（其）子墨（黑）要也或（又）室少盂（孟）

清華二·繫年077 司馬子反與繡（申）公爭少盂（孟）

清華二·繫年080 執吳王子鱻（蹶）繇（由）

清華二·繫年081 亓（其）子五（伍）員與五（伍）之雞逃歸（歸）吳

清華二·繫年084 吳王子唇（晨）牀（將）记（起）褐（禍）於吳

清華二·繫年085 命（令）尹子襡（重）伐奠（鄭）

清華二·繫年088 靚（共）王事（使）王子唇（辰）聘（聘）於晉

清華二·繫年088 楚王子波(罷)

清華二·繫年089 晉文子燮(燮)

清華二·繫年096 命(令)尹子木

清華二·繫年096 會邟(趙)文子武

清華二·繫年097 令尹會邟(趙)文子及者(諸)侯之夫=(大夫)

清華二·繫年105 秦異公命子甫(蒲)

清華二·繫年105 子虎

清華二·繫年111 㚼(趙)起(桓)子會[諸]侯之夫=(大夫)

清華二·繫年122 齊人旻(且)又(有)陳麐子牛之禍(禍)

清華二·繫年123 晉三子之夫=(大夫)內(入)齊

清華二·繫年128 競(景)之賈與醫(舒)子共戠(止)而死

清華二·繫年129 內(入)王子定

清華二·繫年 129 不果内(入)王子

清華二·繫年 130 奠(鄭)皇子

清華二·繫年 130 子池

清華二·繫年 130 子坪(封)子

清華二·繫年 130 子坪(封)子

清華二·繫年 132 奠(鄭)子㿞(陽)用滅

清華二·繫年 136 陳人女(焉)反而内(入)王子定於陳

清華二·繫年 138 酉(丙)子

清華三·說命上 04 逴(失)审(仲)是生子

清華三·琴舞 07 需(孺)子王矣

清華三·琴舞 09 者(諸)尔(爾)多子

清華三·琴舞 13 秋(咨)尔(爾)多子

清華三·芮良夫 02 敬之夆(哉)君子

清華三·芮良夫 02 敬夆(哉)君子

清華三·芮良夫 05 君子而受柬萬民之容(咎)

清華三·芮良夫 06 敬夆(哉)君子

清華三·芮良夫 09 凡百君子

清華三·芮良夫 17 凡隹(惟)君子

清華三·良臣 05 晉文公又(有)子靶(犯)

清華三·良臣 05 又(有)子余(餘)

清華三·良臣 05 楚成王又(有)命(令)胥(尹)子蘁(文)

清華三·良臣 06 楚韶(昭)王又(有)命(令)胥(尹)子西

清華三·良臣 06 又(有)司馬子忎(期)

清華三·良臣 06 又(有)邮(葉)公子嵩(高)

清華三·良臣09 奠(鄭)定公之相又(有)子皷(皮)

清華三·良臣09 又(有)子產

清華三·良臣09 又(有)子大弔(叔)

清華三·良臣09 子產之帀(師)

清華三·良臣09 王子白(伯)惌(願)

清華三·良臣10 子產之輔

清華三·良臣10 子羽

清華三·良臣10 子剌

清華三·良臣10 王子百

清華四·筮法25 凸(凡)貞女子

清華四·筮法32 子眚(姓)之立(位)

清華四·筮法46 女子大面端虡(嚇)死

 清華四·筮法 50 九,㧱、兹子

 清華四·筮法 52 子午

 清華四·筮法 52 子午

 清華五·厚父 05 天子

 清華五·厚父 07 隹(惟)寺(時)下民䧮帝之子

 清華五·厚父 09 天子

 清華五·湯丘 06 子之員(云)

 清華五·湯丘 10 善才(哉)子之員(云)也

 清華六·鄭子 16 虐(吾)先君智(知)二三子之不忎=(二心)

 清華六·管仲 01 君子㦻(學)與不㦻(學)

 清華六·管仲 01 君子㦻(學)才(哉)

清華六·管仲 02 君子㦻(學)才(哉)

 清華六·管仲15 天子之明者

 清華六·太伯甲01 子人成子既死

 清華六·太伯甲01 子人成子既死

 清華六·太伯乙01 [子]人成子既死

 清華六·子儀03 以視楚子義（儀）於杏會

 清華六·子儀05 豊（禮）子義（儀）亡（舞）

 清華六·子儀07 萬（賴）子是救

 清華六·子儀07 乃命陞（昇）蠽（琴）訶（歌）於子義（儀）

 清華六·子儀10 公遷（送）子義（儀）

 清華六·子儀14 子義（儀）曰

 清華六·子儀17 子義（儀）曰

清華六·子產03 子產所旨（嗜）欲不可智（知）

清華六·子產 03 内君子亡（無）攴（變）

清華六·子產 07 子產不大宅彧（域）

清華六·子產 15 子產尃（傅）於六正

清華六·子產 20 子產用舝（尊）老先生之昳（俊）

清華六·子產 21 王子白（伯）恁（願）

清華六·子產 21 子羽

清華六·子產 21 子剌

清華六·子產 22 王子百

清華六·子產 23 子產既由善用聖

清華七·子犯 01 秦公乃訋（召）子靶（犯）

清華七·子犯 01 子若公子之良庶子

清華七·子犯 01 公子

清華七·子犯01 良庶子

清華七·子犯01 公子不能芈(止)女(焉)

清華七·子犯02 子軋(犯)倉(答)曰

清華七·子犯03 省(少)公乃訋(召)子余(餘)

清華七·子犯03 子若公子之良庶子

清華七·子犯03 公子

清華七·子犯03 良庶子

清華七·子犯04 子余(餘)倉(答)曰

清華七·子犯06 公乃訋(召)子軋(犯)

清華七·子犯06 子余(餘)曰

清華七·子犯06 二子

清華七·子犯06 事公子

清華七·子犯 07 天豐(亡)惎(謀)禍(禍)於公子

清華七·子犯 07 夫公子之不能居晉邦

清華七·子犯 12 殹(殷)邦之君子

清華七·子犯 13 公子褈(重)耳䎽(問)於邔(蹇)舅(叔)

清華七·子犯 14 天下之君子

清華七·子犯 15 亦備才(在)公子之心巳(已)

清華七·子犯 01 (背)子靶(犯)

清華七·子犯 01 (背)子余(餘)

清華七·趙簡子 01 㲋(趙)柬(簡)子既受寍(將)軍

清華七·趙簡子 01 靶(范)獻子進諫

清華七·趙簡子 01 昔虐(吾)子之㢜(將)方少

清華七·趙簡子 01 則非子之咎

清華七·趙簡子 02 戠(就)虐(吾)子之牂(將)倀(長)

 清華七·趙簡子 02 則非子之咎

 清華七·趙簡子 02 今虐(吾)子既爲寡牂(將)軍巳(已)

 清華七·趙簡子 03 牂(將)子之咎

 清華七·趙簡子 03 子䤶(始)造於善

 清華七·趙簡子 03 子䤶(始)造於不善

 清華七·趙簡子 04 虐(吾)子牂(將)不可以不戒巳(已)

 清華七·趙簡子 05 盉(趙)柬(簡)子䛑(問)於成𩊚(剸)

 清華七·趙簡子 07 盉(趙)柬(簡)子曰

 清華七·趙簡子 07 以好士庶子

 清華七·越公 10 君臣父子亓(其)未相旻(得)

 清華七·越公 16 兹(使)虐(吾)弍(二)邑之父兄子弟

清華七·越公 19 孤用銜(率)我壹(一)弍(二)子弟

 清華七·越公 61 乃由王罙(卒)君子罙(六千)

 清華七·越公 64 以亓(其)厶(私)罙(卒)君子罙=(六千)以爲中軍

 清華八·攝命 05 母(毋)闟(慾)于乃隹(唯)沖(沖)子少(小)子

 清華八·攝命 05 少(小)子

 清華八·攝命 06 女(汝)隹(唯)沖(沖)子少(小)子

 清華八·攝命 06 少(小)子

 清華八·攝命 14 是隹(唯)君子秉心

 清華八·攝命 15 女(汝)則亦隹(唯)肇不(丕)子不學

 清華八·攝命 15 女(汝)有隹(唯)沖(沖)子

 清華八·攝命 18 引(矧)女(汝)隹(唯)子

 清華八·攝命 19 乃智(知)隹(唯)子不隹(唯)之頌(庸)

清華八·攝命 21 女(汝)隹(唯)沖(沖)子

 清華八·攝命 22 寺(時)隹(唯)子乃弗受韐(幣)

 清華八·攝命 24 有女(汝)由子

 清華八·攝命 25 王子則克悉甬(用)王教王學

 清華八·攝命 28 臒(獲)脜(羞)娴(毓)子

 清華八·攝命 29 有女(汝)隹(唯)沖(沖)子

 清華八·邦政 05 丌(其)君子曼(文)而請(情)

 清華八·邦政 06 弟子不敶(轉)遠人

 清華八·邦政 09 丌(其)君子專(薄)於敩(教)而行懇(詐)

 清華八·邦政 10 弟子敶(轉)遠人而爭駐(窺)於詴(謀)夫

 清華八·處位 03 子立弋(代)父

 清華八·邦道 24 婦子價(贅)賏(賈)

 清華八·邦道 26 價(贅)位亓(其)子弟

清華八·八氣 05 司兵之子

～,與 𠬝(上博一·孔 27)、𡥀(上博八·有 5)同。《説文·子部》:"子,十一月,陽气動,萬物滋,人以爲偁。象形。𡿹,古文子从巛,象髪也。𡿺,籀文子,囟有髪,臂脛在几上也。"

清華一·程寤 02、03"大子發",讀爲"太子發"。《史記·周本紀》:"明年,西伯崩,太子發立,是爲武王。"

清華一·保訓 01"戊子",天干地支記日。《左傳·僖公三十三年》:"八月戊子,晉侯敗狄于箕。"

清華一·金縢 03"尔(爾)母(毋)乃又(有)備子之責才(在)上",今本《書·金縢》作"是有丕子之責于天",孔傳:"大子之責,謂疾不可救於天。"《史記·魯周公世家》作"若爾三王是有負子之責於天"。"負子",謂背棄子民。

清華一·金縢 04"以奠(定)尔(爾)子孫于下墬(地)",今本《書·金縢》作"用能定爾子孫于下地"。

清華一·金縢 07"公㫃(將)不利於需(孺)子",今本《書·金縢》作"公將不利於孺子"。

清華一·皇門 02"廼隹(惟)大門宗子埶(邇)臣",今本《逸周書·皇門》作"乃維其有大門宗子勢臣",孔晁注:"大門宗子,適長。""大門宗子",即門子。《周禮·春官·小宗伯》:"其正室皆謂之門子,掌其政令。"鄭玄注:"正室,適子,將代父當門者也。"孫詒讓《正義》:"云'將代父當門者也'者,明以父老則適子代當門戶,故尊之曰門子……蓋詳言之曰大門宗子,省文則曰門子,其實一也。"

清華一·皇門 03"自釐(釐)臣至于又(有)貧(分)厶(私)子",今本《逸周書·皇門》作"其善臣以至于有分私子",陳逢衡注:"善臣,猶藎臣也。分,分土也。有分私子,謂有采邑之庶孽。"

清華一·祭公 01"褱余少子",讀爲"哀余小子"。《詩》有《閔予小子》,又《書·文侯之命》有"閔予小子嗣"。"余少(小)子",又作"予小子",乃古代帝王對先王或長輩的自稱。《書·泰誓上》:"肆予小子發,以爾友邦冢君,觀政於

商。"《詩·周頌·閔予小子》:"閔予小子,遭家不造。"又爲天子居喪時的自稱。《禮記·曲禮下》:"天子未除喪,曰予小子。"

清華一·祭公 03、10、12、14、15、17、20"天子",古以君權爲神授,君主秉承天意治理人民,故稱天子。《禮記·曲禮下》:"君天下曰天子。"《禮記·曲禮下》:"天子祭天地,祭四方,祭山川,祭五祀,歲徧。"

清華一·祭公 08"以余少子颺文武之剌",讀爲"以余小子揚文武之烈"。《書·洛誥》:"公稱丕顯德,以予小子揚文武烈。"孔傳:"用我小子襃揚文武之業而奉順天。"

清華一·楚居 01"盤庚之子",盤庚的子孫。

清華一·楚居 14、15"王大子",讀爲"王太子",指惠王的太子,即下文之柬大王。

清華二·繫年 011"子亹(眉)壽",即公子亹。《左傳·桓公十八年》:"秋,齊侯師于首止,子亹會之,高渠彌相。七月戊戌,齊人殺子亹而轘高渠彌。"

清華二·繫年 013、014"彔子耿",即大保簋(《集成》04140)"王伐彔子䫻"之"彔子䫻",紂子武庚禄父。

清華一·祭公 13、清華二·繫年 017"宗子",古代宗法制度稱大宗的嫡長子。《詩·大雅·板》:"懷德維寧,宗子維城。無俾城壞,無獨斯畏。"鄭箋:"宗子,謂王之適子。"《禮記·大傳》:"别子爲祖,繼别爲宗。"鄭玄注:"别子,謂公子若始來在此國者,後世以爲祖也。别子之世適也,族人尊之,謂之大宗,是宗子也。"

清華二·繫年 020、021"公子啓方",即《管子·大匡》等所見的公子開方,齊桓公臣,詳見梁玉繩《漢書人表考》卷七。

清華二·繫年 031"大子",周時天子及諸侯之嫡長子,或稱太子,或稱世子。

清華二·繫年 033"悼子",晉獻公之子,史書多稱"卓子"。《史記·晉世家》:"荀息立悼子而葬獻公。十一月,里克弑悼子于朝,荀息死之。"《公羊傳·僖公十年》:"荀息立卓子,里克弑卓子,荀息死之。"

清華二·繫年 035"子",晉惠公的兒子晉襄(懷)公。

清華二·繫年 035"子",秦穆公的女兒。

清華二·繫年 040"繡公子義",讀爲"申公子儀",又名鬭克。《左傳·僖公二十五年》:"秋,秦、晉伐鄀。楚鬭克、屈禦寇以申、息之師戍商密……圍商密……秦師囚申公子儀、息公子邊以歸。"杜預注:"鬭克,申公子儀。屈禦寇,息公子邊。"

清華二·繫年 043"命尹子玉",讀爲"令尹子玉"。《左傳·僖公二十五年》:"楚令尹子玉追秦師,弗及,遂圍陳,納頓子於頓。"

清華二·繫年052"豫亓君之子弗立",讀爲"舍其君之子弗立",捨棄國君的兒子不立。

清華二·繫年052"此子",指靈公。

清華二·繫年054"瘫子",讀爲"雍子",即時爲秦亞卿的公子雍,襄公庶弟,乃杜祁所生。《左傳·文公六年》:"使先蔑、士會如秦,逆公子雍。"

清華二·繫年059"女子",疑當爲"子女"。《左傳·僖公二十三年》:"子女玉帛,則君有之。"

清華二·繫年067、068"女子芺于房审",讀爲"女子笑于房中"。見《左傳·宣公十七年》:"十七年春,晉侯使郤克徵會於齊。齊頃公帷婦人,使觀之。郤子登,婦人笑於房。"

清華二·繫年069、070"南章子、鄴子、安子",讀爲"南郭子、蔡子、晏子"。《左傳·宣公十七年》:"晉人執晏弱于野王,執蔡朝于原,執南郭偃于溫。"

清華二·繫年074、075"陳公子諻余",讀爲"陳公子徵舒",即夏徵舒。《國語·楚語上》:"昔陳公子夏爲御叔娶於鄭穆公,生子南。"韋昭注:"公子夏,陳宣公之子,御叔之父也,爲御叔娶鄭穆公少妃姚子之女夏姬也……子南,夏徵舒之字。"

清華二·繫年077"司馬子反",《左傳·成公二年》:"楚之討陳夏氏也,莊王欲納夏姬,申公巫臣曰:'不可……'王乃止。子反欲取之,巫臣曰:'是不祥人也!'"

清華二·繫年080"吳王子鱥鯀",讀爲"吳王子蹶由",即王子鯀,壽夢之子,夷末之弟。《左傳·昭公五年》:"吳子使其弟蹶由犒師,楚人執之。"

清華二·繫年084"吳王子脣(晨)"、088"王子脣(晨)",即夫槩王。《左傳·定公四年》:"闔廬之弟夫槩王晨請於闔廬曰……"

清華二·繫年085"命尹子禫",讀爲"令尹子重",即公子嬰齊,青銅器銘文中作王子嬰次(一九二三年新鄭李家樓所出王子嬰次爐),楚莊王弟。"令尹子重伐鄭",見《春秋·成公七年》:"秋,楚公子嬰齊帥師伐鄭。"同年《左傳》:"秋,楚子重伐鄭,師于氾。"

清華二·繫年088"王子波",讀爲"王子罷"。《左傳》作"公子罷"。《左傳·成公十二年》:"宋華元克合晉、楚之成,夏五月,晉士燮會楚公子罷、許偃。"

清華二·繫年089"文子爕",即"文子爕",晉士爕,参上。

清華二·繫年096"命(令)尹子木",即"王子木",太子建。《左傳·昭十九年》："故太子建居于城父。"

清華二·繫年 096"邮文子"、097"邲文子"，讀爲"趙文子"，即"趙武"，又稱"趙孤""趙孟""趙文子武"。趙孤，趙朔之子、趙盾之孫，名武，謚"文子"。《史記·趙世家》："趙孤名曰武。"《國語·晉語八》："虢之會，魯人食言，楚令尹圍將以魯叔孫穆子爲戮，樂王鮒求貨焉不予。趙文子謂叔孫曰……"

清華二·繫年 105"秦異公命子甫、子虎衎自救楚"，讀爲"秦異公命子蒲、子虎率師救楚"。參《左傳·定公五年》："秦子蒲、子虎帥車五百乘以救楚……使楚人先與吳人戰，而自稷會之，大敗夫槩王于沂。"

清華二·繫年 111"㣇赳子"，讀爲"趙桓子"。《史記·趙世家》："襄子弟桓子逐獻侯，自立於代。一年卒。"

清華二·繫年 122"陳麈子牛"，即《墨子·魯問》之"項子牛"。《淮南子·人間》有"牛子"，當係一人。

清華二·繫年 123"晉三子"，即魏斯、韓虔、趙籍。

清華二·繫年 128"鼞子共"，讀爲"舒子共"。舒滅於楚，其後人以舒爲氏，見秦嘉謨《世本輯補》。

清華二·繫年 129、136"入王子定"，當是使王子入周。《史記·六國年表》記王子定奔晉在楚悼王三年。

清華二·繫年 130"鄭皇子"，鄭四將軍"皇子、子馬、子池、子封子"之一。鄭有皇氏，如《左傳·僖公二十四年》的皇武子、宣公十二年的皇戌等。

清華二·繫年 130"子池"，鄭四將軍"皇子、子馬、子池、子封子"之一。

清華二·繫年 130"子垰（封）子"，鄭四將軍"皇子、子馬、子池、子封子"之一。

清華二·繫年 132"奠子鴋"，讀爲"鄭子陽"。《史記·鄭世家》："二十五年，鄭君殺其相子陽。二十七年，子陽之黨共弒繻公駘而立幽公弟乙爲君，是爲鄭君。"

清華二·繫年 138"酉子"，即"丙子"，天干地支記日。《左傳·桓公十八年》："夏四月丙子，享公。使公子彭生乘公，公薨于車。"

清華三·説命上 04"生子"，生孩子。《詩·大雅·生民》："不康禋祀，居然生子。"

清華三·琴舞 07"需子王矣"，讀爲"孺子王矣"。古代稱天子、諸侯、世卿的繼承人爲"孺子"。《書·立政》："嗚呼！孺子王矣。"《漢書·王莽傳上》："立宣帝玄孫嬰爲皇太子，號曰孺子。"

清華三·琴舞 09、13"多子"，《書·洛誥》："予旦以多子越御事，篤前人成烈,答其師,作周孚先。"孔穎達疏:"子者,有德之稱,大夫皆稱子,故以多子爲衆卿大夫。"

清華三·良臣05"子䡏",清華七·子犯02、06、01(背)"子䡇",讀爲"子犯",名偃,狐氏,狐突之子,重耳之舅,故史稱"舅犯""咎犯",他在重耳流亡以及入國後的稱霸中,起了重要作用。《韓非子·外儲説右上》:"(文公)一舉而八有功。所以然者,無他故異物,從狐偃之謀,假顛頡之脊也。"《吕氏春秋·不廣》:"文公可謂智矣。此咎犯之謀也。出亡十七年,反國四年而霸,其聽皆如咎犯者邪。"又見子犯編鐘(《集録》10—25)。

清華三·良臣05,清華七·子犯03、04、06"子余",讀爲"子餘",人名。

清華三·良臣05"命胥子𦧅",讀爲"令尹子文"。《左傳·宣公四年》:"楚人謂乳穀,謂虎於菟,故命之曰鬬穀於菟。以其女妻伯比,實爲令尹子文。"

清華三·良臣06"命胥子西",讀爲"令尹子西"。《國語·楚語下》:"子西曰:'請聽其辭,夫其有故。'"韋昭注:"子西,平王之子,昭王之庶兄,令尹公子申也。"《荀子·非相》:"然白公之亂也,令尹子西、司馬子期皆死焉,葉公子高入據楚,誅白公,定楚國,如反手爾,仁義功名善於後世。"

清華三·良臣06"司馬子忎",讀爲"司馬子期",楚昭王兄,子西之弟。《荀子·非相》:"然白公之亂也,令尹子西、司馬子期皆死焉,葉公子高入據楚,誅白公,定楚國,如反手爾,仁義功名善於後世。"

清華三·良臣06"郘公子髙",即"葉公子高",春秋時楚國人,姓沈,名諸梁,字子高,沈尹戌之子,楚大夫,封於葉,爲葉縣尹。僭偁公,故稱"葉公子高"。

清華三·良臣09"子皴",讀爲"子皮",鄭定公的相。《左傳·昭公元年》:"鄭子皮曰:'二執戈者前矣!'"《左傳·襄公十四年》:"公使子蟜、子伯、子皮與孫子盟於丘宫,孫子皆殺之。"

清華三·良臣09"子大弔",讀爲"子大叔",見《左傳·定公四年》:"反自召陵,鄭子大叔未至而卒。晉趙簡子爲之臨,甚哀。"

清華三·良臣09、10,清華六·子產03、07、15、20、23"子產",即公孫僑,子產是其字。鄭穆公之孫,乃春秋鄭國賢相。

清華三·良臣10、清華六·子產21"子羽",即孔子弟子澹臺滅明,子羽是其字。《孔子家語·子路初見》:"澹臺子羽有君子之容,而行不勝其貌;宰我有文雅之辭,而智不充其辯。"《韓非子·顯學》:"故孔子曰:'以容取人乎,失之子羽;以言取人乎,失之宰予。'"

清華三·良臣10、清華六·子產21"子刺",人名。

清華三·良臣10、清華六·子產22"王子百",人名。

清華三·良臣09、清華六·子產21"王子白恋",讀爲"王子伯願",文獻未見。鄭有王子氏,如《左傳·宣公六年》所載"王子伯廖",襄公八年、十一年所載"王子伯駢"。

清華四·筮法25、46"女子",泛指女性。《詩·鄘風·載馳》:"女子善懷,亦各有行。"

清華四·筮法32"子眚",讀爲"子姓",子孫。《儀禮·特牲饋食禮》"子姓兄弟",鄭玄注:"言子姓者,子之所生。"

清華四·筮法52"子午",配"九"。天水放馬灘秦簡《日書》乙180"子九水",186"午九火"。

清華五·湯丘06、10"子",指方惟。

清華六·孺子16"二三子",猶言諸君,幾個人。《論語·八佾》:"二三子何患於喪乎？天下之無道也久矣,天將以夫子爲木鐸。"

清華六·太伯甲01、太伯乙01"子人成子","子人"爲氏,"成"爲謚。《左傳·桓公十四年》:"夏,鄭子人來尋盟,且脩曹之會。""鄭子人",爲鄭厲公母弟,名語,字子人,係子人氏之祖。子人語爲鄭文公叔父,疑即簡文之"子人成子"。魯僖公七年,"鄭太子華並稱'洩氏、孔氏、子人氏'爲'三族'"。

清華六·子儀03、05、07、10、14、17"子義",讀爲"子儀",申公子儀,又名鬭克。

清華七·子犯01、03、06、07"公子",指公子重耳。

清華七·子犯01、03"庶子",職官名。《禮記·燕義》"古者周天子之官有庶子官""職諸侯、卿、大夫、士之庶子之卒,掌其戒令,與其教治",鄭玄注:"庶子,猶諸子也。《周禮》諸子之官,司馬之屬也。"《書·康誥》:"矧惟外庶子、訓人。"

清華七·子犯13"公子㣍耳",讀爲"公子重耳",晉獻公子,後入國稱霸,史稱晉文公。《史記·晉世家》:"壬寅,重耳入於晉師。丙午,入於曲沃。丁未,朝於武宮,即位爲晉君,是爲文公。"

清華七·趙簡子01"䰯獻子",讀爲"范獻子",晉國正卿,一名鞅,又稱士鞅,卒謚獻子。《左傳·定公元年》:"范獻子去其柏椁,以其未復命而田也。"

清華七·趙簡子01、05、07"盆柬子",讀爲"趙簡子",名鞅,謚簡,春秋末晉國正卿,嬴姓,趙氏,史稱"趙簡主"。《史記·趙世家》:"趙景叔卒,生趙鞅,是爲簡子。趙簡子在位,晉頃公之九年,簡子將合諸侯戍於周。"《逸周書·謚法解》:"壹德不解曰簡,平易不疵曰簡。"

清華七·趙簡子01、02、04"虗子",讀爲"吾子",敬愛之稱。《儀禮·士冠禮》:"某有子某,將加布於其首,願吾子之教之也。"鄭玄注:"吾子,相親之辭。吾,我也;子,男子之美稱。"簡文指范獻子對趙簡子的尊稱。

清華七·趙簡子01、02、03"子",指趙簡子。

清華七·趙簡子07"士庶子",公卿大夫之子宿衛王宮者。《周禮·天官·宮伯》:"掌王宮之士庶子,凡在版者。"《周禮·地官·稟人》:"若饗耆老、孤子、士庶子,共其食。"金榜《禮箋》"大學"條云:"公卿大夫之子弟當學者,謂之國子,其職宿衛者,則謂之庶子。"

清華七·越公10"君臣父子",君主與臣下、父與子。《易·序卦》:"有父子,然後有君臣;有君臣,然後有上下。"《墨子·兼愛上》:"君臣父子皆能孝慈,若此則天下治。"

清華八·邦道26"子弟"、清華七·越公16"父兄子弟"之"子弟",子與弟。亦泛指子侄輩。《左傳·襄公八年》:"民死亡者,非其父兄,即其子弟。"

清華七·越公64"厶ネ君子",讀爲"私卒君子",指春秋越國的君子軍。《國語·吳語》:"(越王)以其私卒君子六千人爲中軍。"韋昭注:"私卒君子,王所親近有志行者,猶吳所謂賢良,齊所謂士。"

清華八·攝命05、06、15、21、29"沝子",讀爲"沖子",沖人,年幼的人。多爲古代帝王自稱的謙辭。《書·召誥》:"今沖子嗣,則無遺壽耇。"孔傳:"童子,言成王少,嗣位治政。"《書·盤庚下》:"肆予沖人,非廢厥謀。"孔傳:"沖,童。"孔穎達疏:"沖、童,聲相近,皆是幼小之名。自稱童人,言己幼小無知,故爲謙也。"

清華八·攝命15"不子",讀爲"丕子"。《書·金縢》:"是有丕子之責於天。"孔傳:"大子之責,謂疾不可救於天,則當以旦代之。"

清華八·攝命25"王子",天子或王的兒子。《書·微子》:"父師若曰:'王子,天毒降災荒殷邦。'"孔傳:"微子,帝乙元子,故曰王子。"《吕氏春秋·忠廉》:"吳王欲殺王子慶忌而莫之能殺。"

清華八·攝命28"毓子",即"毓子",讀爲"鞠子",稚子。《書·康王之誥》:"無遺鞠子羞。"孔傳:"無自荒怠,遺我稚子之羞辱。稚子,康王自謂也。"

清華八·邦政06、10"弟子",爲人弟者與爲人子者。泛指年幼的人。《易·師》:"長子帥師,弟子輿尸,貞凶。"

清華八·邦道24"婦子",指妻子兒女。《詩·豳風·七月》:"嗟我婦子,曰爲改歲,入此室處。"《後漢書·孔融傳》:"初,曹操攻屠鄴城,袁氏婦子多見侵略。”

清華八・八氣 05“司兵之子”,指金神“蓐收”。《左傳・昭公二十九年》:“金正曰蓐收。”

清華“君子”,對統治者和貴族男子的通稱。常與“小人”或“野人”對舉。《詩・魏風・伐檀》:“彼君子兮,不素餐兮!”《孟子・滕文公上》:“無君子莫治野人,無野人莫養君子。”

清華“天子”,古以君權爲神授,君主秉承天意治理人民,故稱天子。《禮記・曲禮下》:“君天下曰天子。”《詩・大雅・江漢》:“明明天子,令聞不已。”

杍

清華一・程寤 01 廼𡮾=(小子)䟦(發)取周廷杍(梓)梪(樹)于氒(厥)閑(間)

清華一・程寤 04 朋棶(棘)戥(𣪠)杍(梓)松

清華一・程寤 07 隹(惟)杍(梓)敝不義

～,與(上博四・逸・多 2)同,从“木”,“子”聲。《集韻》:“杍,治木器曰杍。通作梓。”

清華一・程寤 01、04、07“杍”,讀爲“梓”。《説文・木部》:“梓,楸也。从木,宰省聲。,或不省。”《埤雅・釋木》:“梓爲木王,蓋木莫良于梓。”

𦔯

清華六・太伯甲 10 今及虔(吾)君,弱學(幼)而𦔯(嗣)

清華六・太伯乙 09 弱幽(幼)而𦔯(嗣)

～，从"辛"，"以"聲、"子"聲。

清華六·太伯"羿"，讀爲"嗣"，繼承君位。《書·舜典》："帝曰：'格汝舜……汝陟帝位。'舜讓于德，弗嗣。"

精紐兹聲

兹

 清華一·保訓 06 身兹（滋）備

 清華一·保訓 10 朕餌（聞）兹不舊（久）

 清華一·皇門 12 監于兹

 清華一·楚居 01 秉兹（慈）銜（率）相

 清華三·祝辭 01 句（侯）兹（使）某也癹（發）陽（揚）

 清華三·祝辭 02 兹（使）我經（贏）

 清華五·厚父 02 兹咸又（有）神

 清華五·厚父 08 兹少（小）人之惠（德）

 清華六·太伯甲 12 兹贍（詹）父内謫於中

 清華六·太伯乙 10 兹贍（詹）父内謫於中

清華六·子儀 09 今茲之禩（臘）余或不與

清華六·子產 16 毋茲愇（違）柫（拂）亓（其）事

清華七·越公 05 亦茲（使）句踐（踐）屬（繼）纂於雩（越）邦

清華七·越公 07 勿茲（使）句踐（踐）屬（繼）纂於雩（越）邦巳（矣）

清華七·越公 16 茲（使）虖（吾）弍（二）邑之父兄子弟

清華七·越公 20 不茲（使）達気（暨）

清華七·越公 28 茲（使）民叚（暇）自相

清華七·越公 57 不茲（使）命朕（疑）

清華八·攝命 30 亡（無）多朕言曰茲

清華八·處位 05 攸（修）之者散（微）茲母（毋）智（知）、母（毋）
迬（效）二惥（忧）

～，與（上博四·采 5）同。《說文·玄部》："茲，黑也。从二玄。《春秋傳》曰：'何故使吾水茲？'"

清華一·保訓 06 "茲"，讀爲"滋"，更加。

清華一·皇門 12 "監于茲"之"茲"，指示代詞，此。《書·呂刑》："監于茲祥刑。"

清華一•楚居01"秉兹",讀爲"秉慈",秉慈愛之德。

清華六•子産16"毋兹",即《左傳•隱公十一年》"無滋他族實偪處此"的"無滋",不致。"兹",訓致,見裴學海《古書虛字集釋》第六三一至六三二頁。

清華三•祝辭01、02,清華七•越公05、07、16、20、28、57"兹",讀爲"使"。

清華八•攝命30"亡多朕言曰兹",讀爲"無多朕言曰兹",謂朕言如此,無以朕言爲多。

其餘"兹",代詞,此,這。《易•晉》:"受兹介福,于其王母。"

慈

 清華五•湯丘14 畀(淑)慈我民

~,與 (上博一•緇13)、 (上博三•中7)同。《説文•心部》:"慈,愛也。从心,兹聲。"

清華五•湯丘14"畀慈我民",讀爲"淑慈我民"。《墨子•非儒下》:"好樂而淫人,不可使親治。立命而怠事,不可使守職。宗喪循哀,不可使慈民。""慈",慈愛。《詩•大雅•皇矣》:"克順克比。"毛傳:"慈和徧服曰順。"孔穎達疏引服虔曰:"上愛下曰慈。"

孳

 清華一•尹至04 孳(兹)乃柔大縈(傾)

 清華一•耆夜09 复(作)孳(兹)祝誦

 清華一•祭公03 朕(朕)身尚才(在)孳(兹)

 清華一•祭公06 孳(兹)由(迪)遜(襲)孝(學)于文武之曼惪(德)

清華一・祭公 08 女(汝)念孼(哉)

清華一・祭公 09 允孼(哉)

清華一・祭公 15 不(丕)則鹽(寅)言孼(哉)

清華一・祭公 15 女(汝)母(毋)以戾孼(茲)皋(罪)壚(辜)芒(亡)寺(時)褰大邦

清華一・祭公 17 女(汝)念孼(哉)

清華一・祭公 18 寺(時)隹(惟)大不弔(淑)孼(哉)

清華一・祭公 20 女(汝)亓(其)敬孼(哉)

清華三・説命中 03 敬之孼(哉)

清華三・説命中 05 女(汝)隹(惟)孼(茲)敓(説)砥(底)之于乃心

清華三・説命中 06 敬之孼(哉)

清華三・説命下 07 敬之孼(哉)

清華三·説命下 10 褱(欲)女(汝)亓(其)又(有)咎(友)晢(勑)朕命孷(哉)

清華三·琴舞 03 卑藍(監)才(在)孷(兹)

清華三·琴舞 04 不曹(造)孷(哉)

清華三·琴舞 16 弗亓(其)䍿(墜)孷(哉)

清華三·芮良夫 02 敬之孷(哉)君子

清華三·芮良夫 02 敬孷(哉)君子

清華三·芮良夫 05 尚亙=(恆恆)敬孷(哉)

清華三·芮良夫 06 敬孷(哉)君子

清華三·芮良夫 06 恪孷(哉)母(毋)宼(荒)

清華三·芮良夫 24 窞(咎)可(何)亓(其)女(如)𤔲(台)孷(哉)

清華三·芮良夫 26 於(嗚)虐(呼)畏孷(哉)

清華五·三壽 09 夫兹（兹）□

　清華五·三壽 23 我䌛（寅）晨共（降）兹（在）九尻（宅）

　清華八·處位 04 或亞（惡）兹（哉）

　清華八·處位 04 或頯（美）兹（哉）

～，與 、同，所從"兹""才"均是聲符，屬於雙聲字。

清華一·尹至 04"兹乃"，讀爲"兹乃"。《書·酒誥》："兹乃允惟王正事之臣。"《書·立政》："兹乃三宅無義民""兹乃俾乂"。《爾雅·釋詁》："兹，此也。"或讀爲"災"。（陳民鎮）

清華一·祭公 03"朕（朕）身尚才（在）兹（兹）"，今本《逸周書·祭公》作"朕身尚在兹"。

清華一·祭公 06"兹（兹）由（迪）襲（襲）䜌（學）于文武之曼惪（德）"，今本《逸周書·祭公》作"兹申予小子追學於文、武之蔑"。

清華一·祭公 15"女（汝）母（毋）以戾兹（兹）皋（罪）櫨（辜）芒（亡）寺（時）寠大邦"，今本《逸周書·祭公》作"汝無以戾反罪疾，喪時二王大功"。

清華五·三壽 23"兹"，讀作"在"，介詞。

清華一·耆夜 09、清華三·説命中 05、清華三·琴舞 03、清華五·三壽 09"兹"，讀爲"兹"，代詞，這。

清華一·祭公 08、17"女念兹"，讀爲"汝念哉"。"哉"，句末語氣詞。《書·康誥》："嗚呼！封，汝念哉！"《逸周書·祭公》："嗚呼！三公，汝念哉！"

清華一·祭公 09"允兹"，讀爲"允哉"。《吕氏春秋·貴信》："故《周書》曰：'允哉！允哉！'"

清華一·祭公 15"不（丕）則靈（寅）言兹（哉）"，今本《逸周書·祭公》作"我不則寅哉寅哉"。

清華八・處位 04"頯孳",讀爲"美哉"。《左傳・襄公二十九年》:"美哉！思而不貳,怨而不言,其周德之衰乎?"

清華三、清華八・處位 04"孳",讀爲"哉",語氣助詞,表示感歎。《易・乾》:"大哉,乾元！萬物資始,乃統天。"《史記・陳涉世家》:"嗟乎,燕雀安知鴻鵠之志哉！"

清華"敬之孳""敬孳",讀爲"敬之哉""敬哉"。

竑

 清華四・筮法 50 九,粒、竑子

~,从"宀","玆"聲。

清華四・筮法 50"竑子",或疑讀爲"孿子",即雙生子。

精紐甾聲

堲

 清華一・楚居 09 至堲嚣(敖)自福丘遷(徙)袁(襲)箸(郙)郢

 清華二・繫年 029 是生堲嚣(敖)及成王

 清華六・太伯甲 11 堲之俞珊(彌)

 清華六・太伯乙 10 堲之俞珊(彌)

~,从"土","甾"聲。"甾"與、所从同。安大簡《詩經》"敊(稽)"作,"敊(稽)"作、,"戠(邇)"作可證。

清華一・楚居 09、清華二・繫年 029"堲嚣",即"甾嚣",疑讀爲"息敖"。

上古音"甾"屬莊紐之部,"息"屬心紐職部,聲紐均屬齒音,韻部對轉。典籍中"淄""塞"二字相通。《文選·別賦》"君居淄右",李善注:"淄或爲塞。""塞""思""諰""息"古通。(《古字通假會典》第 426 頁)因此,"甾",可讀爲"息"。息國是春秋時期的諸侯國,在今河南省息縣北。《國語·周語中》"息由陳嬀",韋昭注:"息,姬姓之國。"《左傳·莊公十四年》:"楚子如息,以食入享,遂滅息。以息嬀歸,生堵敖及成王焉。"典籍作"壯敖""莊敖"。《説文·艸部》"莊"字古文作 ,乃源於 (郭店·語三 9)形。戰國文字"莊"字或作 ◫(《璽彙》1529)、◫(《璽彙》0176),均从"甾"。由於古文字"莊"字从"甾",後人可能把"甾嚻"誤認爲是"壯敖""莊敖"了。或釋爲"堵敖",熊囏。

清華六·太伯甲 11、清華六·太伯乙 10"皇之俞珊(彌)",即"甾之俞彌",疑讀爲"士之俞彌"。《左傳·僖公二十年》:"夏,鄭公子士洩、堵寇帥師入滑。"《左傳·僖公二十四年》:"鄭公子士洩、堵俞彌帥師伐滑。"舊説皆讀作"公子士""洩堵俞彌",以"洩堵"爲"俞彌"之氏,非是。《左傳·宣公三年》稱鄭文公"娶于江,生公子士",或疑"士""洩"一名一字,或名"士洩"而單稱"士"。頗疑《左傳》"士洩、堵俞彌",即"士之俞彌"。或釋爲"堵之俞彌"。

清紐采聲

采

采 清華七·越公 37 群采勿(物)之不繢(對)

采 清華七·越公 55 糀(唯)立(位)之宋(次)尻、備(服)衱(飾)、群勿(物)品采之侃(愆)于者(故)裳(常)

～,與 采(上博三·亙 8)同。《説文·木部》:"采,捋取也。从木,从爪。"

清華七·越公 37"采勿",讀爲"采物",旌旗、衣物等標明身份等級的禮制之物。《左傳·文公六年》:"古之王者知命之不長,是以並建聖哲,樹之風聲,分之采物,著之話言。"孔穎達疏:"采物,謂采章物色,旌旗衣服,尊卑不同,名位高下,各有品制。"

清華七・越公55"品采",種類及其等差。

菜

　清華八・邦政08 亓(其)豊(禮)菜(采)

～,與🌿(上博一・孔17)、🌿(上博三・周21)同。《説文・艸部》:"菜,艸之可食者。从艸,采聲。"

清華八・邦政08"菜",讀爲"采"。《漢書・嚴安傳》:"禮失而采。"顔師古注:"采者,文過其實也。"

從紐才聲

才

　清華一・尹至01 彔至才(在)湯

　清華一・尹至03 才(在)西才(在)東

　清華一・尹至03 才(在)東

　清華一・程寤05 隹(惟)商感才(在)周

　清華一・程寤05 周感才(在)商

　清華一・程寤06 敬才(哉)

清華一·程寤 07 明=(明明)才(在)向(上)

清華一·保訓 04 欽才(哉)

清華一·保訓 08 嗇(祗)之才(哉)

清華一·保訓 09 敬才(哉)

清華一·保訓 11 敬才(哉)

清華一·耆夜 10 蟋蟀才(在)尚(堂)

清華一·耆夜 11 䘏(蟋)蟋(蟀)才(在)筥(席)

清華一·耆夜 13 䘏(蟋)蟋(蟀)才(在)舒(序)

清華一·金縢 03 尓(爾)母(毋)乃又(有)備子之責才(在)上

清華一·金縢 07 城(成)王由(猶)學(幼)才(在)立(位)

清華一·皇門 01 公䈞(格)才(在)𢈈(庫)門

清華一·皇門 02 我聞(聞)昔才(在)二又(有)或(國)之折(哲)王

清華一·皇門04 獻言才(在)王所

清華一·皇門05 百眚(姓)萬民用亡(無)不瞗(擾)比才(在)王廷

清華一·皇門06 卑(俾)備(服)才(在)氒(厥)豪(家)

清華一·皇門10 曰余蜀(獨)備(服)才(在)寑

清華一·皇門11 善夫莫達才(在)王所

清華一·皇門12 㪇(敬)才(哉)

清華一·皇門13 母(毋)复(作)俎(祖)考䐓(羞)才(哉)

清華一·祭公01 㧈(昧)亓(其)才(在)立(位)

清華一·祭公03 朕(朕)身尚才(在)孳(兹)

清華一·祭公03 朕(朕)䰩(魂)才(在)朕(朕)辟卲(昭)王斋=(之所)

清華一·祭公05 尃(敷)聞(聞)才(在)下

清華一·祭公19 昔才(在)先王

清華三・說命上 06 才（在）北晉（海）之州（洲）

 清華三・說命中 01 才（在）䜈（殷）

 清華三・說命中 01 內（入）才（在）宗

 清華三・說命中 05 才（在）氒（厥）胳（落）

 清華三・說命下 02 少（小）臣罔龕（俊）才（在）朕備（服）

 清華三・說命下 05 女（汝）隹（惟）又（有）萬昌（壽）才（在）乃政

 清華三・說命下 06 女（汝）亦隹（惟）又（有）萬福槳=（業業）才（在）乃備（服）

 清華三・說命下 08 昔才（在）大戊

 清華三・琴舞 02 母（毋）曰高=（高高）才（在）上

 清華三・琴舞 03 才（在）孳（茲）

 清華三・琴舞 04 叚（假）才（哉）古之人

 清華三・琴舞 06 才（在）言隹（惟）克

清華三・琴舞07 孳=（慈慈）亓（其）才（在）立（位）

清華三・琴舞08 晝之才（在）視日

清華三・琴舞08 夜之才（在）視晨（辰）

清華三・琴舞09 汸=（滂滂）才（在）下

清華三・琴舞10 備（服）才（在）清㝬（廟）

清華三・琴舞11 彌（彌）敢亢（荒）才立（位）

清華三・琴舞11 龏（寵）畏（威）才（在）上

清華三・琴舞11 敬（警）㬎（顯）才（在）下

清華三・琴舞12 思意（熹）才（在）上

清華三・琴舞12 右帝才（在）茖（落）

清華三・芮良夫12 昔才（在）先王

清華四・筮法13 才（在）下

清華四·筮法 14 堂(當)日才(在)上

 清華四·筮法 17 相見才(在)上

 清華四·筮法 17 才(在)上,侌(陰)

 清華四·筮法 18 火相見才(在)下,風

 清華四·筮法 19 同女=(女,女)才(在)昏(朏)上

 清華四·筮法 23 相見才(在)上

 清華四·筮法 40 大事哉(歲)才(在)前

 清華四·筮法 41 中事月才(在)前

 清華四·筮法 53 才(在)上爲飢(醪)

 清華五·厚父 03 才(在)頁(夏)之劃(哲)王

 清華五·厚父 04 其才(在)寺(時)徭(後)王之卿

 清華五·厚父 04 永敘(敘)才(在)服

 清華五·厚父 07 甬敘(敘)才(在)服

清華五·厚父 12 女(如)玉之才(在)石

清華五·厚父 12 女(如)丹之才(在)朱

清華五·命訓 02 福彔(祿)才(在)人

清華五·命訓 02 禍(禍)忢(過)才(在)人

清華五·湯丘 06 善才(哉)

清華五·湯丘 09 善才(哉)

清華五·湯丘 10 善才(哉)

清華五·湯丘 12 又(有)顥(夏)之惪(德)可(何)若才(哉)

清華五·湯丘 14 句(后)牂(將)君又(有)虽(夏)才(哉)

清華五·啻門 01 湯才(在)啻門

清華五·啻門 02 又(有)才(哉)

清華五·啻門 08 是亓(其)爲長虞(且)好才(哉)

清華五·封許02 雩(越)才(在)天下

 清華五·封許07 戒才(哉)

 清華五·封許08 圂童才(在)慐(憂)

 清華六·管仲01 君子孴(學)才(哉)

 清華六·管仲02 君子孴(學)才(哉)

 清華六·管仲18 可以爲君才(哉)

 清華六·管仲20 不可以爲君才(哉)

 清華六·管仲23 可以爲君才(哉)

 清華六·管仲24 不可以爲君才(哉)

 清華六·管仲30 善才(哉)

 清華六·管仲30 則爲君裦(勞)才(哉)

 清華六·子儀15 君欲汽(迄)丹(旦)才(在)公

清華六·子產03 此胃(謂)才(存)亡才(在)君

清華六·子產03 此胃(謂)才(存)亡才(在)君

清華六·子產05 整政才(在)身

清華六·子產06 又(有)道樂才(存)

清華六·子產12 才(在)大能政

清華六·子產12 才(在)少(小)能枳(支)

清華六·子產12 才(在)大可舊(久)

清華六·子產12 才(在)少(小)可大

清華七·子犯08 才(在)上之人

清華七·子犯10 必尚(當)語我才(哉)

清華七·子犯15 亦備才(在)公子之心巳(已)

清華七·趙簡子01 才(在)朝

清華七·越公 03 不才(在)耑(前)逡(後)

 清華七·越公 04 赶才(在)會旨(稽)

 清華七·越公 40 亓(其)才(在)邑司事及官帀(師)之人則發(廢)也

 清華七·越公 74 不才(在)虞(前)逡(後)

 清華八·攝命 02 咸(湛)圂才(在)慐(憂)

 清華八·攝命 05 母(毋)遞(遞)才(在)服

 清華八·攝命 10 女(汝)亦母(毋)敢豕才(在)乃死(尸)服

 清華八·攝命 11 弗羿(功)我一人才(在)立(位)

 清華八·攝命 19 甬(用)辟余才(在)立(位)

 清華八·攝命 27 亦余一人永詹(安)才(在)立(位)

 清華八·攝命 32 王才(在)蒿(鎬)京

 清華八·攝命 32 士疌右白(伯)㝬(攝)立才(在)中廷

清華八·邦道02 佳(唯)道之所才(在)

 清華八·邦道03 幾(豈)或才(在)訨(它)

 清華八·邦道05 皮(彼)天下之籲(銳)士之銮(遠)才(在)下立(位)而不由者

 清華八·邦道08 幾(豈)有亙(恆)穜(種)才(哉)

 清華八·邦道15 遊(失)之所才(在)

 清華八·邦道22 才(在)命

 清華八·邦道23 皮(彼)幾(豈)亓(其)肰(然)才(哉)

 清華八·邦道24 譴(讒)人才(在)戾(側)弗智

 清華八·心中05 才(在)善之磨(厲)

 清華八·心中05 斷(斷)命才(在)天

 清華八·心中05 敱(苛)疾才(在)畏(鬼)

 清華八·心中05 取命才(在)人

清華八・心中06 死生才（在）天

　清華八・心中06 亓（其）亦逩（失）才（在）心

～，與 、、 同。《說文・才部》："才，艸木之初也。从丨上貫一，將生枝葉。一，地也。"

　　清華一・保訓04"欽才"，讀爲"欽哉"。《書・益稷》："皋陶拜手稽首颺言曰：'念哉！率作興事，慎乃憲，欽哉！屢省乃成，欽哉！'"

　　清華一・尹至03"才西才東"，讀爲"在西在東"。在西爲夏之祥，在東爲商之祥。

　　清華一・程寤07"明＝才向"，讀爲"明明在上"。《書・吕刑》："穆穆在上，明明在下，灼于四方，罔不惟德之勤，故乃明于刑之中，率乂于民棐彝。"

　　清華一・保訓08"觷之才"，讀爲"祇之哉"，意即敬之哉。《逸周書・文儆》："嗚呼，敬之哉！"

　　清華一・耆夜10"蟋蟀才（在）尚（堂）"，《詩・唐風・蟋蟀》作"蟋蟀在堂"。

　　清華一・皇門01"公叡（格）才（在）者（庫）門"，今本《逸周書・皇門》作"周公格左閎門會群門"。

　　清華一・皇門02"我餌（聞）昔才（在）二又（有）或（國）之折（哲）王"，今本《逸周書・皇門》作"我聞在昔有國誓王之不綏于卹"。

　　清華一・皇門04"獻言才（在）王所"，今本《逸周書・皇門》作"咸獻言在于王所"。

　　清華一・皇門05"百眚（姓）萬民用亡（無）不脜（擾）比才（在）王廷"，今本《逸周書・皇門》作"用罔不茂在王庭"。

　　清華一・皇門06"卑（俾）備（服）才（在）氒（厥）豪（家）"，今本《逸周書・皇門》作"俾嗣在厥家"。

　　清華一・皇門10"曰余蜀（獨）備（服）才（在）寑"，今本《逸周書・皇門》作"曰予獨服在寑"。

　　清華一・皇門11"善夫莫達才（在）王所"，今本《逸周書・皇門》作"俾莫通在士王所"。

　　清華一・皇門12"戠（敬）才（哉）"，今本《逸周書・皇門》作"敬哉"。

清華一·祭公01"孨（昧）亓（其）才（在）立（位）"，今本《逸周書·祭公》作"虔虔在位"。

清華一·祭公03"朕（朕）身尚才（在）孳（茲）"，今本《逸周書·祭公》作"朕身尚在茲"。

清華一·祭公03"朕（朕）䰣（魂）才（在）朕（朕）辟卲（昭）王斎=（之所）"，今本《逸周書·祭公》作"朕魂在于天昭王之所"。

清華一·祭公05"尃（敷）䎽（聞）才（在）下"，今本《逸周書·祭公》作"敷文在下"。

清華一·祭公19"昔才（在）先王"，今本《逸周書·祭公》作"昔在先王"。

清華三·説命上06"才北晷之州"，讀爲"在北海之洲"。《墨子·尚賢下》："昔者傅説居北海之洲，圜土之上。"

清華三·説命下08"昔在大戊"，《書·堯典》："昔在帝堯，聰明文思，光宅天下。"

清華三·琴舞02"母曰高=才上"，讀爲"毋曰高高在上"。《詩·周頌·敬之》："无曰高高在上，陟降厥士，日監在茲。"

清華三·琴舞03"才孳"，讀爲"在茲"，參上。

清華三·琴舞04，清華五·湯丘12、14，清華五·啻門02、08，清華六·管仲01、02、18、20、23、24、30，清華七·子犯10，清華八·邦道08、23"才"，讀爲"哉"，語氣詞，表示感歎。《易·乾》："大哉，乾元！萬物資始，乃統天。"

清華三·琴舞08"晝之才（在）視日，夜之才（在）視晨（辰）"之"才"，讀爲"在"，察知，審察。《書·舜典》："在璿璣玉衡，以齊七政。"孔傳："在，察也。"或讀爲"載"，義爲事。

清華三·琴舞09"汸=才下"，讀爲"滂滂在下"。《詩·大雅·大明》："明明在下，赫赫在上。"默簋（《集成》04317）："眕在位，作壺在下。"虢叔旅鐘（《集成》238）："皇考嚴在上，異（翼）在下。"

清華三·琴舞12"思熹才上"，讀爲"思熹在上"，意與"喜侃前文人"類同。

清華五·厚父03"才顓之剸王"，讀爲"在夏之哲王"。《書·酒誥》："在昔殷先哲王，迪畏天顯小民。"

清華五·厚父04、07，清華八·攝命05"才服"，讀爲"在服"。《詩·大雅·蕩》："文王曰咨，咨汝殷商。曾是彊禦，曾是掊克，曾是在位，曾是在服。"

清華五·厚父12"女玉之才石"，讀爲"如玉之在石"。《論衡·講瑞篇》："今或時鳳皇、騏驎，以仁聖之性，隱於恆毛庸羽，無一角五色表之，世人不之知,猶玉在石中也。"

　　清華五·命訓02"福录(禄)才(在)人",今本《逸周書·命訓》作"福禄在人"。

　　清華五·命訓02"禍(禍)怣(過)才(在)人",今本《逸周書·命訓》作"夫或司不義,而降之禍,在人"。

　　清華五·封許02"雩才天下",讀爲"越在天下"。《書·酒誥》:"越在外服""越在內服。"

　　清華五·封許07"戒才",讀爲"戒哉"。《書·君陳》:"凡人未見聖,若不克見;既見聖,亦不克由聖,爾其戒哉!"

　　清華五·封許08"圂童才惌",讀爲"圂湛在憂"。"在憂"猶云"在疚"。《詩·周頌·閔予小子》:"閔予小子,遭家不造,嬛嬛在疚。"《左傳·哀公十六年》:"旻天不弔,不憖遺一老,俾屏余一人以在位,煢煢余在疚。"

　　清華八·攝命02"咸圂才惌",讀爲"湛圂在憂",參上。

　　清華六·子儀15"汽丹才公",讀爲"迄旦在公",與《詩》"夙夜在公"義同。《詩·魯頌·駉之什》:"有駜有駜,駜彼乘黃。夙夜在公,在公明明。"鄭箋:"夙,早也。言時臣憂念君事,早起夜寐,在於公之所。"

　　清華六·子產03"此胃才亡才君",讀爲"此謂存亡在君"。《管子·七臣七主》:"故一人之治亂在其心,一國之存亡在其主。"

　　清華六·子產06"又道樂才",讀爲"有道樂存",與下文"亡道樂亡"相對。

　　清華六·子產12"才少可大",讀爲"在小可大"。《呂氏春秋·首時》:"事之難易,不在小大,務在知時。"

　　清華七·子犯08"才上之人",讀爲"在上之人"。《左傳·昭公四年》:"聖人在上,無雹,雖有,不爲災。"

　　清華七·趙簡子01"才朝",讀爲"在朝"。《左傳·哀公三年》:"季孫卒,康子即位。既葬,康子在朝。"

　　清華七·越公04"赶才會旨",讀爲"赶在會稽"。《論衡·超奇篇》:"長生家在會稽,生在今世,文章雖奇,論者猶謂稱於前人。"

　　清華七·越公03、74"不才溍遂",讀爲"不在前後"。《國語·吳語》:"天既降禍於吳國,不在前後。"

　　清華七·越公40"才"讀作"在",居於,處於。《易·乾》:"是故居上位而不驕,在下位而不憂。"

　　清華八·攝命11"弗羿我一人才立",讀爲"弗功我一人在位"。《左傳·哀公十六年》:"俾屏余一人以在位,煢煢余在疚。"

清華八·攝命 27"亦余一人永膺才立",讀爲"亦余一人永安在位"。《書·文侯之命》:"有績予一人永綏在位。"

清華八·攝命 32"王才蒿京",讀爲"王在鎬京"。《史記·孔子世家》:"夫文王在豐,武王在鎬,百里之君卒王天下。"

清華八·攝命 32"士逑右白(伯)㦰(攝)立才(在)中廷"。"立中廷",西周金文常見。

清華八·邦道 02"隹道之所才",讀爲"唯道之所在"。《莊子·漁父》:"故道之所在,聖人尊之。"

清華八·邦道 05"才下立",讀爲"在下位"。《禮記·中庸》:"在上位不陵下,在下位不援上,正己而不求於人,則無怨。"

清華八·邦道 15"逵之所才",讀爲"失之所在"。《管子·正世》:"古之欲正世調天下者,必先觀國政,料事務,察民俗,本治亂之所生,知得失之所在,然後從事。"

清華八·邦道 24"讒人才㫃弗智",讀爲"讒人在側弗智"。《新序·雜事》:"雲霞充咽則奪日月之明,讒人在側,是見晚也。"

清華八·心中 05"才畏",讀爲"在鬼"。《論衡·解除篇》:"故在人不在鬼,在德不在祀。""在",由於、取決於的意思。

清華八·心中 05"取命才人",讀爲"取命在人"。《管子·樞言》:"道之在天者,日也;其在人者,心也。"《書·湯誥》:"其爾萬方有罪,在予一人。"《書·皋陶謨》:"皋陶曰:'都,在知人,在安民。'""在人",取決於人。

清華八·心中 05"斷命才(在)天"、06"死生才(在)天",《書·西伯戡黎》:"我生不有命在天?"《論語·顔淵》:"死生有命,富貴在天。""在天",取決於天。

清華"才",讀爲"在",古文字習見。介詞,多引介地點、處所等。

清華"善才",讀爲"善哉",好啊,贊歎之辭。《左傳·昭公十六年》:"宣子曰:'善哉,子之言是。不有是事,其能終乎?'"

清華一·金縢 04 多恣(才)多埶(藝)

清華三·芮良夫 11 悁求又(有)恣(才)

清華三·芮良夫 15 裹（懷）忎（慈）學（幼）弱、赢（赢）募（寡）矔（矜）蜀（獨）

 清華五·三壽 18 丂（孝）忎（慈）而衷（哀）罘（鰥）

～，从"心"，"才"聲，疑"慈"之異體。

清華一·金縢 04"多忎多埶"，讀爲"多才多藝"，亦作"多材多藝"。具有多方面的才能和技藝。《書·金縢》："予仁若考，能多材多藝，能事鬼神。乃元孫不若旦多材多藝，不能事鬼神，乃命于帝庭，敷佑四方。"

清華三·芮良夫 11"恂求又忎"，讀爲"恂求有才"，謀求人才。《國語·齊語》："夫管子，天下之才也。"

清華三·芮良夫 15"裹忎學弱、赢募矔蜀"，讀爲"懷慈幼弱、赢寡矜獨"。安撫愛護幼弱、衰病、老而無夫、老而無妻、老而無子的人。《禮記·禮運》："選賢與能，講信修睦，故人不獨親其親，不獨子其子，使老有所終，壯有所用，幼有所長，矜寡孤獨廢疾者，皆有所養。"《禮記·王制》："少而無父者謂之孤，老而無子者謂之獨，老而無妻者謂之矜，老而無夫者謂之寡。""慈幼"一詞，亦見於傳世文獻。《周禮·地官·大司徒》："以保息六養萬民：一曰慈幼……六曰安富。"鄭玄注："慈幼，謂愛幼少也。"《孟子·告子下》："葵丘之會諸侯……三命曰：敬老慈幼，無忘賓旅。"

清華五·三壽 18"丂忎"，讀爲"孝慈"，對尊長孝敬，對下屬或後輩慈愛。《論語·爲政》："臨之以莊則敬，孝慈則忠。"朱熹《集注》："孝於親，慈於衆，則民忠於己。"《逸周書·官人》："父子之間，觀其孝慈；兄弟之間，觀其和友。"

杍

 清華一·祭公 20 康杍（慈）之

～，从"子"，从"才"，"子""才"雙聲。

清華一·祭公 20"杍"，讀爲"慈"。

犲

 清華七·越公 16 肰（然）爲犲（豺）狼飤（食）於山林藪莽

～，从"犬"，"才"聲。"豺"字異體。《玉篇》："犲，豺狼也。本作豺。"《說文·豸部》："豺，狼屬，狗聲。从豸，才聲。"

清華七·越公 16"犲狼"，即"豺狼"。豺與狼，皆凶獸。《楚辭·招魂》："豺狼從目，往來侁侁些。"

芧

 清華一·程寤 05 不違芧（材）

 清華一·程寤 08 眚（生）民不芧（災）

～，从"艸"，"才"聲。

清華一·程寤 05"芧"，讀爲"材"，材質。

清華一·程寤 08"芧"，讀爲"栽（災）"。《爾雅·釋詁》："危也。"

鈘

 清華四·算表 21 鈘（錙）

 清華五·命訓 15 備（服）而不鈘

～，从"金"，"才"聲，疑"錙"之異體。《説文·金部》："錙，六銖也。从金，甾聲。"

清華四·算表 21"鈘"，即"錙"，古代重量單位，謂六銖，即一兩的四分之一。《淮南子·說山》："有千金之璧而無錙錘之礛諸。"高誘注："六銖曰錙。"《淮南子·詮言》："雖割國之錙錘以事人。"高誘注："六兩曰錙。"（李學勤）

清華五·命訓 15"備（服）而不釞"之"釞"，或疑讀爲"恥"。《論語·爲政》："道之以政，齊之以刑，民免而無恥。"

𢦏

 清華五·厚父 03 智（知）天之鬼（威）𢦏（哉）

 清華五·厚父 07 欽之𢦏（哉）

 清華六·太伯甲 11 不善𢦏（哉）

 清華六·太伯甲 13 戒之𢦏（哉）

 清華六·太伯乙 10 不善𢦏（哉）

《説文·戈部》："𢦏，傷也。从戈，才聲。"

清華五·厚父 03"智天之鬼𢦏"，讀爲"知天之威哉"。《説苑·奉使》："秦破韓滅魏，鄢陵君獨以五十里地存者，吾豈畏其威哉？"

清華五·厚父 07"欽之𢦏"，讀爲"欽之哉"，意爲敬之哉。《書·吕刑》："嗚呼！敬之哉！"《書·益稷》："皋陶拜手稽首颺言曰：'念哉！率作興事，慎乃憲，欽哉！屢省乃成，欽哉！'"

清華六·太伯甲 11"不善𢦏"，讀爲"不善哉"。《戰國策·趙四》："此其近者禍及身，遠者及其子孫。豈人主之子孫則必不善哉？"

清華六·太伯甲 13"戒之𢦏"，讀爲"戒之哉"。《荀子·堯問》："戒之哉！女以魯國驕人，幾矣！"《莊子·雜篇·徐無鬼》："戒之哉！嗟乎，無以汝色驕人哉！"

清華簡"𢦏"，皆讀"哉"，句末語氣詞。

哉

清華一·尹至 02 隹(惟)哉盧(虐)悳(德)瘽(暴)瞳(重)

清華三·說命中 07 隹(惟)衺(哀)哉(載)恩(病)

《說文·肉部》:"哉,大臠也。从肉,弋聲。"

清華一·尹至 02 "哉",讀爲"滋",滋生。(馮勝君)或讀爲"災",在"隹哉"下斷句。

清華三·說命中 07 "隹衺哉恩",讀爲"惟哀載病"。《禮記·緇衣》引《兌命》作:"惟口起羞,惟甲冑起兵,惟衣裳在笥,惟干戈省厥躬。""哉",讀爲"載"。《小爾雅·廣詁》:"成也。"《緇衣》所引"在笥"當爲"載病"的訛誤。或讀爲"滋"。(鄔可晶)

 卻

清華八·攝命 20 乃身卻(茲)隹(唯)明隹(唯)寅(寅)

清華八·攝命 23 言(享)卻(載)不問(孚)

清華八·攝命 25 卻(載)允非尚(常)人

~,疑从"飤","才"聲。"飺"字異體。《說文·丮部》:"飺,設飪也。从丮,从食,才聲。讀若載。"

清華八·攝命 20、23、25 "卻",讀爲"載",助詞,用在句首或句中,起加強語氣的作用。《詩·鄘風·載馳》:"載馳載驅,歸唁衛侯。"毛傳:"載,辭也。"高亨注:"載,猶乃也,發語詞。"

哉

清華一·楚居 03 逆流哉（載）水

清華五·湯丘 16 五味皆哉（龤）

清華五·帝門 06 是哉以爲人

清華六·管仲 17 必哉於宜（義）

清華六·管仲 18 哉於亓（其）身

清華七·子犯 08 命哉

清華七·子犯 08 民心訐（信）難成也哉

清華八·攝命 05 敬哉

清華八·攝命 07 女（汝）其敬哉

清華八·攝命 30 敬哉

～，與 哉（上博六·用 7）同。《說文·口部》："哉，言之閒也。从口，𢦏聲。"

清華一·楚居 03 "𢦒"，讀爲"載"，車、船等交通運輸工具。《書·益稷》："予乘四載，隨山刊木。"孔傳："所載者四，謂水乘舟，陸乘車，泥乘輴，山乘樏。"

清華五·湯丘 16 "𢦒"，讀爲"飺"。《説文》："設飪也。"

清華五·𢍗門 06 "𢦒"，開始。《爾雅·釋詁》："𢦒，始也。"或讀爲"栽"，栽培。《禮記·中庸》："故天之生物，必因其材而篤焉。故栽者培之。"

清華六·管仲 17、18 "𢦒"，開始。《詩·大雅·皇矣》："載錫之光，受禄無喪，奄有四方。"鄭箋："載，始也。"《孟子·滕文公下》："湯始征，自葛載。"趙岐注："載，始也。"

清華七·子犯 08 "𢦒"，語氣助詞，表示感歎。《易·乾》："大哉，乾元！萬物資始，乃統天。"

清華八·攝命 "敬哉"，參上。

載

清華二·繫年 079 繡(申)公犪(竊)載少孟(孟)以行

清華三·説命下 07 寺(時)罔非乃載

清華三·琴舞 13 畏天之載

清華三·芮良夫 03 載聖(聽)民之䜌(繇)

清華三·芮良夫 06 卑(譬)之若童(重)載以行隋(崝)隉(險)

清華三·芮良夫 06 畏天之隆(降)載(災)

清華三·琴舞 06 鱉=(業業)畏載(忌)

～，與（上博四·曹32）、（上博三·周33）同。《說文·車部》："載，乘也。从車，𢦒聲。"

清華二·繫年079"繡公㯰載少孟以行"，讀爲"申公竊載少孟以行"。《史記·孫子吳起列傳》："齊使以爲奇，竊載與之齊。"

清華三·說命下07"載"，《書·舜典》孔傳："事也。""寺（時）罔非乃載"，句意是命傅說主管朝事。

清華三·琴舞13"畏天之載"，《詩·大雅·文王》："上天之載，無聲無臭。"毛傳："載，事。"

清華三·芮良夫03"載"，語首助詞。

清華三·芮良夫06"童載"，讀爲"重載"，古時謂裝載輜重等貨物。《左傳·成公五年》："伯宗辟重。"杜預注："重載之車。"楊伯峻注："重，重車，裝載貨物之車。"《易·大有》："大車以載，有攸往，無咎。"孔穎達疏："猶若大車以載物也。"或讀爲"哉"。（白於藍）

清華三·芮良夫06"畏天之隆載"，讀爲"畏天之降災"。《左傳·僖公十五年》："上天降災，使我兩君匪以玉帛相見，而以興戎。若晉君朝以入，則婢子夕以死；夕以入，則朝以死。唯君裁之。"

清華三·琴舞06"畏載"，讀爲"畏忌"，謹慎。王孫誥鐘（《集錄》60）："畏忌趩趩。"叔夷鎛（《集成》00285）："小心畏忌。"《儀禮·士虞禮》："小心畏忌，不惰其身。"或讀爲"則"。（白於藍）

從紐士聲

士

　清華一·耆夜05 虞（作）士奮刃

　清華一·耆夜11 是隹（惟）良士之迈₌（方方）

　清華一·耆夜13 是隹（惟）良士之思₌（懼懼）

卿士(士)

 清華一·耆夜 14 是隹(惟)良士之思=(懼懼)

 清華一·祭公 16 女(汝)母(毋)以俾(嬖)士息(疾)夫=(大夫)

 清華三·琴舞 01 周公叟(作)多士敬(儆)伀(毖)

 清華七·晉文公 06 爲豹(豹)旂(旗)士出

 清華七·趙簡子 07 以好士庶子

 清華七·越公 14 善士酒(將)中畔(半)死巳(矣)

 清華八·攝命 32 士疌右白(伯)㝬(攝)立才(在)中廷(庭)

 清華八·邦道 05 皮(彼)天下之鈗(銳)士

 清華八·邦道 06 皮(彼)聖士之不由

 清華八·邦道 16 士戰(守)教

 清華八·邦道 17 以可士興

 清華八·邦道 17 以可士堋(崩)

清華八·邦道 19 皮(彼)士返(及)攻(工)商、戎(農)夫之慇(惰)於亓(其)事

～，與 、同。《説文·士部》："士，事也。數始於一，終於十。从一从十。孔子曰：'推十合一爲士。'"

清華一·耆夜 05"虞士奮刃"，讀爲"作士奮刃"，讓軍士奮起揮著利刃殺敵。(《讀本一》第 124 頁)

清華一·耆夜"良士"，賢士。《書·秦誓》："番番良士，旅力既愆，我尚有之。"《三國志·蜀志·諸葛亮傳》："董令史，良士也。吾每與之言，思慎宜適。"

清華一·祭公 16"俾士"，讀爲"嬖士"。《禮記·緇衣》："毋以嬖御士疾莊士、大夫、卿、士。"鄭玄注："嬖御士，愛臣也。"

清華三·琴舞 01"多士敬伱"，讀爲"多士儆毖"，即對衆士的告誡之詩。"多士"，衆士。《書·多士》："爾殷遺多士。"《詩·周頌·清廟》："濟濟多士，秉文之德。"

清華七·趙簡子 07"士庶子"，公卿大夫之子宿衛王宫者。《周禮·天官·宫伯》："掌王宫之士庶子，凡在版者。"《地官·稾人》："若饗耆老、孤子、士庶子，共其食。"金榜《禮箋》"大學"條云："公卿大夫之子弟當學者，謂之國子，其職宿衛者，則謂之庶子。"

清華七·越公 14"善士"，有德之士。《孟子·萬章下》："一鄉之善士，斯友一鄉之善士。"或説"善士"應和"勇士"意思相類，應指勇於作戰的精鋭士兵。"士"，士卒。《吕氏春秋·簡選》："晉文公造五兩之士五乘，鋭卒千人。"高誘注："在車曰士，步曰卒。"(滕勝霖)

清華八·攝命 32"士堇右白櫐立才中廷"，讀爲"士堇右伯攝立在中庭"。右者爲"士堇"。《書·堯典》："皋陶作士。""士"爲理官，掌刑獄。

清華八·邦道 05"鋭士"，讀爲"鋭士"。《荀子·議兵》："魏氏之武卒不可以遇秦之鋭士。"《史記·楚世家》："韓嘗以二十萬之衆辱於晉之城下，鋭士死，中士傷，而晉不拔。"或讀爲"烈士"，好名義而不願出任官職的人。《韓非子·詭使》："官爵，所以勸民也，而好名義不進仕者，世謂之烈士。"(馬曉穩)

清華八·邦道 06"聖士"，《韓詩外傳》卷七："聖士哉！大人出，小子匿。"《莊子·説劍》："諸侯之劍，以知勇士爲鋒，以清廉士爲鍔，以賢良士爲脊，以忠

聖士爲鐔,以豪桀士爲夾。"

清華七·晉文公 06,清華八·邦道 16、17、19"士",卿大夫之通稱。《詩·大雅·既醉序》:"人有士君子之行焉。"孔穎達疏:"士者,事也,……公卿以下總稱之。"

絲(絲)

 清華六·子儀 13 溋(嬴)氏多絲(絲)縞而不繂(續)

～,上博一·緇 15 作 。《說文·絲部》:"絲,蠶所吐也。从二糸。"

清華六·子儀 13"溋氏多絲縞而不繂",讀爲"嬴氏多絲縞而不續"。上博一·緇 15:"子曰:王言如絲,其出如縞。"今本《禮記·緇衣》:"王言如絲,其出如綸。"孔穎達疏:"王言初出,微細如絲。""絲",本義爲蠶絲,比喻極微細的東西。

心紐史聲

史

 清華三·良臣 01 又(有)史皇

 清華三·良臣 08 史百(伯)

 清華七·越公 01 乃史(使)夫=(大夫)住(種)行成於吳帀(師)

清華八·處位 01 史臣欲迷

 清華八·處位 02 史(使)人甬(用)奇(倚)典政

清華八·處位 05 史(使)人乃奴(若)無耑(前)不忘(荒)

清華八·處位 08 史(使)人未智(知)旻(得)啟(度)之蹟(踐)

清華八·邦道 09 禹(稱)亓(其)行之厚泊(薄)以史(使)之

清華八·邦道 12 尼(度)亓(其)力以史(使)之

清華二·繫年 024 乃史(使)人于楚文王曰

清華一·金縢 02 史乃册祝告先王曰

清華三·說命上 01 甬(庸)爲逹(失)审(仲)史(使)人

清華二·繫年 046 秦之戍人史(使)人歸(歸)告曰

于齊

清華二·繫年 058 史(使)孫(申)白(伯)亡(無)悍(畏)𨹵(聘)

清華二·繫年 086 龏(共)王史(使)芸(鄖)公𨹵(聘)於晉

清華二·繫年 087 競(景)公史(使)翟(糴)之茷(茷)𨹵(聘)於楚

清華五·湯丘 12 史(使)貨(過)以惑

清華五·湯丘 14 若自史(使)朕身也

清華五·湯丘 15 不史(事)酮(問)

清華六·管仲 23 好史(使)年(佞)人而不訐(信)誋(慎)良

清華六·孺子 09 史(使)戠(禦)寇(寇)也

清華六·孺子 03 史(使)人姚(遙)酮(聞)於邦

清華六·孺子 09 昔虐(吾)先君史(使)二三臣

清華六·孺子 13 乃史(使)鬃(邊)父於君

清華六·孺子 14 二三臣史(事)於邦

～,與 ✦(上博二·子 1)、✦(上博二·從甲 18)、✦(上博四·曹 39)、✦(上博四·曹 39)、✦(上博二·子 8)、✦(上博四·曹 33)、✦(上博四·曹 36)、✦(上博四·內 5)、✦(上博六·競 7)、✦(上博六·壽 4)同。楚文字"史""弁"的主要區別在於"弁"的上部有嚮左右伸出的對稱短筆,而"史"則沒有。但有時也會相混。《說文·史部》:"史,記事者也。从又持中。中,正也。"

清華三·良臣 01"史皇",見《世本·作篇》:"史皇作圖。"宋衷注:"黃帝臣也,圖謂畫物象也。"《淮南子·脩務》:"史皇産而能書。"高誘注:"史皇,倉頡。"

清華三·良臣 08"史百",讀爲"史伯",周大史。《國語·鄭語》:"桓公爲司徒,甚得周衆與東土之人,問於史伯曰……"《史記·鄭世家》:"鄭桓公友者,周厲王少子而宣王庶弟也……爲司徒一歲,幽王以褒后故,王室治多邪,諸侯或畔之。於是桓公問太史伯曰……"

清華七·越公 01"乃史夫=住行成於吴帀",讀爲"乃使大夫種行成於吴師"。《國語·越語上》:"大夫種進對曰……遂使之行成於吴。"

清華八·處位 02、05、08"史人",讀爲"使人",派人。《史記·孟嘗君列傳》:"其食客三千人,邑入不足以奉客,使人出錢於薛。"

清華八·邦道 09、12"史之",讀爲"使之"。《墨子·尚賢中》:"古者聖王唯毋得賢人而使之,般爵以貴之,裂地以封之,終身不厭。"

清華二·繫年 024、046、058、086、087,清華六·孺子 13"史",讀爲"使",派遣。《左傳·襄公二十三年》:"公子黄愬二慶於楚,楚人召之。使慶樂往。殺之。"

清華一·金縢 02"史乃册祝告先王曰"之"史",官名。指"大史",掌管卜筮、記事等事務。時大史有"史囂"。孔穎達疏引服虔云:"史囂,大史也。"《周禮·春官·宗伯》:"大祝,下大夫二人,上士四人,小祝、中士八人,下士十有六人,府二人,史四人,胥四人,徒四十人。"

清華三·説命上 01"甬爲達审史人",讀爲"庸爲失仲使人",傅説爲失仲庸役之人。

清華五·湯丘 12"史",讀爲"使"。

清華五·湯丘 14"史",讀爲"事",侍奉。

清華五·湯丘 15"不史酭(問)"之"史",讀爲"事",此處指敬業多問。《論語·季氏》曰:"事思敬,疑思問。"或釋爲"弁",讀爲"偏"。"偏聞"有如"偏聽"。《史記·雒陽傳》:"故偏聽生奸,獨任成亂。"(白於藍)

清華六·孺子 03"史人姚酭於邦",讀爲"使人遥聞於邦",武公在衛,故以使人聞知鄭邦大事。"史",讀爲"使"。

上博五·季 12、清華六·管仲 23、清華六·孺子 09"史",讀爲"使",義爲用。《詩經·大雅·烝民》序云:"任賢使能,周室中興焉。"孔穎達疏:"使謂作用之。"

清華六·孺子 14"二三臣史(事)於邦"之"史",讀爲"事",任用。

徥

 清華六·子產 16 耑(端)徥(使)於三(四)䢔(鄰)

 清華七·越公 09 吴王龤(聞)雩(越)徥(使)之柔以㢋(剛)也

 清華七·越公 15 君雩(越)公不命徥(使)人而夫=(大夫)辟(親)辱

 清華七·越公 23 以須徥(使)人

 清華七·越公 24 徥(使)者反(返)命雩(越)王

 清華七·越公 44 王乃遫(趣)徥(使)人戠(察)腈(省)成(城)市鄥(邊)還(縣)尖=(小大)遠迡(邇)之䢔(句)、荅(落)

 清華七·越公 51 王乃歸(親)徥(使)人意(請)龤(問)群大臣及鄥(邊)䣄(縣)成(城)市之多兵、亡(無)兵者

 清華七·越公 72 乃徥(使)人告於吴王曰

～，从"彳"，"吏"聲。"使"字異體。《説文·人部》："使，伶也。从人，吏聲。"

清華六·子產 16、清華七·越公 09"徥"，即"使"，使者。

清華七·越公 15、23"徥人"，即"使人"，奉命出使之人。《左傳·襄公二十七年》："趙孟曰：'牀笫之言不踰閾，況在野乎？非使人之所得聞也。'"

清華七·越公24"徔者",即"使者",奉命出使的人。《戰國策·趙一》:"使使者致萬家之邑一於智伯。"《史記·鄭世家》:"簡公欲與晉平,楚又囚鄭使者。"

清華七·越公44、51、72"徔人",即"使人",派遣。

茇

　清華七·晉文公06 爲蒐茇(採)之羿(旗)戡(侵)糧者出

~,从"艸","史"聲。

清華七·晉文公06"蒐茇之羿",讀爲"蒐採之旗",軍出有刈草採薪之事。《左傳·昭公六年》:"楚公子棄疾如晉,報韓子也。過鄭,鄭罕虎、公孫僑、遊吉從鄭伯以勞諸柤……禁芻牧採樵,不入田,不樵樹,不采蓻,不抽屋,不強匄。"《左傳·昭公十三年》:"七月丙寅,治兵於邶南,甲車四千乘,羊舌鮒攝司馬,遂合諸侯於平丘……次於衛地,叔鮒求貨於衛,淫芻蕘者。"

事

　清華一·金縢04 能事祟(鬼)神

　清華一·金縢06 乃命執事人曰

　清華一·金縢11 王卽(問)執事人

　清華一·皇門01 穮(蔑)又(有)耆耈虞(慮)事喑(屏)朕立(位)

　清華一·皇門11 是受(授)司事帀(師)長

　清華三·說命上07 自從事于鬯(殷)

清華三·説命下 03 以蓁（益）視事

清華三·琴舞 02 矼（陟）隆（降）亓（其）事

清華三·芮良夫 01 氒（厥）辟、钺（御）事各縈（營）亓（其）身

清華六·太伯乙 07 遺鄑（陰）櫅事

清華二·繫年 087 覞（共）王事（使）王子唇（辰）聘（聘）於晉

清華二·繫年 088 王或（又）事（使）宋右帀（師）芋（華）孫兀（元）行晉楚之成

清華五·厚父 02 乎（呼）命咎（皋）繇（繇）下爲之卿事

清華五·厚父 08 俊（作）辟事三后

清華四·筮法 25 凸（凡）簭（筮）志事而見

清華四·筮法 32 凸（凡）簭（筮）志事

清華四·筮法 38 凸（凡）簭（筮）志事及軍遊（旅）

清華四·筮法 40 大事戠（歲）才（在）前

 清華四·筮法 41 中事月才（在）前

 清華四·筮法 41 旮（小）事日乃前

 清華四·筮法 41 外事嚳（數）而出

 清華四·筮法 42 内事嚳（數）内（入）

 清華五·封許 03 髻（祇）事帝（上帝）

清華五·湯丘 06 能亓（其）事而旻（得）亓（其）飤（食）

清華五·湯丘 07 未能亓（其）事而旻（得）其飤（食）

清華五·湯丘 07 必思（使）事與飤（食）相堂（當）

清華五·湯丘 08 以埶（設）九事之人

清華六·管仲 05 行之首則事之本也

 清華六·管仲 08 是則事首

（知）

清華六·管仲09 夫=（大夫）叚（假）事（使）攴（便）俾（嬖）智

清華六·管仲11 少（小）事脫（逸）以惕

清華六·管仲17 而勤（勤）事也

清華六·管仲17 少（小）大之事

清華六·子產01 求詢（信）又（有）事

清華六·子產04 堂（當）事乃進

清華六·子產04 堇（謹）詢（信）又（有）事

清華六·子產05 勉（勉）政、利政、固政又（有）事

清華六·子產06 行豊（禮）後（踐）政又（有）事

清華六·子產08 敚（損）難又（有）事

清華六·子產10 君人亡事

清華六·子產 10 民事是事

清華六·子產 10 民事是事

清華六·子產 10 以厶(私)事₌(事使)民

清華六·子產 11 事起貨(禍)行

清華六·子產 11 此胃(謂)不事不戾

清華六·子產 16 以谷(慤)事不善

清華六·子產 16 毋茲愇(違)柹(拂)亓(其)事

清華六·子產 19 民亡可事

清華五·湯丘 09 夫人母(毋)以我爲訇(怠)於亓(其)事虖(乎)

清華五·湯丘 09 我訇(怠)於亓(其)事

清華五·畬門 11 悳(德)、事、殳(役)、正(政)、型(刑)

清華五·畬門 12 岜(美)事系(奚)若

清華五·厚父 12 亞(惡)事系(奚)若

 清華五·厚父 14 记(起)事又(有)穫

 清華五·厚父 15 此胃(謂)兑(美)事

 清華五·厚父 15 记(起)事亡(無)穫

 清華五·厚父 15 此胃(謂)亞(惡)事

 清華五·厚父 20 此隹(惟)事首

 清華五·命訓 6 事(使)㐺=(信人)㙷(畏)天

 清華五·命訓 12 童(動)之以事

 清華五·命訓 13 事不䛬(震)

 清華五·命訓 14 事䛬(震)則不攻(功)

 清華六·子儀 12 敱(豈)曰奉晉軍以相南面之事

 清華六·鄭子 01 女(如)邦牆(將)又(有)大事

清華六·孺子 12 謱(屬)之夫=(大夫)及百執事

 清華六·孺子 12 各共(恭)亓(其)事

 清華六·管仲 02 记(起)事之本系(奚)從

 清華六·管仲 09 官事長

 清華六·管仲 11 大事柬(簡)以成(誠)

 清華六·管仲 18 執事又(有)㮊(餘)

 清華六·管仲 25 夫年(佞)者之事君

 清華七·子犯 05 事又(有)訛(過)女(焉)

 清華七·子犯 06 二子事公子

 清華七·子犯 09 事(使)眔若事(使)一人

 清華七·子犯 09 事(使)眔若事(使)一人

 清華七·子犯 11 昔者成湯以神事山川

清華七·越公06 以臣事吳

 清華七·越公15 辟(親)見事(使)者曰

 清華七·越公17 用事(使)徒遽徹(趣)聖(聽)命

 清華七·越公31 日睛(靖)蓐(農)事以勸怠(勉)蓐(農)夫

 清華七·越公40 亓(其)才(在)邑司事及官帀(師)之人則發(廢)也

 清華七·越公40 凡成(城)邑之司事

 清華七·越公45 王見亓(其)執事人則訋(怡)念(豫)悥(憙)也

 清華七·越公46 王見亓(其)執事人

 清華七·越公51 王曰侖(論)胜(省)亓(其)事

 清華七·越公55 凡民司事

 清華七·越公75 雩(越)公亓(其)事

清華八·攝命01 余亦叟窮亡可事（使）

清華八·攝命04 雩（越）御事庶百又告有訇

清華八·攝命05 難（勤）冎（祇）乃事

清華八·攝命05 女隹（唯）㽙（衛）事㽙（衛）命

清華八·攝命07 妖（虔）㘏乃事

清華八·攝命08 亦斯欽我御事

清華八·攝命08 今亦敵（肩）㥛（肱）難（勤）乃事

清華八·攝命08 隹（唯）言乃事

清華八·攝命11 甬（用）事朕命

清華八·攝命12 女（汝）有告于余事

清華八·攝命17 余辟相隹（唯）卸（御）事

清華八·攝命24 余肁（肇）事（使）女

清華八・邦政13 愍（改）人之事

 清華八・處位01 政事逆頪（美）

 清華八・處位02 與（舉）介執事

 清華八・處位03 自竇（定）於迻（後）事

 清華八・處位03 恙（倦）䖵（厭）政事

 清華八・處位06 須事之禺（遇）幾（機）

 清華八・邦道03 臨事

 清華八・邦道09 事必自智（知）之

 清華八・邦道17 女（焉）少（小）穀（穀）亓（其）事

 清華八・邦道19 皮（彼）士乃（及）攻（工）商、戎（農）夫之隱（惰）於亓（其）事

 清華八・邦道20 其正（政）事（使）臤（賢）、甬（用）能

清華八·邦道 21 不记(起)事於戎(農)之厽(三)時

　清華八·邦道 21 則事靖(靖)

　清華八·邦道 25 侯〈医〉(殹)虗(吾)乍(作)事

　清華八·邦道 27 以事之于邦

　清華八·心中 04 智(知)事之卒(卒)

　清華八·心中 04 必心與天兩事女(焉)

～，與💬(上博一·緇 4)、💬(上博一·緇 8)、💬(上博二·魯 3)、💬(上博四·柬 18)、💬(上博五·弟 9)、💬(上博六·用 14)、💬(上博七·吳 9)、💬(上博八·顔 5)同。《說文·史部》："事，職也。从史，之省聲。💬，古文事。"

清華一·金縢 04 "能事鬼(鬼)神"，《禮記·表記》："子曰：齊戒以事鬼神，擇日月以見君，恐民之不敬也。"

清華一·金縢 06、10，清華七·越公 45、46 "執事人"，有職守之人，官員。《書·盤庚下》："嗚呼！邦伯、師長、百執事之人，尚皆隱哉。"孔穎達疏："其百執事謂大夫以下，諸有職事之官皆是也。"

清華六·孺子 12 "百執事"，猶百官。《國語·吳語》："王總其百執事，以奉其社稷之祭。"韋昭注引賈逵曰："百執事，百官。"

清華六·管仲 18、清華八·處位 01 "執事"，從事工作，主管其事。《周禮·天官·大宰》："九曰閒民，無常職，轉移執事。"鄭玄注引鄭司農云："閒民，謂無事業者，轉移爲人執事，若今傭賃也。"《史記·蒙恬列傳》："及武王有病甚殆，公旦自揃其爪以沉於河，曰：'王未有識，是旦執事。有罪殃，旦受其不祥。'"

清華一·皇門 01"處事",讀爲"慮事",考慮事情。《左傳·宣公十一年》："令尹蒍艾獵城沂,使封人慮事,以授司徒。"

清華一·皇門 11,清華七·越公 40、55"司事",猶有司,主管官吏。《國語·周語中》："今雖朝也不才,有分族於周,承王命以爲過賓於陳,而司事莫至,是蔑先王之官也。"

清華三·説命上 07"從事",參與做(某種事情),致力於(某種事情)。《論語·泰伯》："昔者吾友嘗從事於斯矣。"《國語·齊語》："時雨既至,挾其槍、刈、耨、鎛,以旦暮從事於田野。"

清華三·説命下 03"視事",就職治事,多指政事言。《左傳·襄公二十五年》："饗諸北郭,崔子稱疾,不視事。"

清華三·琴舞 02"砯隆亓事",讀爲"陟降其使"。《詩·周頌·敬之》作"陟降厥士"。

清華三·芮良夫 01"戗事",即"御事",治事者,亦指治事。《書·顧命》："乃同太保奭、芮伯、彤伯、畢公、衛侯、毛公、師氏、虎臣、百尹、御事。"孔傳："諸御治事者。"孫星衍疏："謂衆正之官主事者。"《國語·周語上》："百官御事,各即其齋三日。"《漢書·翟方進傳》："肆予告我諸侯王公列侯卿大夫元士御事。"

清華六·鄭武夫人 07"槥事",讀爲"喪事",泛指人死後殮奠殯葬等事宜。《周禮·地官·牛人》："喪事共其奠牛。"

清華二·繋年 087、088"事",讀爲"使",派遣。

清華五·厚父 02"卿事",見於小子𤼈簋(《集成》03904)、番生簋(《集成》04326)等,爲官名。

清華五·厚父 08"辟事",見於㝬鼎(《集成》02824)"唯厥使乃子㝬萬年辟事天子",是侍奉的意思。

清華四·筮法 25、32、38"志事",欲達成之事。又見天星觀、望山、包山等簡,如包山二○○簡有"志事少遲得""志事速得"。

清華四·筮法 40、41、42"大事""中事""省(小)事""外事""内事",《禮記·表記》："卜筮不相襲也。大事有時日;小事無時日,有筮。外事用剛日,内事用柔日。不違龜筮。"

清華五·封許 03"曾事",讀爲"祗事",恭敬事奉,敬於其事。《南史·到仲舉傳》："帝又嘗因飲夜宿仲舉帳中,忽有神光五采照於室内,由是祗事益恭。"

清華五·湯丘 08"九事之人",疑即《周禮·天官·大宰》所説"九職",包括三農、園圃、虞衡、藪牧、百工、商賈、嬪婦、臣妾、閒民。或説與"九主之事"相關。《史記·殷本紀》："伊尹處士，湯使人聘迎之，五反然後肯往從湯，言素王及九主之事。"馬王堆帛書有《九主》，見《馬王堆漢墓帛書（壹）》。

清華六·管仲05"行之首則事之本也"，《呂氏春秋·先己》："凡事之本，必先治身，嗇其大寶。"

清華五·啻門20、清華六·管仲08"事首"，最首要的事。

清華六·管仲09"夫=叚事攴俾智"，讀爲"大夫假使便孌知"，都邑事務大夫指使便孌之人去做。

清華六·管仲11"少事㧈以惕，大事柬以成"，讀爲"小事逸以惕，大事簡以誠"。《管子·勢》："小事不從，大事不吉。"

清華六·管仲09"官事長"，句中疑脫一字，意即侍奉官長。

清華六·子產01"又事"，讀爲"有事"，在此意類於"有道"。

清華六·子產10"民事是事"，君當專以民事爲事。

清華六·子產10"以厶事=民"，讀爲"以私事使民"。"私事"，與"公事"相對，指個人的事。《禮記·玉藻》："公事自閫西，私事自閫東。"孔穎達疏："謂私覿，私面，非行君命，故謂之私事。"《荀子·君道》："公義明而私事息矣。"

清華六·子產11"事起貨行"，讀爲"事起禍行"。《荀子·解蔽》："事起而辨，治亂可否，昭然明矣。"

清華五·湯丘09"我㤅於亓事"，讀爲"我急於其事"。《荀子·君道》："則士大夫無流淫之行，百吏官人無怠慢之事。"

清華五·啻門11"悳、事、叕、正、型"，讀爲"德、事、役、政、刑"，指五相。

清華五·啻門12、15"兑事夐若，亞事夐若"，讀爲"美事夐若，惡事夐若"。董仲舒《春秋繁露·同類相動》："美事召美類，惡事召惡類。""美事"，好事；"惡事"，壞事。

清華五·啻門14、15"记事"，即"起事"。《管子·形勢》："解惰簡慢，以之事主則不忠，以之事父母則不孝，以之起事則不成。"

清華五·命訓6"事（使）呺=（信人）喿（畏）天"，今本《逸周書·命訓》作"使信人畏天"。

清華五·命訓12"童（動）之以事"，今本《逸周書·命訓》作"動之以事"。

清華五·命訓13"事不䎽（震）"，今本《逸周書·命訓》作"事不震"。"䎽"，或釋作"耕"，讀爲"震"。（趙平安）

清華五·命訓14"事䎽（震）則不攻（功）"，今本《逸周書·命訓》作"事震則寡功"。

清華六·子儀12"豈曰奉晉軍以相南面之事",讀爲"豈曰奉晉軍以相南面之事"。《太平御覽》卷四百四十七:"曹植《成王論》曰:周公以天下初定,武王既終,而成王尚幼,未能定南面之事。"《易·説》:"聖人南面而聽天下,嚮明而治。"《論語·雍也》:"子曰:'雍也可使南面。'"

清華六·孺子01"女邦牆又大事",讀爲"如邦將有大事"。《左傳·成公十三年》:"國之大事,在祀與戎。"

清華六·孺子12"各共亓事",讀爲"各恭其事",各敬其事。《論語·衛靈公》:"子曰:'事君,敬其事而後其食。'"《左傳·閔公二年》:"故敬其事則命以始,服其身則衣之純,用期衷則佩之度。"

清華七·子犯05"事又(有)訛(過)女(焉)"之"事",讀爲"使"。《助字辨略》卷三"使"字條:"《論語》'使驕且吝'。《後漢書·仲長統傳》:'使居有良田廣宅。'使,假設之辭也。"《國語·吳語》亦云:"使死者無知,則已矣。若其有知,吾何面目以見員也。"(陳偉)

清華七·子犯06"二子事公子"之"事",侍奉。《易·蠱》:"不事王侯,志可則也。"

清華七·子犯07、09"事衆若事一人",讀爲"使衆若使一人"。《荀子·不苟》:"總天下之要,治海内之衆,若使一人。"《孫子·九地》:"故善用兵者,攜手若使一人。"

清華七·子犯11"神事",《國語·魯語下》:"天子及諸侯合民事於外朝,合神事於内朝。"韋昭注:"神事,祭祀也。"《周禮·天官·宫正》"凡邦之事蹕宫中廟中",鄭玄注:"事,祭事也。"《管子·侈靡》:"以時事天,以天事神,以神事鬼,故國無罪而君壽,而民不殺智運謀而雜橐刃焉。"

清華七·越公06"以臣事吳",《吕氏春秋·順民》:"執箕帚而臣事之,以與吳王爭一旦之死。"

清華七·越公15"事者",讀爲"使者",奉命出使的人。《戰國策·趙一》:"使使者致萬家之邑一於智伯。"《史記·鄭世家》:"簡公欲與晉平,楚又囚鄭使者。"

清華七·越公17"用事徒遽彶聖命",讀爲"用使徒遽趣聽命",因此派遣徒步的使者、坐車的使者趕緊聽命。(胡敕瑞)

清華七·越公31"蓐事",即"農事"。《左傳·襄公七年》:"夫郊祀后稷,以祈農事也。"

清華七·越公75"雩公亓事",讀爲"越公其事"。《國語·越語上》:"寡人請死,余何面目以視於天下乎? 越君其次也。"韋昭注"次,舍也。""事",或讀爲"次",或讀爲"使"。

清華八·攝命 01"余亦複窮亡可事",讀爲"余亦復窮亡可使",我也困窮不得志没有可使之人。

清華八·攝命 04、08、17"御事",爲畿内王官。《書·大誥》"猷大誥爾多邦越爾御事",亦以畿外"多邦"、畿内"御事"並舉。《書·文侯之命》:"即我御事,罔或耆壽俊在厥服,予則罔克。"

清華八·攝命 05、08"難冎乃事",讀爲"勤祇乃事"。《書·多方》:"爾邑克明,爾惟克勤乃事。"

清華八·攝命 07"妖(虞)卹乃事",叔尸鐘、鎛(《集成》00272、00285)有"虔卹厥死(尸)事",《逸周書·嘗麥》有"憂恤乃事"。

清華八·處位 01、03"政事",政務。《書·皋陶謨》:"政事懋哉! 懋哉!"

清華八·處位 03"自奠於逡事",讀爲"自定於後事",子立代父而自定後事。"後事"即後來的事。《左傳·昭公三十二年》:"天子實云,雖有後事,晉勿與知可也。"

清華八·邦道 03"臨事",遇事或治理政事。《論語·述而》:"臨事而懼。"《管子·立政》:"臨事不信於民者,則不可使任大官。"

清華八·邦道 09、19"事",事情。《禮記·大學》:"物有本末,事有終始。"

清華八·邦道 17"繇亓事",或讀爲"由其事",用其事。或讀爲"穀其事",校量他們的事迹。或讀爲"穀其事",指試探性地給予一個官職,以考察其能力。

清華八·邦道 20"事臤、甬能",讀爲"使賢、用能",指任用賢者和有才幹的人。《周禮·天官·大宰》:"以八統詔王馭萬民:一曰親親,二曰敬故,三曰進賢,四曰使能,五曰保庸,六曰尊貴,七曰達吏,八曰禮賓。"

清華八·邦道 21"不記事於戎之厽時",讀爲"不起事於農之三時"。《禮記·月令》"仲春之月……毋作大事,以妨農之事。"鄭玄注:"大事,兵役之屬。"《左傳·昭公八年》:"(師曠曰):抑臣又聞之曰:'作事不時,怨讟動于民,則有非言之物而言。'今宫室崇侈,民力彫盡,怨讟並作,莫保其性。石言,不亦宜乎。"

清華八·邦道 25"乍事",讀爲"作事",處事。《左傳·襄公三十一年》:"君子在位可畏,施舍可愛,進退可度,周旋可則,容止可觀,作事可法。"

清華八·邦道 27"事",治理,任事。《晏子春秋·内篇問上》:"盡智導民而不伐焉,勞力事民而不責焉。"王念孫《讀書雜誌·晏子春秋一》:"事,治也。謂盡智以導民而不自矜伐,勞力以治民而不加督責也。"

清華八·心中 04 "兩事",指心與天。

心紐司聲

司

清華一·耆夜 03 郘(吕)上(尚)甫(父)命爲司政(正)

清華一·皇門 11 是受(授)司事市(師)長

清華二·繫年 077 司馬子反與繡(申)公爭少盃(孟)

清華二·繫年 078 司馬不訓(順)繡(申)公

清華二·繫年 114 告以宋司城皷之約(弱)公室

清華三·説命下 05 亓(其)又廼司四方民不(丕)克明

清華三·芮良夫 18 政(正)百又(有)司

清華三·良臣 06 又(有)司馬子忈(期)

清華三·祝辭 01 司湍彭₌(滂滂)

清華四·筮法 45 司雷

清華四・筮法 45 司收

清華四・筮法 56 司查(樹)

清華四・筮法 56 司頪(藏)

清華五・厚父 10 隹(惟)所役之司民

清華五・厚父 10 隹(惟)司民之所取

清華五・厚父 12 曰天貪(監)司民

清華五・封許 03 □司明型(刑)

清華五・命訓 01 命司悳(德)

清華五・命訓 02 夫司悳(德)司義

清華五・命訓 02 夫司悳(德)司義

清華五・命訓 02 或司不義而墜(降)之禍(禍)

清華七・越公 27 乃因司褱(襲)尚(常)

清華七·越公33 又(有)司及王左右

 清華七·越公40 亓(其)才(在)邑司事及官帀(師)之人則發(廢)也

 清華七·越公40 凡成(城)邑之司事及官帀(師)之人

 清華七·越公55 凡民司事

 清華八·攝命08 女(汝)隹(唯)言之司

 清華八·八氣05 司兵之子銜(率)金以飤(食)於門

~，與司(上博八·命6)同。《説文·司部》："司，臣司事於外者。从反后。"

　　清華一·耆夜03"司政"，讀爲"司正"。《儀禮·鄉飲酒禮》："主人降席自南方，側降；作相爲司正。司正禮辭，許諾。主人拜，司正答拜。"胡匡衷《儀禮釋官》："案《國語》'晉獻公飲大夫酒，令司正實爵。'注：'司正，正賓主之禮者。'其職無常官，飲酒則設之。"

　　清華一·皇門11"司事"，猶有司，主管官吏。《國語·周語中》："今雖朝也不才，有分族於周，承王命以爲過賓於陳，而司事莫至，是蔑先王之官也。"

　　清華二·繫年077"司馬子反"，《左傳·成公二年》："楚之討陳夏氏也，莊王欲納夏姬，申公巫臣曰：'不可。'……子反欲取之，巫臣曰：'是不祥人也！'"

　　清華二·繫年114"宋司城"，即宋國司空。《公羊傳·文公八年》何休注："宋變司空爲司城者，辟先君武公名也。"

　　清華三·説命下05"亓又酒司四方民不克明"，讀爲"其又酒司四方民丕克明"。《書·酒誥》："汝典聽朕毖，勿辯乃司湎於酒。"

　　清華五·厚父10、12"司民"，見《書·酒誥》，孔傳："主民之吏。"

　　清華三·芮良夫18"百又司"，讀爲"百有司"，是指所有有各自職掌的官員。

清華三·良臣06"司馬子忈",讀爲"司馬子期",昭王兄,子西之弟,見《古今人表》中下。《荀子·非相》:"然白公之亂也,令尹子西、司馬子期皆死焉,葉公子高入據楚,誅白公,定楚國。"

清華三·祝辭01"司湍",當係一種水神。

清華四·筮法45、56"司雷""司收""司查(樹)""司寴(藏)",四卦所司雷、樹、收、藏,與常見的春生、夏長、秋收、冬藏涵義相似。

清華五·封許03"□司明型(刑)"之"司",或讀爲"嗣"。(駱珍伊)

清華五·命訓01"命司悳(德)",今本《逸周書·命訓》作"命司德"。孔晁云:"司,主也。以德爲主,有德正以福,無德正以禍。"

清華五·命訓02"夫司悳(德)司義",今本《逸周書·命訓》作"夫司德司義"。

清華五·命訓02"或司不義而墜(降)之禍(禍)",今本《逸周書·命訓》作"夫或司不義,而降之禍"。

清華七·越公27"乃因司衺尚",讀爲"乃因司襲常"。因司襲常,即因襲常規。"司"或當讀爲"事",因事襲常,即循故襲常、因循故常之義。(侯乃峰)

清華七·越公33"又司",讀爲"有司"。《呂氏春秋·務本》:"民之治亂,在於有司。"高誘注:"有司於《周禮》爲太宰,掌建國之六典,以佐王治邦國,以治官府,以紀萬民,此之謂也。"

清華七·越公40、55"司事",猶有司。《國語·周語中》:"今雖朝也不才,有分族於周,承王命以爲過賓於陳,而司事莫至,是蔑先王之官也。"

清華八·八氣05"司兵之子衘(率)金以飤(食)於門","司兵之子"即金神,文獻中金神皆作"蓐收"。《左傳·昭公二十九年》:"金正曰蓐收。"《國語·晉語二》:"虢公夢在廟,有神人面白毛虎爪,執鉞立於西阿,公懼而走。神曰:'無走!帝命曰:使晉襲於爾門。'公拜稽首,覺,召史嚚占之,對曰:'如君之言,則蓐收也,天之刑神也,天事官成。'"或疑司兵之子爲蓐收之別名。

䛂(嗣)

 清華一·皇門07 至于氒(厥)逡(後)嗣立王

 清華一·祭公13 隹(惟)我逡(後)嗣

清華五·封許08 經嗣枼(世)言(享)

～,與▨(上博五·鮑3)、▨(上博五·鮑7)同,从"册","司"聲,釋爲"嗣"。乃承襲西周金文▨、▨(盂鼎,《集成》02837)的寫法。《說文·册部》:"嗣,諸侯嗣國也。从册、从口,司聲。▨,古文嗣从子。"

清華一·皇門07、清華一·祭公13"遂嗣",即"後嗣",後代,子孫。《書·伊訓》:"敷求哲人,俾輔于爾後嗣。"

清華五·封許08"經嗣",意爲"繼嗣",後嗣,後代。《淮南子·人間》:"周室衰,禮義廢,孔子以三代之道教導於世,其後繼嗣至今不絕者,有隱行也。"《後漢書·和熹鄧皇后紀》:"時帝數失皇子,后憂繼嗣不廣,恆垂涕歎息。"

佁

清華一·楚居07 女(焉)佁(始)□□

清華二·繫年004 洹(宣)王是佁(始)弃(棄)帝攸(籍)弗畋(田)

清華二·繫年008 邦君者(諸)侯女(焉)佁(始)不朝于周

清華二·繫年009 晉人女(焉)佁(始)啓于京自(師)

清華二·繫年012 奠(鄭)以佁(始)政

清華二·繫年016 秦以佁(始)大

清華二·繫年 039 秦晉女(焉)囟(始)會(合)好

清華二·繫年 049 秦女(焉)囟(始)與晉敦(執)衡

清華二·繫年 079 女(焉)囟(始)迵(通)吴晉之洛(路)

清華二·繫年 108 女(焉)囟(始)迵(通)吴晉之洛(路)

清華二·繫年 112 齊人女(焉)囟(始)爲長城於濟

清華三·赤鵠 15 是囟(始)爲埤(陴)丁者(諸)室(屋)

清華五·命訓 10 正(政)之所囟(殆)

清華五·命訓 15 散(微)以智(知)囟=(始,始)以智(知)終

清華五·湯丘 09 夫人母(毋)以我爲囟(怠)於亓(其)事虎(乎)

清華五·湯丘 09 我囟(怠)於亓(其)事

清華五·啻門 06 鼠-(一)月囟(始)匓(揚)

清華六·孺子 14 囟(殆)於……

清華六·管仲 19 既訇（怠）於正（政）

 清華七·趙簡子 03 子訇（始）造於善

 清華七·趙簡子 03 子訇（始）造於不善

 清華七·越公 13 虐（吾）訇（始）俴（踐）雩（越）陞（地）以辜=（至于）今

 清華七·越公 29 雩（越）王句伐（踐）女（焉）訇（始）复（作）絽（紀）五政之聿（律）

 清華七·越公 45 王見亓（其）執事人則訇（怡）忞（豫）悥（憙）也

 清華七·越公 60 女（焉）訇（始）盬（絕）吳之行李（李）

 清華八·邦政 12 訇（始）記（起）旻（得）曲

清華八·邦政 12 訇（始）記（起）旻（得）植（直）

 清華八·邦道 08 必從身訇（始）

～,與 （上博二·容 25）、 （上博八·命 6）同，"台""司"均是聲符，所從的"口"，有可能是"台""司"二旁公用的部分。

清華二·繫年009"晉人女㠯啓于京自",讀爲"晉人焉始啓于京師"。《國語·鄭語》:"楚蚡冒於是乎始啓濮。"董增齡《國語正義》:"啓是拓土,《魯頌》曰'大啓爾宇',僖二十五年傳:'晉于是始啓南陽'是也。"

清華二·繫年079、108"女㠯迥吳晉之㳒",讀爲"焉始通吳晉之路"。《左傳·僖公三十二年》:"三十二年春,楚鬭章請平於晉,晉陽處父報之。晉、楚始通。"

清華五·命訓10"正之所㠯",讀爲"政之所殆"。今本《逸周書·命訓》作"凡此六者,政之始也"。盧文弨改"始"爲"殆",各家從之。

清華五·命訓15"㠯(始)以智(知)終",今本《逸周書·命訓》作"始以知終"。

清華五·湯丘09"我㠯於亓事",讀爲"我怠於其事"。《荀子·君子》:"則士大夫無流淫之行,百吏官人無怠慢之事。"

清華六·管仲19"㠯於正",讀爲"怠於政",怠懈於國事。《説文》:"怠,慢也。"《國語·晉語二》韋昭注:"懈也。"

清華七·越公45"㠯㥷",讀爲"怡豫",同義連用。《三國志·吳志·諸葛恪傳》:"近漢之世,燕、蓋交遘,有上官之變,以身值此,何敢怡豫邪?"《説文》:"怡,和也。"《爾雅·釋詁》:"怡,樂也。"

㠯

清華一·尹至04 今亓(其)女(如)㠯(台)

清華二·繫年124 奠(鄭)白(伯)㠯(駘)

清華二·繫年126 奠(鄭)白(伯)㠯(駘)

清華三·琴舞13 气(迄)舍(余)龏(恭)耈(何)㠯(怠)

清華三·琴舞14 良惪(德)亓(其)女(如)㠯(台)

清華三·芮良夫 24 窨（咎）可（何）亓（其）女（如）司（台）孳（哉）

清華五·厚父 09 隹（惟）女（如）司（台）

清華五·命訓 08 司（殆）於䙷（亂）矣

清華五·湯丘 13 虐（吾）戒（㦣）虽（夏）女（如）司（台）

清華五·湯丘 17 恧（愛）民女（如）司（台）

清華五·湯丘 19 共（恭）命女（如）司（台）

清華六·管仲 09 民人陵（惰）司（怠）

清華六·子產 18 我是㤅（荒）司（怠）

清華五·厚父 04 隹（惟）女（如）司（台）

清華八·邦道 15 古（故）莫敢司（怠）

清華八·處位 09 龏（貢）以㤅（治）疾亞（惡）

～，與（上博三·中 26）、（上博五·三 2）、（上博四·曹 41）、同，从"心"，"勻"或"詞"聲。"勻""詞"是双聲符的字，"㠯"或"台"與"刁"（司）均是聲符。

清華一·尹至04、清華三·芮良夫24"亓女䛊"，讀爲"其如台"。《書·湯誓》："夏罪其如台。"《盤庚》："卜稽曰其如台。"《書·西伯戡黎》："今王其如台。""如台"意爲奈何。

清華二·繫年124、126"奠白䛊"，讀爲"鄭伯駘"，即鄭繻公駘。《史記·鄭世家》："幽公元年，韓武子伐鄭，殺幽公。鄭人立幽公弟駘，是爲繻公。"

清華三·琴舞13、14"龏害䛊"，讀爲"恭害怠"，恭敬不敢怠慢。

清華五·命訓08"䛊於亂矣"，讀爲"殆於亂矣"。今本《逸周書·命訓》作"則殆於亂"。"殆"，危。

清華五·厚父04、09，湯丘13、17、19"女䛊"，讀爲"如台"。參上。

清華六·管仲09"陵䛊"，讀爲"惰怠"，懶惰懈怠。《漢書·成帝紀》："間者，民彌惰怠，鄉本者少，趨末者眾，將何以矯之？"

清華六·子產18"亢䛊"，讀爲"荒怠"，縱逸怠惰。《書·泰誓下》："今商王受狎侮五常，荒怠弗敬。"

清華八·邦道15"古莫敢䛊"，讀爲"故莫敢怠"。《史記·秦始皇本紀》："細大盡力，莫敢怠荒。"

清華八·處位09"怊"，讀爲"治"。

䛊/詞

清華二·繫年028 賽（息）侯䛊（辭）

清華八·邦道17 女（焉）聖（聽）亓（其）䛊（辭）

清華八·邦道17 既䎽（聞）亓（其）䛊（辭）

清華一·皇門08 不肎（肯）惠聖（聽）亡（無）皋（罪）之詞（辭）

清華六·子儀 18 訋（辭）於儺

　清華七·越公 20 或航（抗）御（禦）䍃（寡）人之訋（辭）

　清華七·越公 74 吳王乃訋（辭）曰

　清華八·處位 03 辠（罪）逴（卓）訋（辭）

～，與🔲（上博四·柬 14）、🔲（上博二·子 12）、🔲（上博六·競 13）、🔲（上博六·孔 9）同，從"言"，從"心"，"勻"或"訇"聲。

清華二·繫年 028"訋"，讀爲"辭"，推辭，辭謝。《書·大禹謨》："禹拜，稽首固辭。"《孟子·萬章下》："爲貧者，辭尊居卑，辭富居貧。"

清華八·邦道 17"訋"，讀爲"辭"，言詞。《禮記·曲禮上》："毋不敬，儼若思，安定辭。"孔穎達疏："辭，言語也。"

清華一·皇門 08"不肎（肯）惠聖（聽）亡（無）辠（罪）之訋（辭）"，今本《逸周書·皇門》作"不屑惠聽，無辜之亂辭是羞于王"。"辭"，訴訟的供詞。《說文》："辭，訟也。"《書·呂刑》："上下比罪，無僭亂辭。"《禮記·大學》："聽訟，吾猶人也。必也使無訟乎！無情者不得盡其辭，大畏民志，此謂知本。"

清華六·子儀 18"訋於儺"之"訋"，讀爲"辭"，訴訟的供詞。

清華七·越公 20"或航（抗）御（禦）䍃（寡）人之訋"之"訋"，讀爲"辭"，特指王命。《詩·大雅·板》："辭之輯矣，民之洽矣。"鄭箋："辭，辭氣。謂政教也。"

清華七·越公 74"訋"，讀爲"辭"，推辭。《國語·吳語》："夫差辭曰。"

絇

　清華一·皇門 08 乃隹（惟）不訓（順）是絇（治）

清華三·琴舞13 攷(孝)敬肥(非)䋣(怠)巟(荒)

清華三·芮良夫01 莫䋣(治)庶㦪(難)

清華五·晉門08 亓(其)燹(氣)晉䋣(解)弢(發)䋣(治)

清華六·子産17 䋣(怠)絣(弁)緤(懈)思(緩)

清華七·趙簡子09 以䋣(治)河渼(濟)之閼(間)之䧄(亂)

清華八·邦道03 䋣(治)正(政)

清華八·邦道22 此䋣(治)邦之道

〜，與(上博四·曹36)、(上博六·天甲5)、(上博八·顏10)、𦆽(上博八·命6)同，从"糸"，"訇"聲。

清華一·皇門08"乃隹(惟)不訓(順)是䋣(治)"，今本《逸周書·皇門》作"乃惟不順之言于是"。"䋣"，讀爲"治"。

清華三·琴舞13"䋣巟"，讀爲"怠荒"，懶惰放蕩。《禮記·曲禮上》："毋側聽，毋噭應，毋淫視，毋怠荒。"鄭玄注："怠荒，放散身體也。"孔穎達疏："謂身體放縱，不自拘斂也。"

清華五·晉門08"䋣"，讀爲"治"，與"亂"相對。《易·繫辭下》："君子安而不忘危，存而不忘亡，治而不忘亂。"《書·君牙》："民之治亂在兹。"

清華六·子產17"䋣絣緤思"，讀爲"怠弁懈緩"，指官員怠於緩急的政事。"怠"，懈怠，松懈。《漢書·高帝紀上》："張良曰：'此獨其將欲叛，恐其士卒不從，不如因其怠懈擊之。'"《漢書·王莽傳下》："二年正月，以州牧位三公，刺舉怠解。"顏師古注:"解,讀曰懈。"

清華七·趙簡子09"以絢河淒之閞之臽",讀爲"以治河濟之間之亂",謂治理河濟之間混亂的局面。《孔子家語·哀公問政》:"繼絕世,舉廢邦,治亂持危,朝聘以時,厚往而薄來,所以懷諸侯也。"

清華八·邦道03"絢正",讀爲"治政"。《禮記·禮運》:"是故,禮者君之大柄也,所以別嫌明微,儐鬼神,考制度,別仁義,所以治政安君也。"

清華八·邦道22"此絢邦之道",讀爲"此治邦之道",治理國家政務。《禮記·大學》:"治國在齊其家。"

釣

 清華一·保訓09 連(傳)釣(貽)孫=(子孫)

~,從"貝","勺"聲,"貽"之異體。《説文·貝部》:"貽,贈遺也。從貝,台聲。"

清華一·保訓09"傳貽子孫",《墨子·明鬼下》:"故書之竹帛,傳遺後世子孫。"《非命下》:"琢之盤盂,傳遺後世子孫。"《魯問》:"則書之於竹帛,鏤之於金石,以爲銘於鐘鼎,傳遺後世子孫。"

心紐絲聲歸兹聲

心紐囟聲

囟

 清華二·繫年034 囟(使)君涉河

 清華二·繫年038 囟(使)衺(襲)裏(懷)公之室

 清華二·繫年041 晉文公囟(思)齊及宋之惪(德)

清華二·繫年 048 囟（使）皈（歸）求成

　清華二·繫年 067 齊同（頃）公囟（使）亓（其）女子

　清華二·繫年 086 囟（使）皈（歸）求成

　清華二·繫年 104 囟（使）各遉（復）亓（其）邦

　清華三·赤鵠 08 是囟（使）句（后）瘳（疾）疾而不智（知）人

～，與 囟（上博七·鄭乙 2）、囟（上博七·君乙 7）、囟（上博八·有 1）同。《說文·囟部》：「囟，頭會匘蓋也。象形。凡囟之屬皆从囟。𦜜，或从肉、宰。𡿧，古文囟字。」《繫傳》：「臣鍇曰：頭囟也。」

清華二·繫年 041「晉文公囟齊及宋之惪」，讀爲「晉文公思齊及宋之德」。《史記·晉世家》：「楚圍宋，宋復告急晉。文公欲救則攻楚，爲楚嘗有德，不欲伐也；欲釋宋，宋又嘗有德於晉，患之。」

清華二·繫年、清華三·赤鵠 08「囟」，即「思」字之聲符，讀爲「使」，表示使令之意。

思

　清華一·程寤 08 思（使）卑膞（柔）和川（順）

　清華一·楚居 04 思（使）若（鄀）嗇（嗌）卜遷（徙）於塞屯

　清華二·繫年 057 穆王思（使）毆（驅）禜（孟）者（諸）之麋

清華三·說命下07 思（使）若玉冰

 清華三·琴舞04 夫明思慗（慎）

 清華三·琴舞04 思埜（攸）亡罨（斁）

 清華三·琴舞04 思型之

 清華三·琴舞05 思甝繡（伸）之

 清華三·琴舞05 思逳（慎）

 清華三·琴舞08 㿱（遹）亓（其）㷼（顯）思

 清華三·琴舞09 述（遂）思瀋（忱）之

 清華三·琴舞10 思輔舍（余）于勤（艱）

 清華三·琴舞10 亦思不忘

 清華三·琴舞12 思又（有）息

 清華三·琴舞12 思憙（熹）才（在）上

清華三·琴舞13 舍(余)彔(逯)思念

清華三·琴舞16 思豐亓(其)返(復)

清華三·琴舞16 隹(惟)福思甬(庸)

清華三·芮良夫10 尚𢛯(憂)思

清華三·赤鵠09 是思(使)句(后)之身蟲(痾)薔

清華三·赤鵠12 是思(使)句(后)惢₌(棼棼)恂₌(眩眩)而不
智(知)人

清華三·赤鵠13 是思(使)句(后)䵼(昏)鬷(亂)甘心

清華五·湯丘04 女(如)思(使)䎽(召)

清華五·湯丘07 必思(使)事與飤(食)相噹(當)

清華五·湯丘18 袋(勞)又(有)所思

清華五·三壽08 我思天風

清華五·三壽 20 共（供）桂（皇）思坒（修）

 清華六·孺子 09 思群臣旻（得）執女（焉）

 清華六·子儀 08 余隼（誰）思（使）于告之

 清華六·子儀 09 余隼（誰）思（使）于脅之

 清華六·子儀 15 陰者思昜（陽）

 清華六·子儀 15 昜（陽）者思陰

 清華七·子犯 07 思（使）還

 清華七·越公 09 思道逄（路）之徾（修）隃（險）

 清華七·越公 30 王思邦遊民

～，與 、同。《説文·思部》："思，容也。从心，囟聲。"

　　清華三·琴舞 04、09、10、16"思"，句中語氣詞。
　　清華三·琴舞 04、05、10、12、16"思"，句首語氣詞。
　　清華三·琴舞 08"覤（通）元（其）颙（顯）思"之"思"，語氣詞，用於句末。如《詩·小雅·采薇》："今我來思。"《詩·周頌·敬之》："天惟顯思。"
　　清華三·琴舞 13"思念"，《國語·楚語下》："吾聞君子唯獨居思念前世之崇替者,與哀殯喪,於是有歎,其餘則否。"

清華三·芮良夫 10"悥思",讀爲"憂思",憂慮。《禮記·儒行》:"雖危,起居竟信其志,猶將不忘百姓之病也,其憂思有如此者。"

清華五·湯丘 18"褢(勞)又(有)所思"之"思",讀爲"息"。(陳偉)

清華五·三壽 08"我思天風"之"思",感思也。《爾雅·釋詁》:"悠,思也。"郭璞注:"思,感思也。"

清華五·三壽 20"共桂思坒",讀爲"供皇思修"。

清華六·孺子 09"思",讀爲"斯",訓"而",見《古書虛字集釋》七〇三頁。

清華六·子儀 15"陰者思易(陽)"之"思",慕也,願也。《詩·大雅·文王》:"思皇多士。"鄭箋:"思,願也。"

清華六·子儀 15"易(陽)者思陰"之"思",同上。

清華七·越公 09"思道逄之彶隃",讀爲"思道路之修險"。李斯《繹山刻石》:"群臣從者,咸思攸長。"

清華七·越公 30"思",思慮。《荀子·解蔽》:"仁者之思也恭。"楊倞注:"思,慮也。"

其餘"思",讀爲"使",表示使令意義。

椹

 清華四·筮法 45 五乃椹臭

～,從"木","思"聲。或認爲從"畏"聲。(張新俊)

清華四·筮法 45"椹臭",或说是一種鬼名。(《讀本四》第 125 頁)"臭",從張新俊釋。

貢

 清華七·晉文公 02 遹(滯)責母(毋)又(有)貢

～,從"貝","囟"聲。

清華七·晉文公 02"貢",讀爲"塞"或"賽",義爲償還。包山簡"過期不賽金"(105－114 號簡),李家浩指出"賽"爲償還義。《史記·張耳陳餘列傳》:"貫高曰:'所以不死一身無餘者,白張王不反也。今王已出,吾責已塞,死不恨

矣。'"簡文"滯責毋有塞",意爲積壓已久的舊債,就不要再償還了。(馮勝君、郭侃)或釋爲"貫",懈怠。(趙平安)

幫紐圅聲

圅

 清華四·別卦01 圅(否)

《説文·𠙴部》:"圅,舌也。从口、𠙴。𠙴,受也。,古文圅如此。"

清華四·別卦01"圅",讀爲"否"。《書·堯典》:"否德忝帝位。"《史記·五帝本紀》作"鄙德忝帝位"。《論語·雍也》:"予所否者。"《論衡·問孔》引"否"作"鄙"。

幫紐不聲

不

 清華一·尹至03 𢈪(曷)今東祥(祥)不章(彰)

 清華一·尹至05 執(摯)悳(德)不懵(僭)

 清華一·尹誥02 今句(后)害(何)不藍(監)

 清華一·程寤05 不違芋(材)

 清華一·程寤05 不可藥

 清華一・程寤 05 旹（時）不遠

 清華一・程寤 06 朕餂（聞）周長不弍（貳）

 清華一・程寤 07 果㧛（遷）不忍

 清華一・程寤 07 隹（惟）杍（梓）幣不義

 清華一・程寤 08 不忎

 清華一・程寤 08 眚（生）民不芛（災）

 清華一・程寤 09 不可以瘨（藏）

 清華一・程寤 09 忎（愛）日不跃（足）

 清華一・保訓 01 不瘳（豫）

 清華一・保訓 02 志（恐）不女（汝）及訓

 清華一・保訓 05 不諱（違）于庶萬眚（姓）之多欲

 清華一・保訓 06 咸川（順）不諮（逆）

清華一·保訓 06 言不易實兌(變)名

清華一·保訓 07 翼=(翼翼)不解(懈)

清華一·保訓 09 䛇(祇)備(服)不解(懈)

清華一·保訓 10 朕餌(聞)兹不舊(久)

清華一·保訓 10 不及尔(爾)身受大命

清華一·保訓 11 日不足隹佪(宿)不羕

清華一·保訓 11 不羕

清華一·耆夜 05 人備余不䢼(冑)

清華一·耆夜 08 不(丕)㬎(顯)逨(來)各(格)

清華一·耆夜 10 不憙(喜)不藥(樂)

清華一·耆夜 10 不藥(樂)

清華一·耆夜 12 不憙(喜)不藥(樂)

清華一·耆夜 12 不藥（樂）

清華一·金縢 01 王不瘳（豫）又（有）昬（遲）

清華一·金縢 04 不若但（旦）也

清華一·金縢 05 尔（爾）不我詾（許）

清華一·金縢 07 公牼（將）不利於需（孺）子

清華一·皇門 01 緐（肆）朕沖（沖）人非敢不用明荊（刑）

清華一·皇門 02 則不共（恭）于卹

清華一·皇門 03 亡（無）不嚚達

清華一·皇門 05 百眚（姓）萬民用亡（無）不朋（擾）比才（在）王廷

清華一·皇門 06 遠土不（丕）承

清華一·皇門 08 弗畏不恙（祥）

清華一·皇門 08 不肎（肯）惠聖（聽）亡（無）皋（罪）之詷（辭）

清華一・皇門08 乃隹(惟)不訓(順)是絑(治)

 清華一・皇門10 以不利氒(厥)辟氒(厥)邦

 清華一・皇門12 邦亦不寍(寧)

 清華一・祭公01 我酭(聞)且(祖)不余(豫)又(有)㠯(遲)

 清華一・祭公02 不沝(淑)疾甚

 清華一・祭公03 怣(謀)父媵(朕)疾隹(惟)不瘳

 清華一・祭公03 不智(知)命

 清華一・祭公07 公禹(稱)不(丕)顯悳(德)

 清華一・祭公10 怣(謀)父媵(朕)疾隹(惟)不瘳

 清華一・祭公13 不(丕)隹(惟)周之旁(旁)

 清華一・祭公13 不(丕)隹(惟)句(后)稷(稷)之受命是羕(永)

䨛(厚)

 清華一・祭公13 不(丕)隹(惟)周之䨛(厚)屛(屛)

清華一·祭公 14 不(丕)則亡遺後(後)

清華一·祭公 15 不(丕)隹(惟)文武之由

清華一·祭公 15 不(丕)則䜴(寅)言𢦏(哉)

清華一·祭公 18 寺(時)隹(惟)大不弔(淑)𢦏(哉)

清華一·祭公 19 我亦不以我辟俭(陷)于戁(難)

清華一·楚居 03 麗不從(縱)行

清華一·楚居 08 衆不容於免

清華二·繫年 001 昔周武王監觀商王之不龏(恭)帝=(上帝)

清華二·繫年 001 禋祀不䜴(寅)

清華二·繫年 008 邦君者(諸)侯女(焉)㐭(始)不朝于周

清華二·繫年 045 鄭降秦不降晉

清華二·繫年 045 晉人以不憖

 清華二・繫年 050 母（毋）乃不能邦

 清華二・繫年 054 左行瘍（蔑）、陵（隨）會不敢歸（歸）

 清華二・繫年 064 邻（趙）眔（旃）不欲成

 清華二・繫年 068 所不返（復）頓於齊

 清華二・繫年 078 司馬不訓（順）繡（申）公

 清華二・繫年 091 述（遂）以嬰（遷）誇（許）於鄴（葉）而不果

 清華二・繫年 093 緷（欒）經（盈）嵩（襲）巷（絳）而不果

 清華二・繫年 102 七戟（歲）不解轂（甲）

 清華二・繫年 103 至今齊人以不服于晉

 清華二・繫年 129 不果内（入）王子

 清華三・説命中 04 女（如）不親（瞑）均（眩）

 清華三・説命中 05 叏（且）天出不恙（祥）

清華三·說命中 05 不尗(徂)遠

清華三·說命中 07 若詆(抵)不視

清華三·說命中 07 吉不吉

清華三·說命下 04 不佳(惟)鷹(鷹)唯(隼)

清華三·說命下 05 丌(其)又廼司四方民不(丕)克明

清華三·說命下 07 上下罔不我義(儀)

清華三·說命下 08 余不克辟萬民

清華三·琴舞 03 訖(遹)我侗(夙)夜不兔(逸)

清華三·琴舞 04 允不(丕)异(承)不(丕)㬎(顯)

清華三·琴舞 04 允不(丕)异(承)不(丕)㬎(顯)

清華三·琴舞 04 不曹(造)朁(哉)

清華三·琴舞 05 褢(裕)皮(彼)趣(熙)不苔(落)

清華三・琴舞05 厰（嚴）余不解（懈）

清華三・琴舞06 不易畏（威）義（儀）

清華三・琴舞06 俑（夙）夜不解（懈）

清華三・琴舞07 不㿱（逸）藍（監）舍（余）

清華三・琴舞07 不（丕）寍（寧）亓（其）又（有）心

清華三・琴舞08 日内（入）皋（罪）䁬（舉）不寍（寧）

清華三・琴舞10 命不彝箸（歇）

清華三・琴舞10 亦思不忘

清華三・琴舞11 䜌（對）天之不易

清華三・琴舞12 不（丕）㬎（顯）亓（其）有立（位）

清華三・琴舞12 不遶（失）隹（惟）同

清華三・琴舞14 亓（其）又（有）心不易

清華三·琴舞 14 不畀甬（用）非頌（雍）

清華三·琴舞 16 不顜（墜）卣（修）庎（彦）

清華三·芮良夫 02 莫卹邦之不寍（寧）

清華三·芮良夫 04 圕（滿）溋（盈）、康戲而不智瑩（嚞）告

清華三·芮良夫 06 亓（其）由不邋（攝）丁（停）

清華三·芮良夫 06 卹邦之不䏠（臧）

清華三·芮良夫 07 不煮（圖）戁（難）

清華三·芮良夫 07 此惪（德）型（刑）不齊

清華三·芮良夫 08 皮（彼）人不敬

清華三·芮良夫 08 不藍（鑒）于顕（夏）商

清華三·芮良夫 08 志（恐）不和均（均）

清華三·芮良夫 09 民不日幸

清華三・芮良夫 10 不遠开（其）惻（則）

清華三・芮良夫 16 不秉純惪（德）

清華三・芮良夫 16 而不智（知）允盈（盈）

清華三・芮良夫 17 邦甬（用）不寍（寧）

清華三・芮良夫 19 亦不可鼙（壞）

清華三・芮良夫 21 不奉（逢）庶䜰（難）

清華三・芮良夫 22 女（如）闗（關）柀不閟

清華三・芮良夫 22 五（互）捏（相）不疆（彊）

清華三・芮良夫 24 戩（歲）迺不厇（度）

清華三・芮良夫 25 我之不言

清華三・芮良夫 25 則愆者不懸（美）

清華三・芮良夫 26 而器不再利

清華三・芮良夫27 亡（無）君不能生

清華三・芮良夫27 我心不快

清華三・芮良夫27 庋之不□□

清華三・芮良夫28 我之不□

清華三・芮良夫28 而邦受亓（其）不窑（寧）

清華三・赤鵠03 尔（爾）不我嘗

清華三・赤鵠03 虖（吾）不亦殺尔

清華三・赤鵠04 亡（無）不見也

清華三・赤鵠04 亡（無）不見也

清華三・赤鵠06 視而不能言

清華三・赤鵠06 不可飤（食）也

清華三・赤鵠08 是凶（使）句（后）瘝（疾）疾而不智（知）人

智(知)人

清華三·赤鵠09 不可堊(極)于筥(席)

清華三·赤鵠12 是思(使)句(后)懋=(梦梦)恂=(眩眩)而不

清華三·赤鵠15 亓(其)一白兔不旻(得)

清華四·筮法13 不逷(易)向

清華四·筮法13 䎽(昏)䎽(聞)不至

清華四·筮法30 不同

清華四·筮法31 不成

清華四·筮法35 乃曰不禾(和)

清華四·筮法36 虘(且)不相用命

清華四·筮法43 肴(淆)乃父之不妣=(葬死)

清華四·筮法63 肴(淆)乃父之不妣=(葬死)

清華五·厚父03 不盤于庚(康)

清華五·厚父 09 天命不可漗（忱）

清華五·厚父 09 鬼（畏）不恙（祥）

清華五·厚父 10 廼弗鬼（畏）不恙（祥）

清華五·厚父 11 今民莫不曰余娭（保）孷（教）明惪（德）

清華五·封許 03 趄=（桓桓）不（丕）苟（敬）

清華五·封許 05 柬（簡）胁（乂）三（四）方不颭（果）

清華五·封許 08 余既監于殷之不若

清華五·命訓 02 女（如）不居而夸（守）義

清華五·命訓 02 或司不義而墜（降）之禞（禍）

清華五·命訓 03 夫民生而佴（恥）不明

清華五·命訓 05 不威則不卲（昭）

清華五·命訓 06 不威則不卲（昭）

清華五·命訓 06 正人亡（無）亟（極）則不₌啎₌（不信，不信）則不行

 清華五·命訓 06 不信則不行

 清華五·命訓 08 弗智（知）則不行

 清華五·命訓 08 迁（干）善韋（違）則不行

 清華五·命訓 09 瘍（傷）人則不罰（義）

 清華五·命訓 09 無壤（讓）則不川（順）

 清華五·命訓 10 多虞（詐）則不₌忠₌（不忠，不忠）則亡（無）遉（復）

 清華五·命訓 11 民甬（用）不逵（失）

 清華五·命訓 12 尚（權）不鸖（法）

 清華五·命訓 12 中不忠

 清華五·命訓 13 [賞]不從袈（勞）

清華五·命訓 13 事不嚞(震)

清華五·命訓 13 正(政)不成

清華五·命訓 13 埶(藝)不遙(淫)

清華五·命訓 13 樂不繡(伸)

清華五·命訓 13 哀不至

清華五·命訓 13 均不鼠-(一)

清華五·命訓 13 季(惠)而不仞=(忍人)

清華五·命訓 13 人不兢(勝)〔害〕

清華五·命訓 14〔害〕不智(知)死

清華五·命訓 14 均一不和

清華五·命訓 14 豊(禮)〔亡(無)旹(時)〕則不貴

清華五·命訓 14 正(政)成則不長

清華五・命訓 14 事辴(震)則不攻(功)

清華五・命訓 14 以賞從裦=(勞,勞)而不至

清華五・命訓 15 備(服)而不釱

清華五・命訓 15 尚(賞)不朼(必)中

清華五・命訓 15 以耑(權)從𤲃(法)則不行

清華五・命訓 15 行不必𤲃(法)

清華五・湯丘 03 三月不出

清華五・湯丘 05 不猷(猶)受君賜

清華五・湯丘 05 吟(今)君逞(往)不以時

清華五・湯丘 09 而不智(知)喪

清華五・湯丘 13 蚎(夏)王不旻(得)亓(其)煮(圖)

清華五・湯丘 15 不史(事)酖(問)

清華五·湯丘 15 不屋（居）矣（疑）

清華五·湯丘 15 猷（食）時不旨（嗜）饌（饗）

清華五·湯丘 16 不又（有）所蟠

清華五·湯丘 16 不備（服）佁（過）玐（文）

清華五·湯丘 16 器不厰（雕）鏤

清華五·湯丘 16 不瘧（虐）殺

清華五·湯丘 19 退不夐（顧）死生

清華五·耆門 15 民備不俑（庸）

清華五·耆門 16 记（起）役（役）不時

清華五·耆門 17 型（刑）情（輕）以不方

清華五·耆門 20 各時（司）不解

清華五·三壽 09 羣=（君子）而不譚（讀）箸（書）占

清華五・三壽 10 則若火=（小人）之瘯（寵）痊（狂）而不吝（友）

清華五・三壽 12 而不智（知）邦之牆（將）芒（喪）

清華五・三壽 16 不力

清華五・三壽 20 昔勤不居

清華五・三壽 20 虜（浹）骭（衹）不易

清華五・三壽 22 音色柔丂（巧）而贍（叡）武不罔

清華五・三壽 25 昏（晦）則……戲（虐）怪（淫）自嘉而不纓（數）

清華五・三壽 26 迓（急）利嚚（傲）神慕（莫）鼻（恭）而不鼻（顧）

于逡（後）

（得）啚（惡）

清華六・孺子 02 古（故）君與夫=（大夫）（晏）女（焉）不相叟

（己）也

清華六・孺子 03 亡（無）不盈（盈）亓（其）志於虐（吾）君之君吕

清華六・孺子 04 不見亓（其）邦

清華六·孺子 04 亦不見亓(其)室

清華六·孺子 05 亓(其)可(何)不寶(保)

清華六·孺子 05 亓(其)可(何)不述(遂)

清華六·孺子 06 老婦亦不敢以朕(兄)弟昏(婚)因(姻)之言以䜌(亂)夫=(大夫)之正(政)

清華六·孺子 13 君共(拱)而不言

清華六·孺子 14 鞏(拱)而不言

清華六·孺子 16 二三夫=(大夫)不尚(當)母(毋)然

清華六·孺子 16 虐(吾)先君智(知)二三子之不忒=(二心)

清華六·孺子 17 不是肰(然)

清華六·管仲 01 君子爻(學)與不爻(學)

清華六·管仲 02 見不善者戒女(焉)

清華六・管仲 04 止（趾）不正則心卓（連）

清華六・管仲 04 心不情（靜）則手鈘（躁）

清華六・管仲 05 心煮（圖）亡（無）獸（守）則言不道

清華六・管仲 06 鋻（賢）礦（質）不匡（枉）

清華六・管仲 09 屮（草）木不辟（闢）

清華六・管仲 13 是古（故）六脜（擾）不脨（瘠）

清華六・管仲 14 民人不夭

清華六・管仲 16 管（孰）不可以爲君

清華六・管仲 20 忎（恐）皋（罪）之不培（竭）

清華六・管仲 20 不可以爲君才（哉）

清華六・管仲 21 又（有）攺不解（懈）

清華六・管仲 22 遇（昇）遜（務）不愈（偷）

清華六·管仲 23 好史（使）年（佞）人而不訏（信）誩（慎）良

清華六·管仲 23 不可以爲君才（哉）

清華六·管仲 27 衆利不及

清華六·管仲 29 不袋（勞）而爲臣袋（勞）虎（乎）

清華六·管仲 29 不若蕃算

清華六·管仲 30 不毄（穀）

清華六·管仲 30 爲君不袋（勞）而爲臣袋（勞）虎（乎）

清華六·太伯甲 01 不喜（穀）學（幼）弱

清華六·太伯甲 02 不喜（穀）以能與邍（就）宋（次）

清華六·太伯甲 02 今天爲不惠

清華六·太伯甲 02 與不喜（穀）爭白（伯）父

清華六·太伯甲 03 所天不豫（舍）白（伯）父

清華六・太伯甲 04 老臣□□□□母(毋)言而不堂(當)

清華六・太伯甲 04 爲臣而不諫

清華六・太伯甲 04 卑(譬)若轡而不軷(貳)

清華六・太伯甲 09 爲是牢鼩(鼠)不能同穴

清華六・太伯甲 09 亦不脆(逸)斬伐

清華六・太伯甲 10 長不能莫(慕)虖(吾)先君之武敵(烈)臧(壯)紅(功)

清華六・太伯甲 11 不善戈(哉)

清華六・太伯甲 12 君女(如)是之不能茅(戀)

清華六・太伯乙 01 不穀(穀)幽(幼)弱

清華六・太伯乙 02 不穀(穀)以能與遠(就)槊(次)

清華六・太伯乙 02 今天爲不惠

清華六·太伯乙 02 與不穀（穀）請（爭）白（伯）父

清華六·太伯乙 02 所天不豫（舍）白（伯）父

清華六·太伯乙 08 亓（其）爲是牢斞（鼠）不能同穴

清華六·太伯乙 08 亦不脆（逸）斬伐

清華六·太伯乙 09 長不能莫（慕）虖（吾）先君之武敢（烈）臧

（壯）矼（功）

清華六·太伯乙 11 君女（如）是之不能茅（戀）

清華六·太伯乙 10 不善戈（哉）

清華六·子儀 01 亓（其）旦不櫥（平）

清華六·子儀 01 非（靡）土不臥（飭）

清華六·子儀 03 不穀（穀）繻左

清華六·子儀 04 君及不穀（穀）剚（專）心穆（戮）力以左右者

（諸）侯

清華六·子儀04 則可(何)爲而不可

清華六·子儀07 是不攷而猶僅

清華六·子儀09 余惥(畏)亓(其)或(式)而不訐(信)

清華六·子儀09 昔之禶(臘)可(兮)余不與

清華六·子儀10 今兹之禶(臘)余或不與

清華六·子儀10 織紝之不成

清華六·子儀11 以不穀(穀)攸(修)遠於君

清華六·子儀11 可(何)爭而不好

清華六·子儀11 豉(豈)惥(畏)不趾(足)

清華六·子儀11 心則不歬(察)

清華六·子儀12 咎者不元

清華六·子儀13 不穀(穀)佰(宿)之霝(靈)岙(陰)

清華六·子儀13 盥（贏）氏多絲（絲）縉而不緯（續）

清華六·子儀14 級（給）織不能官尻

清華六·子儀14 占夢童（憎）永不休

清華六·子儀15 民忑（恆）不寅（寘）

清華六·子儀16 公及三方者（諸）邦（任）君不賭（瞻）皮（彼）泧

（沮）漳之川

清華六·子儀16 屏（開）而不虘（闔）殹（也）

清華六·子儀16 不穀（穀）欲裕我亡反副（復）

清華六·子儀17 不穀（穀）敢忢（愛）糧

清華六·子儀18 不終

清華六·子儀19 君不尚芒鄙王之北旻（沒）

清華六·子產01 不=訢=（不信不信）

清華六·子產 02 不良君古(怙)立(位)劫(固)寚(福)

清華六·子產 02 不思(懼)達(失)民

清華六·子產 03 子產所旨(嗜)欲不可智(知)

清華六·子產 07 子產不大宅彧(域)

清華六·子產 07 不⬚臺寢

清華六·子產 07 不勑(飾)岺(美)車馬衣裘

清華六·子產 10 臣人非所能不進

清華六·子產 10 旻(得)民天央(殃)不至

清華六·子產 11 此胃(謂)不事不戾

清華六·子產 11 此胃(謂)不事不戾

清華六·子產 15 不以冥=(冥冥)归(抑)福

清華六·子產 15 不以㣲(逸)求旻(得)

清華六·子產 15 不以利行直（德）

清華六·子產 15 不以唐（虐）出民力

清華六·子產 16 以谷（愨）事不善

清華六·子產 18 不我能鬲（亂）

清華六·子產 19 宰（卑）不足先善君之愴（驗）

清華六·子產 19 任砫（重）不果

清華六·子產 25 以㕜（釋）亡孝（教）不姑（辜）

清華六·子產 27 不用民於兵麈（甲）戰戜（鬬）

清華六·子產 28 可用而不勘（遇）大或（國）

清華七·子犯 01 公子不能芺（止）女（焉）

清華七·子犯 02 母（毋）乃猷（猶）心是不跂（足）也唐（乎）

清華七·子犯 02 不秉褶（禍）利

清華七·子犯 02 身不忍人

清華七·子犯 03 宔（主）女（如）曰疾利女（焉）不跂（足）

清華七·子犯 04 不閉（聞）良誯（規）

清華七·子犯 04 不諞（蔽）又（有）善

清華七·子犯 05 幸旻（得）又（有）利不忻蜀（獨）

清華七·子犯 05 不忻以人

清華七·子犯 05 不□□□夐（顧）監於訛（禍）

清華七·子犯 07 夫公子之不能居晉邦

清華七·子犯 08 割（曷）又（有）儠（僕）若是而不果以或（國）

清華七·子犯 09 上繐（繩）不遊（失）

清華七·子犯 09 斤亦不遱（懵）

清華七·子犯 09 不穀（穀）余敢蠠（問）亓（其）道絫（奚）女（如）

清華七·子犯 13 愳(懼)不死型(刑)以及于氒(厥)身

清華七·子犯 14 㠯(亡)人不孫(遜)

清華七·晉文公 01 以孤之舊(久)不㝵(得)

清華七·晉文公 02 以孤之舊(久)不㝵(得)

清華七·趙簡子 03 不善人退

清華七·趙簡子 03 子訇(始)造於不善

清華七·趙簡子 03 則不善人至

清華七·趙簡子 04 不可以

清華七·趙簡子 04 不戒巳(已)

清華七·趙簡子 06 臣不㝵(得)䎽(聞)丌(其)所繇(由)

清華七·趙簡子 06 臣亦不㝵(得)䎽(聞)丌(其)所繇(由)

清華七·趙簡子 09 冬不裘

清華七·趙簡子 09 頯(夏)不張籔(箅)

清華七·趙簡子 09 不飤(食)濡肉

清華七·趙簡子 11 不智(知)周室之……

清華七·越公 02 不天

清華七·越公 03 不才(在)毐(前)逡(後)

清華七·越公 04 募(寡)人不忍君之武礪(勵)兵甲之鬼(威)

清華七·越公 06 三(四)方者(諸)侯亓(其)或敢不賓于吳邦

清華七·越公 10 天不艿(仍)賜吳於雩(越)邦之利

清華七·越公 15 君雩(越)公不命使(使)人而夫=(大夫)辟(親)辱

清華七·越公 17 以民生之不長

清華七·越公 17 而自不終亓(其)命

 清華七·越公 20 鄸（邊）人爲不道

清華七·越公 20 不兹（使）達气（暨）

清華七·越公 21 君不尚（嘗）辟（親）有（右）募（寡）人

清華七·越公 24 孤敢不許諾

清華七·越公 27 不咎

清華七·越公 27 不惐（惎）

清華七·越公 27 不戮

清華七·越公 27 不罰

 清華七·越公 27 不禹（稱）民䂃（惡）

 清華七·越公 27 不禹（稱）貣（貸）殳（役）洫塗沟（溝）隁（塘）之 㣒（功）

 清華七·越公 35 乃莫不勑（耕）

清華七·越公 37 凡群厇（度）之不厇（度）

清華七·越公 37 群采勿（物）之不繢（對）

清華七·越公 41 今不若亓（其）言

清華七·越公 42 亡（無）敢反不（背）訐（欺）已（詒）

清華七·越公 45 不可

清華七·越公 46 則顯（顰）感（蹙）不念（豫）

清華七·越公 53 不共（恭）

清華七·越公 53 不敬（敬）

清華七·越公 57 乃徹（趣）取鏐（戮）于逡（後）至不共（恭）

清華七·越公 57 不兹（使）命朕（疑）

清華七·越公 58 亡（無）敢不敬（敬）

清華七·越公 67 不鼓

清華七·越公 67 不杲（噪）

清華七·越公 69 昔不穀（穀）先秉利於雩（越）

清華七·越公 70 不羕（祥）

清華七·越公 70 余不敢鹽（絕）祀

清華七·越公 70 今吳邦不天

清華七·越公 72 句戋（踐）不許吳成

清華七·越公 73 句戋（踐）不敢弗受

清華七·越公 73 殹民生不朸（仍）

清華七·越公 73 不穀（穀）亓（其）牆（將）王於甬句重（東）

清華七·越公 74 不才（在）耑（前）遂（後）

清華八·攝命 03 虔（且）今民不（丕）造不（丕）庚（康）

清華八·攝命 03 虔（且）今民不（丕）造不（丕）庚（康）

473

 清華八・攝命 06 不酓女（汝）鬼（威）

 清華八・攝命 09 惠不惠

 清華八・攝命 10 勿繇（繇）之庶不訓（順）

 清華八・攝命 10 女（汝）亦母（毋）不㱿（夙）夕巠（經）惪（德）

 清華八・攝命 15 女（汝）則亦隹（唯）肇不（丕）子不學

 清華八・攝命 15 不學

 清華八・攝命 15 不酓女（汝）

 清華八・攝命 18 不迻（之）則寍（俾）于余

 清華八・攝命 19 乃智（知）隹（唯）子不隹（唯）之頌（庸）

 清華八・攝命 20 女（汝）不廼是

清華八・攝命 21 女（汝）亦母（毋）敢鬼（畏）甬（用）不審不允

清華八・攝命 21 女（汝）亦母（毋）敢鬼（畏）甬（用）不審不允

清華八·攝命 22 不明于民

清華八·攝命 23 亯(享)卻(載)不𠈇(孚)

清華八·攝命 25 穆=(穆穆)不(丕)顯

清華八·攝命 26 不則戠(職)智(知)之䎽(聞)之言

清華八·攝命 27 不則高諅(奉)乃身

清華八·攝命 28 亦則隹(唯)肇(肇)不逨(咨)逆所(許)朕命

清華八·邦政 04 亓(其)未(昧)不敵(齊)

清華八·邦政 04 亓(其)政坪(平)而不敺(苛)

清華八·邦政 04 亓(其)立(位)受(授)能而不埊(外)

清華八·邦政 04 亓(其)分也均而不念(貪)

清華八·邦政 06 弟子不敷(轉)遠人

清華八·邦政 06 不内(納)誨(謀)夫

清華八・邦政 08 亓(其)祭粥(拂)以不時以娶(數)

清華八・邦政 09 亓(其)政㠭(苛)而不達

清華八・邦政 11 亓(其)頪(類)不長䖒(乎)

清華八・處位 04 夫不斀(度)政者

清華八・處位 04 不見而沒卬(抑)不由

清華八・處位 04 不見而沒卬(抑)不由

清華八・處位 05 史(使)人乃奴(若)無耑(前)不忘

清華八・處位 07 或忍(恩)觀(寵)不遜(襲)

清華八・處位 07 亓(其)諲(徵)而不𡛷(傾)㥯(惻)

清華八・處位 08 人而不足甬(用)

清華八・處位 10 少(小)民而不智(知)利政

清華八・邦道 01 不孚(免)

清華八·邦道 01 以不廬(掩)于志

清華八·邦道 02 □□[瀍](廢)嬰(興)之不氐(度)

清華八·邦道 02 古(故)禍(禍)福不遠

清華八·邦道 02 是以不佁(殆)

清華八·邦道 02 是以不羋(辨)貴俴(賤)

清華八·邦道 04 不返(及)高立(位)厚飤(食)

清華八·邦道 04 以居不懁(還)

清華八·邦道 04 是以訨(仁)者不甬(用)

清華八·邦道 04 古(故)宊(宅)寓不夆(理)

清華八·邦道 05 古(故)嬰(興)不可以幸

清華八·邦道 05 既亓(其)不兩於煮(圖)

清華八·邦道 05 窒(遠)才(在)下立(位)而不由者

清華八·邦道06 皮（彼）聖士之不由

清華八·邦道06 卑（譬）之猷（猶）戠（歲）之不㞷（時）

清華八·邦道06 水䕶（旱）、雨零（露）之不氐（度）

清華八·邦道06 以瘀不成

清華八·邦道08 皮（彼）善與不善

清華八·邦道09 則悎（患）不至

清華八·邦道10 則下不敢悥上

清華八·邦道11 母（毋）喬（驕）大以不龏（恭）

清華八·邦道11 則眾不戔（賤）

清華八·邦道11 唯皮（彼）瀌（廢）民之不墅（循）教者

清華八·邦道12 愳（偽）不复（作）

清華八·邦道14 是不攺（改）

清華八·邦道14 不戺（謀）初怸（過）之不立

清華八・邦道 14 不㥑(謀)初怣(過)之不立

 清華八・邦道 14 闘固以不甂于上

 清華八・邦道 14 命是以不行

 清華八・邦道 14 進退不劼(稽)

 清華八・邦道 15 上有怣(過)不加之於下

 清華八・邦道 15 下有怣(過)不敢以憮(誣)上

 清華八・邦道 16 不可不話(慎)

 清華八・邦道 16 不可不話(慎)

 清華八・邦道 17 睪(舉)而不氏(度)

 清華八・邦道 18 皮(彼)智(知)上之請(情)之不可以幸

 清華八・邦道 20 上不悥(憂)

 清華八・邦道 20 男女不逹(失)亓(其)時(時)

清華八·邦道 21 不厚瓞(葬)

清華八·邦道 21 不记(起)事於戎(農)之厽(三)時

清華八·邦道 21 民不援(緩)

清華八·邦道 23 子孫=(子孫)不逗(屬)

清華八·邦道 24 水旱不咅(時)

清華八·邦道 24 忎(仁)聖不出

清華八·邦道 24 覜(盜)惥(賊)不爾(弭)

清華八·邦道 25 是亓(其)不均

清華八·邦道 25 是亓(其)不咅(時)虖(乎)

清華八·邦道 26 巳(已)孚(孚)不禹(稱)虖(乎)

清華八·心中 03 百體四叜(相)莫不噕(逸)溠(沈)

清華八·心中 03 而不智(知)亓(其)釆(卒)

清華八·心中 03 不唯愳（謀）而不叿（度）唐（乎）

清華八·心中 03 不唯愳（謀）而不叿（度）唐（乎）

清華八·心中 03 女（如）愳（謀）而不叿（度）

清華八·天下 02 女（如）不旻（得）亓（其）民之情爲（僞）

清華八·天下 03 女（如）不旻（得）□□之青（情）

清華八·天下 07 女（如）不旻（得）用之

清華八·天下 07 孫=（子孫）不眉（昌）

清華八·八氣 02 不可以再（稱）火

清華八·虞夏 01 昏（海）外又（有）不至者

清華八·虞夏 02 昏（海）内又（有）不至者

清華八·虞夏 03 昏（海）外之者（諸）侯逗（歸）而不坙（來）

～，與（上博二·容 33）、（上博四·昭 6）、（上博四·曹 3）、

（上博六·孔 9）同。《說文·不部》："不，鳥飛上翔不下來也。从一，一猶

天也。象形。"

清華一·尹至03"不章",讀爲"不彰",不顯。張衡《思玄賦》:"恐漸冉而無成兮,留則蔽而不彰。"

清華一·尹至05"不懌",讀爲"不僭"。《詩·大雅·抑》:"不僭不賊。"毛傳:"僭,差也。"

清華一·尹誥02"今句耆不藍",讀爲"今后何不監"。《詩·小雅·節南山》:"國既卒斬,何用不監!"

清華一·程寤05"不違",不違背。

清華一·程寤05"不可藥",不可救藥。

清華一·程寤06"不式",讀爲"不貳",專一,無二心。《左傳·昭公十三年》:"君苟有信,諸侯不貳,何患焉?"《楚辭·九章·惜誦》:"事君而不貳兮,迷不知寵之門。"

清華一·程寤07"不忍",不忍心。《說苑·至公》:"大王有至仁之恩,不忍戰百姓。"《穀梁傳·桓公元年》:"先君不以其道終,則子弟不忍即位也。"(《讀本一》第60頁)

清華七·越公04"不忍",不能忍受。《孟子·離婁下》:"我不忍以夫子之道,反害夫子。"

清華一·程寤07"不義",或讀爲"不宜",屬下讀。

清華一·程寤08"不才",讀爲"不栽(災)",不危。《爾雅·釋詁上》:"栽,危也。"

清華一·程寤09"不可以",《左傳·隱公五年》:"不備不虞,不可以師。"

清華一·程寤09、清華一·保訓11"日不足",《逸周書·大開》有"維宿不悉日不足",《小開》有"宿不悉日不足",潘振《周書解義》:"日不足,嫌日短也。"《詩·小雅·天保》:"降爾遐福,維日不足。"鄭箋:"天又下予女以廣遠之福,使天下溥蒙之,汲汲然如日且不足也。"

清華一·保訓02"忎不女及訓",讀爲"恐不汝及訓",即"恐不及訓汝"。

清華一·保訓05"不諱",讀爲"不違",不違背。

清華一·保訓06"咸川不諍",讀爲"咸順不逆"。《晏子春秋·内篇諫下》:"其動作,倪順而不逆,可以奉生,是以下皆法其服,而民爭學其容。"《禮記·祭統》:"孝者畜也。順于道不逆於倫,是之謂畜。"

清華一·保訓06"言不易實兑名",讀爲"言不易實變名",是說不變亂名實。《管子·九守》:"修名而督實,按實而定名。名實相生,反相爲情。名實當則治,不當則亂。"又見於《六韜·上賢》《孟子·告子下》《荀子·正名》等。

清華一·保訓 07"翼=不解",讀爲"翼翼不懈"。參《管子·弟子職》:"小心翼翼,一此不解。"

清華三·琴舞 06"佪夜不解",讀爲"夙夜不懈"。《吕氏春秋·孝行覽》:"武王事之,夙夜不懈,亦不忘王門之辱。""不懈",不怠惰,不鬆懈。《國語·周語中》:"以敬承命則不違,以恪守業則不懈。"

清華一·保訓 10"不舊",讀爲"不久",指相隔不長的時間。曹冏《六代論》:"建置不久,則輕下慢上,平居猶懼其離叛,危急將如之何?"

清華一·保訓 11"不羕",讀爲"不永",不長久。韋孟《諷諫詩》:"迺及夷王,克奉厥緒,咨命不永,惟王統祀。"或讀爲"不詳"。

清華一·耆夜 05"不睪",讀爲"不擾",不擾動。(《讀本一》第 124 頁)

清華一·耆夜 08、清華三·琴舞 12"不㬎",讀爲"丕顯",猶英明。《書·康誥》:"惟乃丕顯考文王,克明德慎罰。"

清華一·耆夜 10、12"不惪不藥",讀爲"不喜不樂"。《詩·唐風·蟋蟀》:"今我不樂,日月其除。"

清華一·金縢 04"不若",不如,比不上。《墨子·親士》:"歸國寶不若獻賢而進士。"

清華五·封許 08"余既監于殷之不若",《書·高宗肜日》:"民有不若德。"屈萬里《尚書集釋》:"若,順也。若德,謂順從美德行事。"(臺灣聯經出版事業公司,一九八三年,第一〇〇頁)。《左傳·昭公二十六年》:"王昏不若。"

清華七·越公 41"今不若亓言",讀爲"今不若其言",過去對我如此説,現在不像那時説的那樣,意在責其不信。

清華一·金縢 05"尔不我卸",讀爲"爾不我許",即爾不許我,賓語前置。今本《書·金縢》作"爾之許我"。

清華一·金縢 07"公㪿(將)不利於需(孺)子",今本《書·金縢》作"公將不利於孺子"。

清華一·皇門 01"䊷(肆)朕沖(沖)人非敢不用明刑",今本《逸周書·皇門》作"非不用明刑"。

清華一·皇門 02"則不共(恭)于卹",今本《逸周書·皇門》作"不綏于卹"。或讀爲"丕恭于卹"。(孫飛燕)

清華一·皇門 03"亡(無)不嚻(閲)達",今本《逸周書·皇門》作"罔不允通"。

清華一·皇門05"百眚（姓）萬民用亡（無）不順（擾）比才（在）王廷"，今本《逸周書·皇門》作"用罔不茂在王庭"。

清華一·皇門06"遠土不（丕）承"，今本《逸周書·皇門》作"王用奄有四鄰，遠土丕承"，陳逢衡注："奄有四鄰遠土，謂有天下。"《詩·大雅·抑》："萬民靡不承。"

清華一·皇門08"弗畏不恙"，讀爲"不祥"，不善。今本《逸周書·皇門》作"作威不祥"，孔晁注："祥，善也。"

清華一·皇門08"不肎（肯）惠聖（聽）亡（無）辠（罪）之詞（辭）"，今本《逸周書·皇門》作"不屑惠聽"。

清華一·皇門08"乃隹（惟）不訓（順）是絧（治）"，今本《逸周書·皇門》作"乃惟不順之言于是"。

清華一·皇門10"以不利氒（厥）辟氒（厥）邦"，今本《逸周書·皇門》作"以不利于厥家國"。

清華一·皇門12"邦亦不宓（寧）"，今本《逸周書·皇門》作"國亦不寧"。

清華一·祭公02"不余"，清華一·保訓01、清華一·金縢01"不瘥"，均讀爲"不豫"，天子有病的諱稱。《逸周書·五權》："維王不豫，于五日召周公旦。"朱右曾《校釋》："天子有疾稱不豫。"

清華七·越公46"不念"，讀爲"不豫"，不高興。《孟子·梁惠王下》："吾王不豫，吾何以助？"《孟子·公孫丑下》："夫子若有不豫色然。"

清華一·祭公02"不沜"，讀爲"不淑"，不善，不良。《詩·鄘風·君子偕老》："子之不淑，云如之何！"鄭箋："子乃服飾如是，而爲不善之行。"

清華一·祭公03、10"不瘳"，疾病不愈。《詩·鄭風·風雨》："風雨瀟瀟，雞鳴膠膠，既見君子，云胡不瘳。"朱熹注："瘳，病癒也。"

清華一·祭公07"公禹（稱）不（丕）顯惪（德）"，今本《逸周書·祭公》作"公稱丕顯之德"。

清華一·祭公13"不（丕）隹（惟）周之旁（旁）"，今本《逸周書·祭公》作"丕維周之基"。

清華一·祭公13"不（丕）隹（惟）句（后）禝（稷）之受命是羕（永）臮（厚）"，今本《逸周書·祭公》作"丕維后稷之受命"。

清華一·祭公13"不（丕）隹（惟）周之臮（厚）屏（屏）"，今本《逸周書·祭公》作"丕維周之始并"。

清華一·祭公14"不（丕）則亡遺逡（後）"，今本《逸周書·祭公》作"丕則無遺後難"。

清華一·祭公 15"不（丕）隹（惟）文武之由",今本《逸周書·祭公》作"丕維文王由之"。

清華一·祭公 15"不（丕）則靈（寅）言孳（哉）",今本《逸周書·祭公》作"我不則寅哉寅哉"。

清華一·祭公 18"寺（時）隹（惟）大不弔（淑）孳（哉）",今本《逸周書·祭公》作"時維大不弔哉"。

清華二·繫年 001"不龏",讀爲"不恭"。《國語·晉語八》:"公族之不恭,公室之有回,内事之邪,大夫之貪,是吾罪也。"《吴越春秋·夫差内傳》:"今齊不賢於楚,又不恭王命。"

清華二·繫年 008"不朝于周",《左傳·僖公五年》:"鄭伯喜於王命而懼其不朝於齊也,故逃歸不盟。"

清華二·繫年 045"鄭降秦不降晉",參《左傳·僖公三十年》:"九月甲午,晉侯、秦伯圍鄭,以其無禮於晉,且貳於楚也……秦伯説,與鄭人盟,使杞子、逢孫、揚孫戍之,乃還。"

清華二·繫年 091、093"不果",没有成爲事實,終於没有實行。《孟子·公孫丑下》:"固將朝也,聞王命而遂不果。"

清華二·繫年 102"不解韔",讀爲"不解甲",不脱下戰衣。《吴子·料敵》:"道遠日暮,士衆勞懼,倦而未食,解甲而息。"

清華二·繫年 103"至今齊人以不服于晉",《左傳·襄公四年》:"陳不服於楚,必亡。""不服",不臣服,不順服。《書·立政》:"至於海表,罔有不服。"

清華三·琴舞 08"日内（人）皋（罪）舉（舉）不"之"不",讀爲"否",訓爲"惡"。"寍（寧）"屬下讀。（白於藍）

清華三·説命中 04"女不瞑眴",讀爲"如不瞑眩"。《國語·楚語上》作"若藥不瞑眩,厥疾不瘳"。

清華三·説命中 05"不恙",讀爲"不祥"。《書·君奭》:"其終出于不祥。"

清華三·説命中 07"若詆不視",讀爲"若抵不視"。《國語·楚語上》作"若跋不視地,厥足用傷"。

清華三·説命中 07"吉不吉",吉事反成不吉。

清華三·説命下 05"亓（其）又廼司四方民不（丕）克明"之"不",讀爲"丕"。

清華三·説命下 07"罔不",《書·多士》:"殷王亦罔敢失帝,罔不配天其澤。"

清華三·説命下 08"不克",不能。《詩·齊風·南山》:"析薪如之何,匪斧不克。"毛傳:"克,能也。"

　　清華三·琴舞04"不异不杲",讀爲"丕承丕顯"。《詩·周頌·清廟》作"不顯不承"。"丕承",很好地繼承。《書·君奭》:"惟文王德丕承無疆之恤。"《孟子·滕文公下》引《書》:"丕顯哉文王謨,丕承哉武王烈。"

　　清華三·琴舞04"不曹",讀爲"不造"。《詩·周頌·閔予小子》:"遭家不造。"鄭箋:"遭武王崩,家道未成。"

　　清華三·琴舞06"不易",不變易。《書·盤庚中》:"今予告汝不易。"孔穎達疏引鄭玄云:"我所以告汝者不變易。"

　　清華三·琴舞07"不宓",讀爲"丕寧"。《詩·大雅·生民》:"上帝不寧。"毛傳:"不寧,寧也。"一説"不寧",不安寧。蔡侯申鐘(《集成》00210):"余唯末少(小)子,余非敢寧忘(荒)。"

　　清華三·琴舞11"天之不易",《書·大誥》:"爾亦不知天命不易。"《君奭》:"不知天命不易。"

　　清華三·琴舞12"不遴",讀爲"不佚",與三啓之"不逸"同義。

　　清華三·琴舞14"不畀",不賜予。《書·多士》:"惟天不畀允罔固亂,弼我,我其敢求位?"

　　清華三·芮良夫02、17、28"不寧",不安定,不安寧。《禮記·月令》:"(季秋之月)行冬令,則國多盜賊,邊竟不寧,土地分裂。"

　　清華三·芮良夫06"不臧",不善,不良。《詩·邶風·雄雉》:"不忮不求,何用不臧。"

　　清華三·芮良夫07"不齊",《管子·國蓄》:"法令之不行,萬民之不治,貧富之不齊也。"

　　清華三·芮良夫08"不敬",怠慢,無禮。《論語·爲政》:"子游問孝,子曰:今之孝者,是謂能養;至於犬馬皆能有養。不敬,何以別乎?"《國語·周語上》:"吕甥、郤芮相晉侯不敬。"

　　清華三·芮良夫08"不藍于覿商",讀爲"不鑒于夏商"。《國語·吴語》:"今齊侯壬不鑒於楚。又不承共王命,以遠我一二兄弟之國。"

　　清華三·芮良夫10"不遠亓惻",讀爲"不遠其則"。《詩·豳風·伐柯》:"伐柯伐柯,其則不遠。""不遠其則"即"其則不遠"的倒裝。

　　清華三·芮良夫16"不秉純悳",讀爲"不秉純德",不保持美德。《書·君奭》:"百姓王人,罔不秉德明慎。"

　　清華三·芮良夫27"我心不快",《易·艮》:"六二,艮其腓,不拯其隨,其心不快。"《易·旅》:"得其資斧,心未快也。"

清華三·赤鵠03"尔不我嘗",即"尔不嘗我",賓語前置。

清華五·厚父03"不盤於庚",讀爲"不盤於康"。《書·無逸》:"文王不敢盤於遊田,以庶邦惟正之供。文王受命惟中身,厥享國五十年。"孔穎達疏引《釋詁》云:"盤,樂也。"

清華五·厚父09、10"不羕",讀爲"不祥",不吉利。《易·困》:"入于其宫,不見其妻,不祥也。"孔穎達疏:"祥,善也,吉也。不吉,必有凶也。"

清華五·厚父11、清華七·越公35、清華八·心中03"莫不",無不,沒有一個不。《詩·周頌·時邁》:"薄言震之,莫不震疊。"

清華五·封許03"不苟",讀爲"丕敬"。

清華五·封許05"不覞",讀爲"不果"。《孟子·盡心下》注:"果,侍也。"史牆盤(《集成》10175):"方䜌(蠻)亡(無)不覞見。"侍見有朝見之意。

清華五·命訓02"或司不義而墬(降)之褙(禍)",《逸周書·命訓》作"夫或司不義,而降之禍"。

清華五·命訓03"夫民生而佴(恥)不明",《逸周書·命訓》作"夫民生而醜不明"。

清華五·命訓05"不威則不卲(昭)",《逸周書·命訓》作"不威則不昭"。

清華五·命訓06"正人亡(無)亟(極)則不哼(信)",《逸周書·命訓》作"正人無極則不信"。

清華五·命訓06"不信則不行",《逸周書·命訓》作"不信則不行"。

清華五·命訓08"迁(干)善韋(違)則不行",《逸周書·命訓》作"干善則不行"。

清華五·命訓09"瘍(傷)人則不罰(義)",《逸周書·命訓》作"傷人則不義"。

清華五·命訓09"無壤(讓)則不川(順)",《逸周書·命訓》作"無讓則不順"。

清華五·命訓10"多虞(詐)則不=忠=(不忠,不忠)則亡(無)遌(復)",《逸周書·命訓》作"多詐則不忠,不忠則無報"。

清華五·命訓11"民甬(用)不逑(失)",《逸周書·命訓》作"民用而不失"。

清華五·命訓12"耑(權)不驫(法)",《逸周書·命訓》作"權不法"。

清華五·命訓12"中不忠",《逸周書·命訓》作"忠不忠"。

清華五·命訓13"[賞]不從袋(勞)",《逸周書·命訓》作"賞不從勞"。

清華五·命訓13"事不䚻(震)",《逸周書·命訓》作"事不震"。

清華五·命訓13"正(政)不成",《逸周書·命訓》作"政不成"。

清華五·命訓 13"敎(藝)不逸(淫)",《逸周書·命訓》作"藝不淫"。

清華五·命訓 13"樂不繡(伸)",《逸周書·命訓》作"樂不滿"。

清華五·命訓 13"哀不至",《逸周書·命訓》作"哀不至"。

清華五·命訓 13"均不鼠-(一)",《逸周書·命訓》作"均不壹"。

清華五·命訓 13"季(惠)而不忉=(忍人)",《逸周書·命訓》作"惠不忍人"。

清華五·命訓 13"人不兣(勝)[害]",《逸周書·命訓》作"人不勝害"。

清華五·命訓 14"[害]不智(知)死",《逸周書·命訓》作"害不如死"。

清華五·命訓 14"均一不和",《逸周書·命訓》作"均一則不和"。

清華五·命訓 14"豊(禮)[亡(無)旹(時)]則不貴",《逸周書·命訓》作"禮無時則不貴"。

清華五·命訓 14"正(政)成則不長",《逸周書·命訓》作"政成則不長"。

清華五·命訓 14"袈(勞)而不至",《逸周書·命訓》作"勞而不至"。

清華五·命訓 15"尚(賞)不扎(必)中",《逸周書·命訓》作"賞不必中"。

清華五·湯丘 16"器不敝鏤",即"器不雕鏤"。《左傳·哀公元年》:"昔闔廬食不二味,居不重席,室不崇壇,器不彤鏤。"

清華五·三壽 16"不力",不盡力,不用力。《後漢書·楊終傳》:"漢興,諸侯王不力教誨,多觸禁忌,故有亡國之禍。"

清華六·孺子 13、14"不言",不說。

清華六·孺子 16"不二心",沒有異心,忠實。《書·康王之誥》:"則亦有熊羆之士、不二心之臣,保乂王家。"

清華六·管仲 09"芔(草)木不辟",見《越絕書·越絕計倪內經》:"農傷則草木不辟,末病則貨不出。"

清華六·太伯甲 04"爲臣而不諫",《孟子·萬章上》:"宮之奇諫,百里奚不諫。"

清華六·子儀 01"亓旦不櫚",讀爲"其旦不平",表示還不到"平旦"。

清華六·子儀 11"不戟",讀爲"不察",不察知,不了解。《楚辭·離騷》:"荃不察余之中情兮,反信讒而齌怒。"

清華六·子儀 12"咎者不元",或讀作"舊者不怨",意謂過去的事情就不要再怨恨了。

清華六·子儀 16"不盧",不闚。

清華六·子儀 18"不終",沒有結果,沒有到底。《左傳·僖公十六年》:"明年齊有亂,君將得諸侯而不終。"

清華六·子產02"不良",不善,不好。《詩·陳風·墓門》:"夫也不良,國人知之。"鄭箋:"良,善也。"

清華六·子產02"不悬",即"不懼",不恐懼,不害怕。

清華六·子產07"子產不大宅寢",讀爲"子產不大宅域"。《管子·四稱》:"昔者無道之君,大其宮室,高其臺榭,良臣不使,讒賊是舍。"

清華六·子產07"不勑",讀爲"不飾",不修飾,裝飾。《左傳·哀公元年》:"昔闔廬食不二味,居不重席,室不崇壇,器不彤鏤,宮室不觀,舟車不飾,衣服財用,擇不取費。"

清華六·子產25"不姑",讀爲"不辜",無罪。《墨子·非攻上》:"至殺不辜人也,扡其衣裘、取戈劍者,其不義又甚入人欄廄,取人馬牛。"《呂氏春秋·聽言》:"誅不辜之民以求利。"

清華七·子犯02"不忍人",《國語·晉語一》:"其爲人也,小心精潔,而大志重,又不忍人。精潔易辱,重償可疾,不忍人,必自忍也。"韋昭注:"不忍施惡於人。"

清華七·子犯04"不諴又善",讀爲"不蔽有善"。《韓非子·內儲說上》:"君子不蔽人之美,不言人之惡。"

清華七·趙簡子09"冬不裘",《公羊傳·桓公八年》:"士不及茲四者,則冬不裘,夏不葛。"

清華七·趙簡子09"不飤",即"不食",不吃。《論語·衛靈公》:"吾嘗終日不食。"《史記·魏其武安侯列傳》:"太后怒,不食。"

清華七·越公02、70"不天",不爲天所佑助。《左傳·宣公十二年》:"鄭伯肉袒牽羊以逆,曰:'孤不天,不能事君,使君懷怒,以及敝邑,孤之罪也。'"杜預注:"(不天),不爲天所佑。"

清華七·越公03"不才朁逡",讀爲"不在前後",大意是不在先不在後。《國語·吳語》:"天既降禍於吳國,不在前後,當孤之身。"

清華七·越公04"不忍",不能忍受。《孟子·離婁下》:"我不忍以夫子之道,反害夫子。"

清華七·越公06"不賓",不賓服。《管子·小匡》:"故東夷、西戎、南蠻、北狄,中國諸侯,莫不賓服。"

清華七·越公17"以民生之不長",人的壽命不長。《國語·吳語》:"因使人告於吳王曰:'天以吳賜越,孤不敢不受。以民生之不長,王其無死!民生於地上,寓也,其與幾何?'"

清華七·越公20"不道",無道,胡作非爲。《國語·晉語八》:"公子辱於弊邑,必避不道也。"

清華七·越公21"不尚",讀爲"不嘗",不曾。《史記·刺客列傳》:"於是襄子乃數豫讓曰:'子不嘗事范、中行氏乎?'"

清華七·越公24"孤敢不許諾",《晏子春秋·內篇諫下》:"《詩》云:'穀則異室,死則同穴。'吾敢不許乎?"

清華七·越公27"不咎",不責怪。《論語·八佾》:"遂事不諫,既往不咎。"

清華七·越公27"不戮",不刑罰。《左傳·僖公二十七年》:"楚子將圍宋,使子文治兵於睽,終朝而畢,不戮一人。"

清華七·越公27"不罰",不懲罰。

清華七·越公27"不禹",讀爲"不稱",不追究。

清華七·越公37"不氒",讀爲"不度",不合法度,不遵禮度。《左傳·隱公元年》:"今京不度。"杜預注:"不合法度。"

清華七·越公37"不繢",讀爲"不對",不匹配,意思是有悖於常典。

清華七·越公53"不共不敬",讀爲"不恭不敬",不恭敬。

清華七·越公67"不鼓不喿",讀爲"不鼓不噪",不擂鼓吶喊。

清華七·越公70"不羕",讀爲"不祥"。《國語·吳語》:"孤無奈越之先君何,畏天之不祥。"

清華七·越公72"句戔不許吳成",讀爲"句踐不許吳成"。《國語·吳語》:"乃不許成。"

清華八·攝命03"不造不庚",讀爲"丕造不康",謂大遭不康。或説"不造"如字讀。《詩·大雅·思齊》"小子有造",毛傳:"造,爲也。"鄭箋:"小子,其弟子也。文王在於宗廟,德如此,故大夫士皆有德,子弟皆有所造成。"

清華八·攝命06、15"不啻",見《書·多士》"爾不克敬,爾不啻不有爾土,予亦致天之罰於爾躬",孔傳:"汝不能敬順,其罰深重,不但不得還本土而已,我亦致天罰於汝身。"

清華八·攝命09"惠不惠",《書·康誥》:"惠不惠,懋不懋。已,汝惟小子,乃服惟弘。"《左傳·昭公八年》:"《周書》曰'惠不惠,茂不茂',康叔所以服弘大也。"杜預注:"言當施惠於不惠者,勸勉於不勉者。"

清華八·攝命15"不子",讀爲"丕子"。《書·金滕》"是有丕子之責于天",孔傳:"大子之責。"

清華八·攝命21"不審不允",指不明察不真實。

清華八·攝命 25"不顯",讀爲"丕顯",猶英明。《書·康誥》:"惟乃丕顯考文王,克明德慎罰。"袁宏《後漢紀·章帝紀》:"咨王丕顯,勤王室,親命受策;昭于前世,出作蕃輔,克慎明德。"

清華八·邦政 04"不懠",讀爲"不齊",不調和。《禮記·少儀》"凡羞有湆者,不以齊",鄭注:"齊,和也。"

清華八·邦政 04"亓政坪而不䡉",讀爲"其政平而不苛"。《文子·上仁》:"法令察而不苛,耳目聰而不闇,善否之情,日陳於前而不逆。"

清華八·邦政 04"不外",不疏遠。

清華八·邦政 04"亓分也均而不念",讀爲"其分也均而不貪"。《論語·堯曰》:"君子惠而不費,勞而不怨,欲而不貪,泰而不驕,威而不猛。"

清華八·邦政 08"不時",不按時節。

清華八·處位 05"不忘",讀爲"不妄",不妄行,亂行。

清華八·處位 07"不迊",讀爲"不襲"。

清華八·邦道 01"不厱于志",讀爲"不掩于志",不掩于志,指不能實現其目標。

清華八·邦道 02"古褐福不遠",讀爲"故禍福不遠"。《淮南子·詮言》:"章人者,息道者也;人章道息,則危不遠矣。"

清華八·邦道 02"不佁",讀爲"不殆",不危險。《孫子·謀攻》:"知彼知己者,百戰不殆。"王晳注:"殆,危也。"《老子》:"知足不辱,知止不殆。"

清華八·邦道 02"不䛐",讀爲"不辨",不能分辨。《左傳·成公十八年》:"周子有兄而無慧,不能辨菽麥。"

清華八·邦道 04"不㩦",讀爲"不理",不治。

清華八·邦道 06"歲之不當",即"歲之不時"。《左傳·昭公元年》:"日月星辰之神,則雪霜風雨之不時,於是乎禜之。"

清華八·邦道 06"水覃、雨零之不厇",讀爲"水旱、雨露之不度"。《墨子·尚同中》:"故當若天降寒熱不節,雪霜雨露不時,五穀不孰,六畜不遂,疾菑戾疫,飄風苦雨,荐臻而至者,此天之降罰也,將以罰下人之不尚同乎天者也。"

清華八·邦道 24"水旱不肯(時)",參上。

清華八·邦道 12"不復",即"不作",不興起,不興盛。《禮記·樂記》:"暴民不作,諸侯賓服。"孔穎達疏:"不作,謂不動作也。"《孟子·滕文公下》:"聖王不作,諸侯放恣。"趙岐注:"不作,聖王之道不興。"《韓詩外傳》卷三:"無令財貨上流,則逆不作。"

清華八·邦道20"男女不遠亓時",讀爲"男女不失其時"。《韓詩外傳》卷三:"男女不失時以偶,孝子不失時以養。"

清華八·邦道21"不厚妝",即"不厚葬"。《論語·先進》:"顏淵死,門人欲厚葬之,子曰:'不可。'"

清華八·邦道21"不記事於戎之厽時",讀爲"不起事於農之三時",意謂不占用春夏秋三個農時。

清華八·邦道23"不逗",讀爲"不屬",不續。

清華八·邦道24"不爾",讀爲"不弭",不止。《論衡·累害篇》:"不理身冤,不弭流言,受垢取毀,不求潔完,故惡見而善不彰,行缺而跡不顯。"

清華八·邦道25"不均",不公平,不均匀。《詩·小雅·北山》:"大夫不均,我從事獨賢。"鄭箋:"王不均大夫之使。"

清華八·天下07"孫=不眉",讀爲"子孫不昌"。《文子·上德》:"天氣不下,地氣不上,陰陽不通,萬物不昌,小人得勢,君子消亡,五穀不植,道德內藏。"

清華八·虞夏01、02"不至",不到。《禮記·坊記》:"以此坊民,婦猶有不至者。"

清華一·保訓11、清華六·子產19、清華八·處位08"不足",不充足,不夠。《老子》:"天之道,損有餘而補不足;人道則不然,損不足,奉有餘。"《荀子·禮論》:"斷長續短,損有餘,益不足,達愛敬之文,而滋成行義之美者也。"

清華六·管仲02、清華六·太伯甲11、太伯乙10、清華六·子產16、清華七·趙簡子03、清華八·邦道08"不善",不好。《莊子·至樂》:"將子有不善之行,愧遺父母妻子之醜而爲此乎?"

清華八·虞夏03"不秳",即"不來",不歸。《詩·小雅·采薇》:"憂心孔疚,我行不來。"朱熹《集傳》:"來,歸也。"

清華"不毂",讀爲"不穀",不善。古代王侯自稱的謙詞。《老子》:"貴以賤爲本,高以下爲基,是以侯王自謂孤、寡、不穀。"《左傳·僖公四年》:"齊侯曰:'豈不穀是爲,先君之好是繼,與不穀同好如何?'"

清華"不敢",謂沒膽量,沒勇氣。亦表示沒有膽量做某事。《孟子·公孫丑下》:"我非堯舜之道,不敢以陳於王前,故齊人莫如我敬王也。"

清華"不可",不可以,不可能。《公羊傳·文公九年》:"緣民臣之心,不可一日無君;緣終始之義,一年不二君。"

清華"不智",讀爲"不知"。

伓

清華一·保訓 08 又(有)易伓(服)氒(厥)辠(罪)

清華一·祭公 20 羒(蠻)伓(服)之

清華七·越公 22 伓虛宗宙(廟)

清華七·越公 47 瞽(譖)民則伓(背)

～，與 ![] (上博二·子 10)、![] (上博五·競 3)同，从"人"，"不"聲，"倍"字異體。《說文·人部》："倍，反也。从人，咅聲。"

清華一·保訓 08"伓"，即"倍"，讀爲"服"。簡文"服氒罪"，即"伏其罪"。《左傳·隱公十一年》："君謂許不共，故從君討之。許既伏其罪矣，雖君有命，寡人弗敢與聞。"

清華一·祭公 20"伓"，即"倍"，讀爲"服"。《爾雅·釋詁》："服，事也。""羒伓"，或讀爲"嬖傅"，以正法輔佐、教導天子。（《讀本一》第 271 頁）

清華七·越公 22"伓虛"，讀爲"背虛"，抛棄使虛空。（石小力）或讀爲"圮墟"，毀爲廢墟。"圮墟"，同義詞聯用。

清華七·越公 47"伓"，讀爲"背"，棄。《史記·孟嘗君列傳》："客見文一日廢，皆背文而去，莫顧文者。"

訃

清華七·越公 38 訉(反)訃(背)訮(欺)巳(詒)

～，从"言"，"不"聲。

清華七·越公 38"訉訃訮巳"，43 號簡作"反不訮巳"，疑讀爲"反背欺詒"，指言語不實，顛倒欺詐等。"訉訃"，讀爲"反背"，背離事實真相。《史記·項羽本紀》:"請往謂項伯,言沛公不敢背項王也。"

否

清華三・芮良夫03 鬩(間)鬲(隔)若(若)否

清華五・厚父03 啻(問)民之若否

清華六・子產10 外戠(仇)否

清華八・攝命02 甚余我邦之若否

清華八・攝命20 隹(唯)人乃亦無智(知)亡聶(聞)于民若否

~,所從"口",或省作"⌣",或加一短横,和(上博三・周31)同。《說文・不部》:"否,不也。从口、从不,不亦聲。"

清華三・芮良夫03,清華五・厚父03,清華八・攝命02、20"若否",善惡。《詩・大雅・烝民》:"邦國若否,仲山甫明之。"鄭箋:"若,順也。順否,猶臧否,謂善惡也。"

清華六・子產10"外戠(仇)否"之"否",《經傳釋詞》卷十云:"無也。"或以爲"否"係"不"的訛誤。或讀爲"附"。(暮四郎)

俖

清華六・子產22 俖之支

~,從"人","否"聲。《玉篇》:"俖,不肯詻妄也。"

清華六・子產22"俖之支",讀爲"富之支",人名,與清華三・良臣10"富之度"是同一人。

並紐婦聲

婦

 清華六·孺子 06 老婦亦酒(將)丩(糾)攸(修)宫中之正(政)

 清華六·孺子 06 老婦亦不敢以昍(兄)弟昏(婚)因(姻)之言以䚃(亂)夫=(大夫)之正(政)

 清華七·越公 23 夫婦交綾(接)

 清華七·越公 35 乃夫婦皆姘(耕)

 清華七·越公 36 亦夫婦皆[耕]

 清華七·越公 73 夫婦音=(三百)

 清華八·邦道 24 婦子價(贅)䝙(賈)

～，與 、同。《説文·女部》："婦，服也。从女，持帚灑掃也。"

清華六·孺子 06"老婦"，年老的婦女。《易·大過》："九五，枯楊生華，老婦得其士夫，无咎无譽。"《國語·越語上》："(句踐)令壯者無取老婦，令老者無取壯妻。"

清華七·越公 23、35、36、73"夫婦"，夫妻。《易·序卦》："有天地然後有萬物，有萬物然後有男女，有男女然後有夫婦，有夫婦然後有父子。"

清華八·邦道 24 "婦子",指妻子儿女。《詩·豳風·七月》:"嗟我婦子,曰爲改歲,入此室處。"《後漢書·孔融傳》:"初,曹操攻屠鄴城,袁氏婦子多見侵略。"

明紐母聲

母

清華一·程寤 09 人甬(用)女(汝)母(謀)

清華一·保訓 10 今女(汝)䛆(祗)備(服)母(毋)解

清華一·保訓 11 母(毋)淫

清華一·耆夜 11 母(毋)已大藥(樂)

清華一·耆夜 11 康(荒)藥(樂)而母(毋)忘

清華一·耆夜 12 母(毋)已大康

清華一·耆夜 13 康藥(樂)而母(毋)[忘](荒)

清華一·耆夜 14 母(毋)已大康

清華一·耆夜 14 康藥(樂)而母(毋)忘

清華一·金縢 03 尔(爾)母(毋)乃又(有)備子之責才(在)上

 清華一·皇門 12 母(毋)隹(惟)尔(爾)身之醫(卹)

 清華一·皇門 13 母(毋)复(作)俎(祖)考脜(羞)才(哉)

 清華一·祭公 15 女(汝)母(毋)以戾挙(兹)皋(罪)墟(辜)芒(亡)寺(時)寔大邦

 清華一·祭公 16 女(汝)母(毋)以俾(嬖)訸(御)息(疾)尔(爾)臧(莊)句(后)

 清華一·祭公 16 女(汝)母(毋)以少(小)愁(謀)敗(敗)大慮(作)

 清華一·祭公 16 女(汝)母(毋)以俾(嬖)士息(疾)夫=(大夫)卿李(士)

 清華一·祭公 17 女(汝)母(毋)各豪(家)相而(爾)室

 清華一·祭公 18 女(汝)母(毋)☒努

 清華一·祭公 20 肰(然)母(毋)夕(斁)鹽(絕)

清華二·繫年050 母(毋)乃不能邦

 清華二·繫年068 母(毋)能涉白水

 清華二·繫年123 母(毋)攸(修)長城

 清華二·繫年123 母(毋)伐黱(廩)丘

 清華三·說命下04 女(汝)母(毋)瘞(忘)曰

 清華三·說命下07 女(汝)母(毋)非貨女(如)哉(塽)石

 清華三·說命下10 母(毋)蜀(獨)乃心

 清華三·琴舞02 母(毋)曰高=(高高)才(在)上

 清華三·芮良夫03 母(毋)膴寙(聞)鯀(緜)

 清華三·芮良夫04 尾(度)母(毋)又(有)諧

 清華三·芮良夫04 母(毋)惏悆(貪)

 清華三·芮良夫06 恪孳(哉)母(毋)巟(荒)

清華三·芮良夫07 母（毋）自縱（縱）于㑥（逸）以嚚（遨）

清華三·芮良夫10 母（毋）瀇（害）天棠（常）

清華三·芮良夫11 母（毋）又（有）相放（負）

清華三·芮良夫27 亡（無）父母能生

清華四·筮法44 屯（純）乃母

清華五·三壽15 桂（往）氒（宅）母（毋）謿（徙）

清華五·三壽15 民勸（勸）母（毋）皮（疲）

清華五·三壽20 上下母（毋）倉（攘）

清華五·三壽21 土（妒）悁（怨）母（毋）复（作）

清華五·三壽21 而天目母（毋）眉（眯）

清華五·厚父13 母（毋）湛于酉（酒）

清華五·命訓03 人[能]母（毋）誙（懲）虗（乎）

清華五·命訓 04 能母(毋)懽(勸)㫳(乎)

清華五·命訓 04 能母(毋)志(恐)㫳(乎)

清華五·湯丘 09 夫人母(毋)以我爲佝(怠)於亓(其)事虎(乎)

清華六·孺子 04 女(如)母(毋)又(有)良臣

清華六·孺子 06 乳=(孺子)女(汝)母(毋)智(知)邦正(政)

清華六·孺子 06 門檻之外母(毋)敢又(有)智(知)女(焉)

清華六·孺子 07 乳=(孺子)亦母(毋)以埶(勢)豊(豎)卑御

清華六·孺子 12 乳=(孺子)母(毋)敢又(有)智(知)女(焉)

清華六·孺子 14 二三老母(毋)交於死

清華六·孺子 14 母(毋)作(措)手之(止)

清華六·孺子 16 二三夫=(大夫)不尚(當)母(毋)然

清華六·太伯甲 04 老臣□□□□母(毋)言而不㫳(當)

清華六·子產 16 母(毋)兹悼(違)柿(拂)亓(其)事

清華七·子犯 02 母(毋)乃猷(猶)心是不跂(足)也虘(乎)

清華七·子犯 04 母(毋)乃無良左右也虘(乎)

清華七·晉文公 01 母(毋)竮(辨)於姐(好)妝孈盨皆見

清華七·晉文公 02 遹(滯)責母(毋)又(有)貢

清華七·趙簡子 02 娊(傅)母之皋(罪)也

清華七·越公 05 母(毋)監(絕)雩(越)邦之命于天下

清華七·越公 14 母(毋)乃豕戩(鬭)

清華七·越公 42 乃母(毋)又(有)貴賤

清華七·越公 60 母(毋)或(有)徍(往)𡴎(來)

清華七·越公 73 王亓(其)母(毋)死

清華八·攝命 05 母(毋)閖(悶)于乃隹(唯)沖(沖)子少(小)子

清華八・攝命 05 母(毋)遞(遞)才(在)服

清華八・攝命 07 女(汝)母(毋)敢怙偈(遏)余曰乃毓(毓)

清華八・攝命 10 女(汝)亦母(毋)敢家才(在)乃死(尸)服

清華八・攝命 10 女(汝)亦母(毋)不夙(夙)夕巠(經)悳

清華八・攝命 13 女(汝)母(毋)敢有退于之

清華八・攝命 13 女(汝)亦母(毋)敢逹(泆)于之

清華八・攝命 13 母(毋)淫

清華八・攝命 13 母(毋)弗𥫗(節)

清華八・攝命 16 女(汝)母(毋)敢朋(朋)涗(酗)于酉(酒)

清華八・攝命 16 母(毋)朋(朋)多朋(朋)

清華八・攝命 20 女(汝)亦母(毋)敢鬼(畏)甬(用)不審不允

清華八・攝命 21 女(汝)母(毋)敢橐₌(滔滔)

清華八・攝命 24 女(汝)母(毋)𣪘(婁)

清華八・攝命 24 女(汝)亦引母(毋)好=(好好)

 清華八・攝命 30 女(汝)母(毋)弗敬

 清華八・邦政 06 下贈(瞻)亓(其)上女(如)父母

 清華八・處位 05 母(毋)智(知)

 清華八・處位 05 母(毋)迲(效)

 清華八・邦道 09 母(毋)褱(懷)樂以忘難

 清華八・邦道 09 母(毋)咸(感)於窐(令)色以還心

 清華八・邦道 09 則□□□母(毋)從(縱)欲以㞷(枉)亓(其)道

 清華八・邦道 10 母(毋)面惡

 清華八・邦道 10 母(毋)夋(詐)愚(偽)

 清華八・邦道 10 母(毋)悥(喜)嬰(譽)

 清華八・邦道 10 母(毋)亞(惡)繇(謠)

清華八・邦道 10 母(毋)以一人之口毀懇(譽)

 清華八・邦道 11 母(毋)喬(驕)大以不葬(恭)

 清華八・邦道 11 母(毋)咎母(毋)憲

 清華八・邦道 11 母(毋)咎母(毋)憲

 清華八・邦道 12 母(毋)又(有)㞱(疏)䛜(數)

 清華八・邦道 13 古(故)母(毋)懿(慎)甚勤(勤)

 清華八・邦道 13 備(服)母(毋)諲(慎)甚斂(美)

 清華八・邦道 13 飤(食)母(毋)懿(慎)甚蓑

 清華八・邦道 19 則亦母(毋)彊(弼)女(焉)

 清華八・邦道 25 此母(毋)乃虐(吾)専(敷)均

 清華八・心中 02 情母(毋)又(有)所至

 清華八・心中 06 亓(其)母(毋)蜀(獨)忻(祈)

 清華八・八氣 07 木曰隹(唯)從母(毋)柹(拂)

 清華八·八氣 07 火曰隹(唯)啻(適)母(毋)韋(違)

 清華八·八氣 07 金曰隹(唯)𢇍(斷)母(毋)紉

 清華八·八氣 07 水曰隹(唯)攸母(毋)𣥂(止)

 清華八·八氣 07 土曰隹(唯)定母(毋)困

古文字中"女""母""毋"一字分化。戰國文字"母""毋"常常互用,大致區分如下,有兩點的是"母",一短横的是"毋"。楚文字"母"或作(上博五·三1)、(郭店·老子甲21)。《説文·女部》:"母,牧也。从女,象褱子形。一曰象乳子也。"

清華一·程寤09"母",讀爲"謀",謀略。

清華一·保訓10"母解",讀爲"毋懈",意思與"不懈"同。

清華一·保訓11"母淫",讀爲"毋淫",不要過度放縱逸樂。《書·無逸》:"繼自今嗣王,則其無淫于觀、于逸、于遊、于田,以萬民惟正之供。"

清華一·耆夜11"母已大藥",讀爲"毋已大樂",不要太過於歡樂。

清華一·耆夜12、14"母已大康",讀爲"毋已大康"。《詩·唐風·蟋蟀》作"無已大康"。

清華一·耆夜11、13、14"康藥而母忘",讀爲"康樂而毋忘"。《詩·唐風·蟋蟀》作"好樂無荒"。

清華一·祭公20"肰母夕𢇍",讀爲"然毋斁絶",乃毋終絶。

清華一·金縢03,清華二·繫年050,清華七·子犯02、04,清華七·越公14"母乃",讀爲"毋乃",莫非,豈非。《禮記·檀弓下》:"君反其國而有私也,毋乃不可乎?"

清華二·繫年068"母能",讀爲"毋能",不能。

清華三·説命下04"母忘",讀爲"毋忘",見《管子·小稱》引鮑叔牙奉杯語齊桓公:"使公毋忘出如莒時也,使管子毋忘束縛在魯也,使寧戚毋忘飯牛車下也。"

清華三・芮良夫06"母宎",讀爲"毋荒"。《禮記・表記》:"樂而毋荒,有禮而親;威莊而安,孝慈而敬。"

清華三・芮良夫10"母㵼",讀爲"毋害"。《禮記・月令》:"是月也,驅獸毋害五穀,毋大田獵。"

清華三・芮良夫27"父母",父親和母親。

清華四・筮法44"母",母親。《書・堯典》:"父頑,母嚚,象傲。"

清華五・三壽15"桂厇母徙",讀爲"往宅毋徙",意謂不要從舊居遷徙。

清華五・三壽15"民懃母皮",讀爲"民勸毋疲",百姓努力不懈怠。

清華五・三壽20"上下母倉",讀爲"上下毋攘",上上下下不混亂。

清華五・三壽21"土悁母复",讀爲"妒怨毋作",嫉妒怨恨不起。

清華五・三壽21"而天目母眉",讀爲"而天目毋眯",上天的眼睛不進雜物,即不被雜物所蒙蔽。

清華五・厚父13"母湛于酉",讀爲"毋湛于酒",不要沉迷于酒。與《書・酒誥》"罔敢湎于酒"義同。

清華六・孺子14"母作手之",讀爲"毋措手止"。《論語・子路》:"刑罰不中,則民無所措手足。"

清華六・孺子16"母然",讀爲"毋然"。《漢書・酷吏傳》:"一坐軟弱不勝任免,終身廢棄無有赦時,其羞辱甚於貪污坐臧。慎毋然!"

清華七・晉文公01"母辡",讀爲"毋辨",意爲不區別。

清華八・邦道11"母咎母憲",讀爲"毋咎毋憲",不必追究舉薦人的過責,也不要終止其職事。句式可參國差𦉜"侯氏毋咎毋怨",齊邦鼎"靜安寧",叔夷鐘和叔夷鎛"毋疾毋已,至于世",鳥書箴銘帶鉤"册復毋反,毋作毋悔,不汲於利"等。(楊蒙生)

清華八"母敢",讀爲"毋敢",不敢。

清華八"母",讀爲"毋",不,表示否定的副詞。

毋

清華二・繫年050 夫=(大夫)聚𧦒(謀)曰

清華四・筮法19 女才(在)𧦒(毋)上

清華六·孺子05 自甕(衛)與奠(鄭)若卑耳而晤(謀)

清華六·孺子13 夫=(大夫)聚晤(謀)

清華六·子儀02 耗(亳)勤(幼)晤(謀)慶而賞之

清華八·攝命14 乃既晤(悔)

清華八·天下05 弋(一)曰逞(歸)之晤(謀)人以敓(奪)忐=(之心)

～，與(上博四·曹55)同，從"口"，"母"聲，與《說文》"謀"字古文同。《玉篇·口部》："唔，慮也。"《集韻·平侯》："《說文》'慮難曰謀'……亦書作唔。"

清華二·繫年050、清華六·孺子13"夫=聚晤"，讀爲"大夫聚謀"。見《左傳·襄公三十年》："伯有奔雍梁，醒而後知之，遂奔許。大夫聚謀。"

清華四·筮法19"女才(在)晤上"之"晤"，讀爲"朆"。《說文》："朆，易卦之上體也。"

清華六·孺子05、清華六·子儀02、清華八·天下05"晤"，讀爲"謀"，圖謀，謀略。

清華八·攝命14"乃既晤"之"晤"，讀爲"悔"，後悔，悔恨。

清華一·程寤09 人悡(謀)疆(競)

清華一·耆夜07 宓(毖)情(精)悡(謀)猷

清華一・祭公 03 㥸(謀)父縢(朕)疾隹(惟)不瘳

 清華一・祭公 09 㥸(謀)父縢(朕)疾隹(惟)不瘳

 清華一・祭公 16 女(汝)母(毋)以少(小)㥸(謀)敗(敗)大慮(作)

 清華三・琴舞 01 無㥸(悔)言(享)君

 清華三・芮良夫 03 以繡(申)尔(爾)㥸(謀)猷

 清華三・芮良夫 11 㥸(謀)猷隹(惟)戒

 清華三・芮良夫 18 疋(胥)哉(箴)疋(胥)㥸(謀)

 清華三・芮良夫 18 以交罔㥸(謀)

 清華三・芮良夫 25 㥸(謀)亡(無)少(小)大

 清華五・命訓 03 女(如)諲(懲)而㥸(悔)怣(過)

 清華五・湯丘 03 乃與少(小)臣惎(綦)㥸(謀)顗(夏)邦

清華五·三壽 08 句（苟）我與尔（爾）相念相愳（謀）

清華五·三壽 18 岬（恤）遠而愳（謀）新（親）

清華五·三壽 21 发=（左右）愳（毋）比

清華六·子產 28 大或（國）古（故）肙（肯）复（作）亓（其）愳（謀）

清華六·子產 28 以先愳（謀）人

清華七·子犯 07 天豐（亡）愳禍（禍）於公子

清華七·趙簡子 08 亦智（知）者（諸）侯之愳（謀）

清華八·攝命 14 乃亦隹（唯）肇愳（謀）

清華八·邦道 14 不愳（謀）初愳（過）之不立

清華八·心中 03 不唯愳（謀）而不氒（度）虘（乎）

清華八·心中 03 女（如）愳（謀）而不氒（度）

清華八·心中 04 寍（寧）心愳（謀）之

～，與■(上博一·緇12)、■(上博四·曹13)、■(上博三·周27)同，從"心"，"母"聲。"謀"之異體。《説文·言部》："謀，慮難曰謀。从言，某聲。■，古文謀。■，亦古文。"

清華一·程寤09"人悬彊"，讀爲"人謀競"。《逸周書·大開》："王拜，儆我後人，謀競不可以藏，戒後人其用汝謀，維宿不悉日不足。"或讀爲"人謀彊"。

清華一·耆夜07，清華三·芮良夫03、11"悬猷"，即"謀猷"，計謀，謀略。《書·文侯之命》："亦惟先正克左右昭事厥辟，越小大謀猷，罔不率從，肆先祖懷在位。"

清華一·祭公03、09"悬父"，即祭公謀父，周公之後。《左傳·昭公十二年》："祭公謀父作《祈招》之詩，以止王心，王是以獲没於祗宮。"

清華一·祭公16"悬"，讀爲"謀"，圖謀，算計。《左傳·襄公八年》："鄭群公子以僖公之死也，謀子駟。"

清華三·琴舞01"無悬"，讀爲"無悔"。《詩·大雅·抑》："庶無大悔。"鄭箋："悔，恨也。"

清華三·芮良夫18"疋戠疋悬"，讀爲"胥箴胥謀"。或讀爲"誨"。（黄傑）

清華三·芮良夫18"罔悬"，即"罔謀"，指罔謀之人，即民衆。或讀爲"罔悔"。（馮勝君）

清華五·命訓03"悬忞"，讀爲"悔過"，悔改過錯。《孟子·萬章上》："太甲悔過，自怨自艾。"《後漢書·馮魴傳》："汝知悔過伏罪，今一切相赦，聽各反農桑，爲令作耳目。"

清華五·湯丘03"忈悬"，讀爲"基謀"，同義連用。《爾雅·釋詁》："基，謀也。"

清華五·三壽08"相念相悬"，即"相念相謀"。"謀""思"同義，都是"謀劃、思慮"之意。《書·康誥》"遠乃猷"，舊注："遠汝謀思爲長久。"

清華五·三壽18"悬新"，即"謀親"，有作爲於親近。"謀"，《書·大禹謨》："疑謀勿成。"蔡沈《集傳》："圖爲也。"或讀爲"撫"。（段凱）

清華五·三壽21"悬"，讀爲"毋"，不要。

清華七·子犯07"悬"，讀爲"謀"。《書·大禹謨》："疑謀勿成。"蔡沈《集傳》："謀，圖爲也。"簡文"天亡謀禍於公子"，意謂老天不會嫁禍於公子。（程燕）或讀爲"悔過"。（陳偉）

清華七·趙簡子08，清華八·攝命14，清華八·邦道14，清華八·心中

03、04"愳",讀爲"謀",謀略。《書·大禹謨》:"無稽之言勿聽,弗詢之謀勿庸。"

謀

   清華八·邦政 06 不内(納)謀(謀)夫

   清華八·邦政 10 弟子敷(轉)遠人而爭跬(窺)於謀(謀)夫

～,與(上博七·凡乙 4)同,從"言","母"聲,與《説文》"謀"字古文同。

清華八·邦政 06、10"謀夫",即"謀夫",不賢之謀事者。《詩·小雅·小旻》:"謀夫孔多,是用不集。"鄭箋:"謀事者衆而非賢者,是非相奪,莫適可從,故所爲不成。"

諰

   清華八·處位 02 事是諰(謀)人

   清華八·處位 11 戠(豈)或求諰(謀)

～,從"言","愳"聲;或從"心","謀"聲,"謀"字繁體。

清華八·處位 02"諰",即"謀",謀求。

清華八·處位 11"戠(豈)或求諰(謀)",句意乃否定求謀,暗指應"以度"。

洢

清華二·繫年 112 自南山逗(屬)之北洢(海)

～,從"水","母"聲,"海"字異體。《説文·水部》:"海,天池也,以納百川者。從水,每聲。"

清華二·繫年 112"北海",今之渤海。《莊子·秋水》:"(河伯)順流而東行,至於北海,東面而視,不見水端。"濟水走嚮是自南山起,經歷下(今濟南市)

511

往東,到北海。

潜

 清華七·越公23 余亓(其)與吳科(播)弃(棄)悁(怨)啎(惡)于潜(海)澬(濟)江沽(湖)

～,從"水","䋣"聲,"海"字異體。

清華七·越公23"潜澬江沽",讀爲"海濟江湖",又疑讀爲"海裔江湖"。"皆",見母脂部;"裔",喻母月部;"衣",影母微部,音近可通。《淮南子·原道》:"游於江潯海裔。"

畮

 清華二·繫年002 名之曰千畮(畝)

 清華二·繫年004 戎乃大敗(敗)周自(師)于千畮(畝)

 清華二·繫年092 毆(驅)車羍(至于)東畮(海)

 清華五·三壽27 民之有畮=(晦,晦)而(本)由生光

～,與(上博二·子8)同,從"田","母"聲。《說文·田部》:"畮,六尺爲步,步百爲畮。从田,每聲。畝,畮或从田、十、久。"

清華二·繫年002、004"千畝",地名。《國語·周語上》韋昭注:"天子田千畝,諸侯百畝。"《北堂書鈔》引賈逵云:"籍田,千畝也。"

清華二·繫年092"東畮",讀爲"東海"。《韓非子·外儲說右上》:"太公望東封于齊,齊東海上有居士曰狂矞、華士。"《穀梁傳·成公二年》:"壹戰緜地五百里,焚雍門之茨,侵車東至海。"《左傳·襄公十八年》:"東侵及濰,南及

沂。"杜預注:"濰水在東莞東北,至北海都昌縣入海。"或許濰水所入的渤海也屬於先秦人所説的"東海"。(陳偉)

清華五·三壽 27"晦",讀爲"晦",暗昧。《荀子·賦》:"闇乎天下之晦盲。"楊倞注:"晦盲,言人莫之識也。"

晉（晦）

清華三·説命上 06 才(在)北晉(海)之州

清華三·赤鵠 04 四晉(海)之外

清華五·三壽 10 四晉(海)之尸(夷)則复(作)

清華五·三壽 24 古(胡)曰晉(晦)

清華八·邦道 04 正(政)惪(德)之晉(晦)明

清華八·虞夏 01 晉(海)外又(有)不至者

清華八·虞夏 02 晉(海)内又(有)不至者

清華八·虞夏 03 晉(海)外之者(諸)侯逗(歸)而不坴(來)

～,楚文字或作(上博三·亙 9)、（上博五·鬼 8),从"日","母"聲,"日"旁位置不固定,"晦"字異體。《説文·日部》:"晦,月盡也。从日,每聲。"

清華三·説命上 06"才北晉之州",讀爲"在北海之州"。《墨子·尚賢下》:"昔者傅説居北海之洲,圜土之上。"孫詒讓《墨子閒詁》引畢沅云:"洲當爲州。"《書·說命》孔穎達《正義》:"《尸子》云傅巖在北海之洲。"

清華三·赤鵠 04"四晦之外",讀爲"四海之外"。《莊子·逍遙遊》:"不食五穀,吸風飲露,乘雲氣,御飛龍,而遊乎四海之外。"

清華五·三壽 10"四晦之尼",讀爲"四海之夷"。

清華八·虞夏 02"晦内",讀爲"海内",國境之内,全國。古謂我國疆土四面臨海,故稱。《孟子·梁惠王上》:"海内之地,方千里者九。"焦循《正義》:"古者内有九洲,外有四海……此海内,即指四海之内。"《史記·貨殖列傳》:"漢興,海内爲一。"

清華八·虞夏 01、03"晦外",讀爲"海外",四海之外,泛指邊遠之地。今特指國外。《詩·商頌·長發》:"相土烈烈,海外有截。"鄭箋:"四海之外率服。"《史記·孟子荀卿列傳》:"先列中國名山大川,通谷禽獸,水土所殖,物類所珍,因而推之,及海外之人所不能睹。"

清華五·三壽 24"晦",即"晦",昏暗,不明亮。《詩·鄭風·風雨》:"風雨如晦,雞鳴不已。"毛傳:"晦,昏也。"

清華八·邦道 04"正悳之晦明",讀爲"政德之晦明",謂政事之治亂。《易·明夷》:"利艱貞,晦其明也。"孔穎達疏:"既處明夷之世,外晦其明,恐陷於邪道,故利在艱固其貞,不失其正。"

宩

 清華八·邦道 27 宩(每)弌(一)之叕(發)也

~,从"宀","母"聲,

清華八·邦道 27"宩",讀爲"每",凡也。

朙

 清華四·筮法 39 臾(坤)朙(晦)之日

~,从"月","母"聲,"晦"字異體。

清華四·筮法 39"臾朙之日",讀爲"坤晦之日"。在晦日,坤迎乾一起"長巽"。

誨

　　清華五·厚父 11 亦鮮克以誨（謀）

《説文·言部》："誨，曉教也。从言，每聲。"
清華五·厚父 11"亦鮮克以誨"之"誨"，讀爲"謀"。

唇

　　清華六·子儀 01 三唇（謀）尃（輔）之

～，从"口"，"每"聲，"呣"字異體。

清華六·子儀 01"三唇"，讀爲"三謀"，指殽之戰之後繼續受到重用的孟明視、西乞術、白乙丙，一般稱作"三將"或"三帥"。《史記·秦本紀》："晉君許之，歸秦三將。三將至，繆公素服郊迎，嚮三人哭曰：'孤以不用百里傒、蹇叔言，以辱三子，三子何罪乎？子其悉心雪恥，毋怠。'遂復三人官秩如故，愈益厚之。"一説"三唇"連上讀，"尃之"從下讀，"唇"，讀爲"悔"。

明紐某聲

某

　　清華三·祝辭 01 句（侯）兹某也叕（發）陽（揚）

　　清華七·子犯 12 殺某（梅）之女

　　清華七·越公 39 初日政勿若某

《説文·木部》："某，酸果也。从木、从甘。闕。槑，古文某从口。"
清華三·祝辭 01"某"，無指代詞，祝禱者即自稱"某"。睡虎地秦簡《日

書》乙種《夢》："某有惡夢……賜某大畐（福）……"（陳偉武）

　　清華七·子犯12"某之女"，讀爲"梅之女"，即梅伯之女。《楚辭·天問》："梅伯受醢。"《淮南子·俶真》："逮至夏桀、殷紂，燔生人，辜諫者，爲炮烙，鑄金柱，剖賢人之心，析才士之脛，醢鬼侯之女，菹梅伯之骸。"高誘注："鬼侯、梅伯，紂時諸侯。梅伯説鬼侯之女美好，令紂妻之，女至，紂以爲不好，故醢鬼侯之女，菹梅伯之骸也。一曰紂爲無道，梅伯數諫，故菹其骸也。"

　　清華七·越公39"某"，無指代詞。（陳偉武）"某"，指不定的事、物等。《助詞辨略》卷三："凡無所指名，及泛言事物與不知姓名皆云某也。"（滕勝霖）

明紐麥聲歸來聲

明紐牧聲歸牛聲